UTB **2482**

W0183078

Stefan Neuhaus

Literaturkritik

Eine Einführung

Mit 8 Abbildungen

Vandenhoeck & Ruprecht

Stefan Neuhaus ist Professor für Neuere deutsche Literatur
an der Carl-von-Ossietzky-Universität Oldenburg.

Bibliografische Information Der Deutschen Bibliothek

Die Deutsche Bibliothek verzeichnet diese Publikation in der Deutschen Nationalbibliografie; detaillierte bibliografische Daten sind im Internet über <http://dnb.ddb.de> abrufbar.

ISBN 3-8252-2482-1 (UTB)
ISBN 3-525-03220-X (Vandenhoeck & Ruprecht)

Printed in Germany
Umschlaggestaltung: Atelier Reichert, Stuttgart
Satz: Satzspiegel, Nörten-Hardenberg
Druck und Bindung: Friedrich Pustet, Regensburg

Titelbild: Büchernörgeli, © und Abdruck mit freundlicher Genehmigung von Collibri Verlagsbuchhandlung Bamberg und Gerd Bauer.

Gedruckt auf alterungsbeständigem Papier.

Inhalt

1 Vorbemerkung

Das Buch ist eine Welt.
Roland Barthes[1]

Was ist Literaturkritik? Wie hat sie sich entwickelt? Nach welchen Kriterien beurteilen Kritiker Bücher? Wie wird man Kritiker? Solche Fragen stellt sich jeder, der literaturkritisch arbeiten möchte, vielleicht weil er für eine Lokalzeitung Buchtipps schreiben will, weil er sich überlegt, Germanistik zu studieren, oder weil er im Studium nach Orientierung sucht. Solchen Bedürfnissen entgegenkommen und dabei Einblicke in ein vielschichtiges Thema vermitteln möchte das vorliegende Buch.

Aus Kenntnis der Fachkritik heraus, die sich hoffentlich auch einmal zu diesem Buch äußern wird, ist besonders zu betonen, dass es nicht darum gehen wird, eine umfassende Geschichte der Literaturkritik und ihrer Grundlagen zu schreiben. Kritiker haben die Angewohnheit nach dem zu suchen, was fehlt, und nicht das zu würdigen, was da ist. Das hängt mit dem Selbstverständnis des Kritikers zusammen, er muss sein Expertentum unter Beweis stellen und das geht am besten, wenn er seinen Gegenstand entweder gönnerhaft oder kritisch beleuchtet, mit der in unsichtbarer Tinte geschriebenen Zwischenzeile: Das hätte ich zweifellos anders und besser gemacht ... Mit ›dem‹ Kritiker ist hier freilich nicht jeder Kritiker gemeint, sondern das Image, das Bild des Kritikers, wie es sich in der Öffentlichkeit darstellt und vor allem durch exponierte Vertreter der Zunft geformt wird.

Der Umgang mit der Literaturkritik in den folgenden Kapiteln wird, so viel ist nun klar, ein kritischer sein. Dabei muss sich die Darstellung (wie ein literaturkritischer Beitrag auch) daran messen lassen, welche Argumente sie bereithält und ob der Gebrauch, die Ver-

1 Roland Barthes: Kritik und Wahrheit, S. 81.

knüpfung dieser Argumente stichhaltig ist. Das geht nur bei größtmöglicher Transparenz der eigenen Voraussetzungen.

Hätte sich das Buch auf eine Bestandsaufnahme beschränken, keine subjektive Auswahl treffen und jede Bewertung vermeiden können? Die Antwort kann nur ein klares Jein sein. Für weniger unterhaltsame, eher berichtende Darstellungen gibt es Beispiele in der bisherigen Forschungsliteratur. Wer die Auffassung teilt, dass auch ein literaturwissenschaftlicher Text nur dann ein guter Text ist, wenn er unterhält, Position bezieht und nicht versucht zu verbergen, dass alle Erkenntnis zunächst subjektiv ist, dass es nur ein Ziel sein kann (aber auch sein muss), eigene Erkenntnisse zu objektivieren, und zwar im Dialog mit Freunden, Fachkollegen und Lesern – der könnte ein paar anregende Stunden mit der Lektüre der folgenden Seiten verbringen. Dann wäre das selbst gesteckte Ziel erreicht.

Der Aufbau ergibt sich (hoffentlich) logisch aus dem Gegenstand: Zuerst werden Auffassungen von Experten zu dem gesichtet, was man unter ›Literaturkritik‹ verstehen kann. Dann wird die historische Entwicklung der Literaturkritik dargestellt, hauptsächlich am Beispiel herausragender Vertreter ihrer Zunft. Im nächsten Kapitel geht es um die Kritik der Kritik, also die Frage, was Kollegen und Schriftsteller an Kritikern und Kritiken auszusetzen hatten. Dieses Kapitel dürfte Unterhaltungswert besitzen, dank der zitierten witzigen bis satirischen Bemerkungen großer Dichter und Denker. Es folgt die Synthese aus Kritik und ihrer Kritik: Die Analyse einiger neuerer Literatur-Fehden im Feuilleton.

Damit wäre der historisch-chronologisch angelegte Teil abgehakt, es geht zu den systematischen Kapiteln. Gefragt wird nach den wichtigsten Gattungen der Kritik und wie man sie voneinander abgrenzen kann. Das folgende Kapitel stellt Wertungsmodelle vor, denn man kann (oder sollte) nichts kritisieren, wenn man keine Kriterien dafür hat.

Den Band beschließen zwei eher praktisch orientierte Kapitel. Das erste von ihnen fußt auf allem, was bis dahin gesagt wurde – es wird versucht, eine kleine Theorie der idealen Kritik zu entwickeln, einen Leitfaden zur Anwendung, der freilich nur Ausgangs- oder Orientierungspunkt für die Entwicklung eines eigenen Standpunkts und Stils sein kann. Das letzte Kapitel gibt praktische Tipps für alle, die ihre literaturkritische Tätigkeit auf ein Studium gründen wollen – wo kann man das studieren, wie sehen die Angebote aus? Der Beruf des

Kritikers lässt sich bekanntlich, wie der des Journalisten allgemein, nicht erlernen wie der des Bäckers oder Anwalts. Jede verbindliche Ausbildungsordnung wäre ein Eingriff in das grundgesetzlich geschützte Recht der freien Meinungsäußerung.[2]

Arbeitsfragen runden jedes Kapitel ab, sie sollen die Möglichkeit bieten, exemplarisch zu prüfen, ob der behandelte Stoff behalten und verstanden wurde. Das *postscriptum* muss jeder Leser selber schreiben (sofern er möchte), indem er entscheidet, was ihn an der Lektüre gelangweilt und was ihm geholfen hat, wie er in Zukunft mit seiner Lektüre von Büchern und seinem Verfassen von Kritiken umzugehen gedenkt.

Gedankt sei vielen, mit denen ich über das Thema sprechen konnte, das waren Freunde, Kollegen und Mitarbeiter von den Universitäten Bamberg (besonderer Dank gilt Katharina Kirsch und Norman Reuter), Marburg und Innsbruck. Dr. Ulrike Gießmann-Bindewald und Ruth Anderle vom Verlag Vandenhoeck & Ruprecht haben das Manuskript betreut, ihnen verdanke ich viele notwendige Korrekturen.

2 Vgl. Art. 5, Abs. 1 Grundgesetz: »Jeder hat das Recht, seine Meinung in Wort, Schrift und Bild frei zu äußern und zu verbreiten und sich aus allgemein zugänglichen Quellen ungehindert zu unterrichten. Die Pressefreiheit und die Freiheit der Berichterstattung durch Rundfunk und Film werden gewährleistet. Eine Zensur findet nicht statt.« Grundgesetz für die Bundesrepublik Deutschland. Textausgabe, Stand: Juli 1998. Bonn: Deutscher Bundestag 1998, S. 14. Die Pressefreiheit und »ihre Schranken in den Vorschriften der allgemeinen Gesetze« (Abs. 2, ebd.) sind in zahlreichen Urteilen v. a. des Bundesverfassungsgerichts näher bestimmt worden. Jeder journalistisch Tätige sollte sich darüber in einem der gängigen Handbücher informieren.

2 Was ist Literaturkritik?

Was macht gerade die Literaturkritik so begehrenswert?
Ich glaube, weil [sic] niemand genau sagen kann, was sie eigentlich ist.
Bernhard Fetz[3]

2.1 Was das Reallexikon sagt

Definitionsversuche

Wenn man ein Wort genauer erklärt haben will, schaut man ins Wörterbuch. Als germanistischer Literaturwissenschaftler ist man gehalten, Fachbegriffe nicht nur im Duden oder in einem Lexikon nachzuschlagen. Die aufwändigsten Begriffsbestimmungen finden sich im *Reallexikon der deutschen Literaturwissenschaft* (die frühere, lange Zeit maßgebliche Ausgabe hieß *Reallexikon der deutschen Literaturgeschichte*). Den rund fünfseitigen Eintrag hat Herbert Jaumann verfasst. Am Anfang steht eine kurze Begriffsdefinition, die dann mit Inhalt gefüllt wird, ihre erste, hier maßgebliche Passage lautet: »Literaturkritik ist jede Art kommentierende, urteilende, denunzierende, werbende, auch klassifizierend-orientierte Äußerung über Literatur, d. h. was jeweils als ›Literatur‹ gilt.« Hier verweist Jaumann auf den Eintrag zur literarischen Wertung, mit Kanon und Wertung wird sich vorliegendes Büchlein später in einem eigenen Kapitel beschäftigen. Die weit gefasste Definition besagt, dass jeder literaturkritisch tätig ist, der sich über Literatur äußert. Kritik kommt, so wird weiter ausgeführt, aus dem Griechischen, »wurde wohl zuerst in der Rechtssphäre gebraucht« und bedeutet so viel wie ›unterscheiden‹ oder ›urteilen‹. Als Bezeichnung für eine Tätigkeit der Beschäftigung mit Literatur hat sich der Begriff im deutschsprachigen Raum erst im 18. Jahrhundert durchgesetzt, ebenso die Bezeichnung Rezension für das schriftliche Produkt.[4] Die literaturkritisch Tätigen heißen zunächst Kritikus, Rezensent oder Kunstrichter, wenn sie nicht spöttisch

3 Fetz: Von ästhetischen Kramläden zum Kartell der Langeweile, S. 54.
4 Vgl. Jaumann: Literaturkritik, S. 463.

als Kritikaster abgewertet werden.[5] Zur Literaturkritik gesellen sich mit der Zeit die Theater- und Filmkritik.[6]

Der Eintrag des Reallexikons endet mit einer kurzen Skizze der bisherigen Forschung und zahlreichen Literaturhinweisen. Wie nun hat sich diese Forschung entwickelt, welche Erkenntnisse über den Gegenstand hat sie zu Tage gefördert?

2.2 Kleine Geschichte wissenschaftlicher Erklärungsversuche

Die Beschäftigung mit der Frage, was Literaturkritik ist, sein könnte oder sein sollte, ist so alt wie die Kritik selbst. Die folgenden Kapitel sollen einen historischen Überblick vermitteln. Es empfiehlt sich jedoch, dafür einen Rahmen zu spannen, der auf der bisherigen wissenschaftlichen Beschäftigung mit dem Thema aufbauen kann. Es können nicht alle Versuche, die sich oftmals in der – wie wir sehen werden – viel diskutierten Grauzone zwischen Wissenschaft und Kritik bewegen, hier vorgestellt werden, doch wurde versucht, bei aller eingestandenen Subjektivität eine aussagekräftige Auswahl zu treffen. Weitere Hinweise auf grundlegende Forschungsarbeiten gibt das Literaturverzeichnis am Ende des Bandes.

Entwicklung literaturkritischer Forschung

Die Germanistik hatte sich in der NS-Zeit kompromittiert, ihre Vertreter waren zu lautstarken Blut-und-Boden-Fetischisten oder zumindest zu Mitläufern geworden. Die Lehre, die man nach 1945 aus solcher Indienstnahme zog, war eine Abkehr von zeitgebundener Argumentation. Den Versuch, an die stärker zeitunabhängigen Literaturkonzepte vor allem der Weimarer Klassik anzuknüpfen, könnte man als ›Zurück in die Zukunft‹ bezeichnen, ein Versuch, der – anders als in Science-Fiction-Filmen – nur eine begrenzte Zeit lang funktionierte.

Bleibend ist das Verdienst, das »sprachliche Kunstwerk« (Wolfgang Kayser) ins Bewusstsein zurückgerufen zu haben,[7] davon konnte die stärker wissenschaftlich orientierte Beschäftigung mit Texten anknüpfen – vor allem der Strukturalismus. Das textzentrierte Litera-

5 Vgl. ebd., S. 464.

6 Vgl. ebd., S. 465. – Für die Diskussion weiterer Begriffsbestimmungen der Forschung (auf einige wird noch zurückzukommen sein) vgl. Getschmann: Zwischen Mauerbau und Wiedervereinigung, S. 30–42.

7 Vgl. Kayser: Das sprachliche Kunstwerk.

turkonzept diente aber auch als Legitimationsbasis für Wissenschaftler, die ihre ursprünglich braune Färbung vergessen machen wollten, und die Abwendung von der Politik nahm der Germanistik ihren gesellschaftspolitischen Stachel, den gerade die jungen Leute vermissten. Die Situation in der Gesellschaft allgemein und besonders an der Universität wurde als unbefriedigend empfunden, der Mief der Geschichte wehte zu stark in die Gegenwart hinein, deren Krisen (Ost-West-Konflikt, deutsche Teilung, soziale Ungleichheit ...) offenbar mit den überkommenen Rezepten nicht zu bewältigen waren.

1968 und die Folgen

Die mit dem Jahr 1968 etikettierte, so genannte Studentenrevolution hatte ungeheure Auswirkungen auf die Entwicklung der germanistischen Literaturwissenschaft. Die unpolitische, pseudo-geistige Haltung der Wissenschaftler, mit der die bestehenden Machtverhältnisse zwischen Älteren und Jüngeren zementiert wurden, die unkritische und unwissenschaftliche Idolisierung von Schriftstellern und ihren scheinbar unangreifbaren Texten, der nicht zuletzt aus solchen Hierarchien gespeiste Protest gegen die Vernachlässigung des Lesers, ohne den ein literarischer Text nicht viel mehr ist als gebundenes Papier, die Einflüsse deutscher wie nicht-deutscher Gesellschaftstheorien, in denen Literatur oft eine große Rolle spielte – dies alles führte zur einer explosionsartigen Vermehrung der Zugänge zur Literatur. Günter Graf fasst die Entwicklung so zusammen:

> Förderlich der Argumentation dieser neueren literaturwissenschaftlichen Auffassung waren die allgemeine Kommunikations- sowie besondere Rezeptionstheorie Hans Robert Jauß' und die vornehmlich sozialtheoretisch orientierte Kunstauffassung der Frankfurter Schule. Fiktionale Literatur wird nun betont in ihrem Dialog-, d. h. leserbezogenen Mitteilungs- und ›ideologischen‹ Informationscharakter gesehen. Die ästhetische Dimension ist zweitrangig und gilt als ausschließlich historisch-gesellschaftlich vermittelt. Auf diese Weise können dann selbstverständlich hohe und triviale Literatur eng zusammenrücken, und eine ästhetisch wertende Abgrenzung scheint so gesehen unsinnig. Genau dieser literaturtheoretische Ansatz aber und die daraus z. T. gezogene radikale These von der Unsinnigkeit der Dichotomie laufen ihrerseits Gefahr – ähnlich wie die Werkimmanenz und ihr Postulat der Autonomie des Kunstwerks –, die kommunikative sowie historisch-gesellschaftliche Dimension von Literatur zu verabsolutieren, indem sie immanente oder eigengesetzliche ästhetische Attribute, auf die der Leser auch wertend reagiert, eliminieren.[8]

8 Graf: Literaturkritik und ihre Didaktik, S. 11 f.

Einfluss der Theoriebildung

Damit sind grobe Linien der Entwicklung in Deutschland markiert. Generell bewegte sich die Diskussion in den 50er und 60er Jahren aber bereits auf einem hohen, zuvor nicht erreichten Niveau, da der Einfluss von Wissenschaftstheorien in der Auseinandersetzung mit Literatur immer stärker wurde und zu einer systematischen Reflexion über das Problem der Bewertung literarischer Texte führte. Dabei entwickelten sich erste generelle Trennlinien zwischen verschiedenen Teilbereichen der Auseinandersetzung mit Literatur.

René Wellek unterscheidet Literaturtheorie, Literaturgeschichte und Literaturkritik

Ivor Armstrong Richards konnte in seinem 1924 in englischer Sprache aufgelegten Buch noch ganz selbstverständlich davon ausgehen, dass *Literary Criticism* und Literaturwissenschaft dasselbe sind.[9] In seiner Abhandlung *Grundbegriffe der Literaturkritik* aus dem Jahr 1963 unterscheidet der in den USA lehrende René Wellek (Übersetzung von 1965) zwischen Literaturtheorie, Literaturgeschichte und Literaturkritik, die er allerdings eng miteinander verknüpft sieht. Aufschlussreich ist für ihn die unterschiedliche Begriffsbedeutung im englischen und deutschen Sprachgebrauch: »Im englischen Gebrauch des Wortes ›criticism‹ sind häufig literarische Theorie und Poetik miteingeschlossen. Dieser Gebrauch ist im Deutschen dagegen selten; dort wird Literaturkritik gewöhnlich in dem sehr engen Sinne der Buchbesprechung in Tageszeitungen verstanden.«[10] Damit denkt Wellek immer noch Literaturwissenschaft und Literaturkritik zusammen, ähnlich 1966 Karl Otto Conrady, der zugleich einen Mangel konstatiert und eine wichtige Einschränkung vornimmt: »Auch die Literaturkritik, oft freilich sträflich vernachlässigt, gehört zu den Aufgaben der Literaturwissenschaft. (Kritik meint hier Wertung.)«[11] Die Scharnierstelle zwischen Wissenschaft und Kritik ist offenbar die Kompetenz der Beurteilung literarischer Texte, eine Fähigkeit, die Literarhistoriker, Literaturtheoretiker und Kritiker für die Selektion und Interpretation haben müssen.

Zwar gibt es angesichts der Komplexität literarischer Texte für Wellek eine Grauzone der Interpretation, die ja immer eine Bewertung mit einschließt, doch lassen sich weiterhin »völlig verfehlte« Interpretationen von den plausiblen unterscheiden: »Es läßt sich über Bradleys oder Dover Wilsons oder sogar Ernest Jones Hamletdeutung

9 Vgl. in deutscher Übersetzung: Richards: Prinzipien der Literaturkritik.
10 Wellek: Grundbegriffe der Literaturkritik, S. 9 f.
11 Conrady: Einführung in die Neuere deutsche Literaturwissenschaft, S. 65.

streiten, aber wir wissen mit Sicherheit, daß Hamlet keine verkleidete Frau war.«[12] Daraus leitet sich Welleks Forderung ab: »Wir müssen es wieder als unsere Aufgabe erkennen, eine Literaturtheorie, ein System von Grundsätzen, eine Wertetheorie aufzustellen, die sich notwendig von der Kritik konkreter Kunstwerke nährt und dabei ständig auf die Hilfe der Literaturwissenschaft zurückgreift.«[13]

Welleks »Richtungen der Literaturkritik«

Je nach gewähltem Ansatz unterscheidet Wellek für seine Zeit folgende »Richtungen der Literaturkritik«:

1. marxistische Literaturkritik;
2. psychoanalytische Literaturkritik;
3. Sprach- und Stilkritik;
4. ein neuer organologisch denkender Formalismus;
5. »mythologische Kritik«, die von den Ergebnissen der Kulturanthropologie und den Spekulationen C. G. Jungs ausgeht;
6. eine Art neue philosophische Literaturkritik, die durch den Existenzialismus und verwandte Weltauffassungen angeregt wurde.[14]

Diese Typologie der Kritik macht etwas sehr deutlich: Das Ergebnis der Kritik hängt sehr stark von der gewählten Perspektive ab, und es gibt nicht mehr nur eine, sondern verschiedene Perspektiven, die – so könnte man kritisch hinzufügen – in der Regel von sich selbst glauben, dass sie die maßgebliche sind.

Mecklenburg: Literatur kann nur kritisch verstanden werden

Ebenfalls keinen Unterschied zwischen Wissenschaft und Kritik sieht Norbert Mecklenburg in seiner 1972 erschienenen Monographie *Kritisches Interpretieren*. Die Zäsur von 1968 hat insofern ihren Niederschlag gefunden, als Mecklenburg nun davon ausgeht, dass »Literatur heute kaum mehr anders als kritisch verstanden werden kann«.[15] Dabei redet er nicht einer marxistischen Literaturinterpretation das Wort, die er (trotz einer zeittypischen Blauäugigkeit) eher kritisch beurteilt. Wie schon Walter Müller-Seidel (vgl. das Kap. *Wertungsmodelle*) sieht auch Mecklenburg eine nicht auflösbare Verknüpfung von Interpretation und Wertung. Sein Synthesevorschlag lautet: »Unter Literaturkritik verstehen wir hier ein literaturwissenschaftliches Verfahren, das auf kritisches Verstehen poetischer Texte zielt.«[16] Was er mit »kritisch« meint, demonstriert Mecklenburg bei-

12 Wellek: Grundbegriffe der Literaturkritik, S. 21.
13 Ebd., S. 22.
14 Ebd., S. 211.
15 Mecklenburg: Kritisches Interpretieren, S. 9.

spielsweise in einer Gegenüberstellung von werkimmanenten und neueren Kategorien, die so neu nicht sind; eigentlich stehen sich zwei grundsätzliche Herangehensweisen an Literatur gegenüber, die seit dem 18. Jahrhundert diskutiert werden; man denke an die Entwicklung der Dramentheorie von Opitz über Gottsched über Lessing bis Brecht:

Traditionelle Einstellung	Kritische Einstellung
irrational	rational
affirmatives Verhältnis zur Tradition	kritisches Verhältnis zur Tradition
Erlebnis	Erkenntnis
Einfühlung	Verfremdung
Unmittelbarkeit	Reflexion
Andacht, Kontemplation, Genuss	Kritik
passive Hingabe an den Text	reagierende Deutungsaktivität
magischer Bann	republikanische Freiheit
Offenbarung als Erkenntnismodell	Dialog als Erkenntnismodell
Gefühl	Ratio

Angesichts der zu Recht gerügten Verirrungen der Werkimmanenz ist das ein lobenswerter Versuch der Aufwertung der Ratio, allerdings ein etwas einseitiger; schließlich hat schon Lessing versucht, Ratio und Gefühl miteinander zu verbinden, aus der Erkenntnis heraus, dass die Quelle der Leselust nicht dem Verstand entspringt.[17]

Literatur als Teil des Produktionsprozesses

In den 70er Jahren führte die Abwendung vom Unpolitischen in die vorgeblich ideologiekritische Richtung noch zu einer gegenteiligen Normierung: Literatur war nun in erster Linie Teil des gesamtgesellschaftlichen Produktionsprozesses, somit Spiegel oder Korrektiv bestehender Machtverhältnisse. Mit dem Ende des sozialistischen Experiments in Europa hat sich dieser in der DDR besonders beliebte Umgang mit Literatur weitgehend diskreditiert.

1974 wagte Horst S. Daemmrich einen Versuch, in die unübersichtlich gewordene Lage einige Klarheit zu bringen. Er beklagte in seinem Vorwort bereits, dass »das interessierte Publikum [. . .] durch die Vielfalt literaturwissenschaftlicher Interpretationen und Theorien heute so verwirrt und belastet ist, daß es den Zugang zum einzelnen literarischen Werk nicht mehr findet«[18] – eine bis heute weit verbreitete

16 Ebd., S. 13.
17 Ebd., S. 47.

Klage, die nicht die positiven Seiten der Pluralisierung des Literaturzugangs berücksichtigt. In der Tat war die Beschäftigung mit Literatur nie so demokratisch und so vielfältig wie heute.

Auch Daemmrich ist keineswegs frei von Einflüssen moderner Wissenschaftstheorie, insofern handelt es sich nicht um einen Versuch, die Theorieuhr zurückzudrehen. Dabei bleibt er auf solider hermeneutischer (dem Textverstehen verpflichteter) Grundlage, die bis heute von den Kritikern nicht verlassen wurde. Daemmrich führt aus:

> Für die Kritik erweist sich das Verstehen als ein Geschehen besonderer Art. Die Fragestellung bestimmt die Richtung, häufig die Methode und die Antwort, die im Rahmen der Frage möglich ist. Die Literaturkritik lebt von der Überzeugung, daß andere Kritiker Bedeutendes zur zunehmenden Präzision literarischer Urteile geleistet haben. Sie ergreift Partei nicht für Methoden, sondern für die Literatur, in der sie eine befreiende, beglückende Macht sieht; sie verweigert den Nachweis ihrer Nützlichkeit; sie will erregen und überzeugen; die Auslegung und Klärung jedoch verlangt eine ruhige Besonnenheit der Betrachtung, die sich nicht immer mit der intensiven Bemühung in Einklang bringen läßt.[19]

Typologie der Kritik literarischer Texte

Das Zitat enthält eine kleine Typologie der Kritik literarischer Texte:

- das Ausgehen von der Bedeutung des/eines literaturkritischen Urteils;
- der Wunsch nach allgemeiner Beförderung des Literaturverständnisses, damit auch der für das Lesen werbende Charakter;
- der im Grunde subjektive Zugriff auf den Text (»die Fragestellung bestimmt die Richtung«);
- der Selbstwert der Kritik als Textsorte;
- die Begeisterung für den Gegenstand Literatur.

Bei der Lektüre sind Identifikation *und* Reflexion nötig

Darüber hinaus wird ein wichtiges Problem benannt: Der Widerspruch von Begeisterung für den Gegenstand und notwendigem Urteils-, damit auch Abstraktionsvermögen, also der alte wie neue Widerspruch von Identifikation und Reflexion, mit dem alle Leser zu kämpfen haben.

---

18 Daemmrich: Literaturkritik in Theorie und Praxis, S. 7.

19 Ebd., S. 10.

Aus der Ausdifferenzierung der Textzugänge zieht Daemmrich folgendes Fazit: »So ergeben sich für literaturkritische Arbeiten vier Orientierungspunkte: der Leser, das Werk, der Autor und eine Methode.«[20] Hinzuzufügen wäre der (gesellschaftliche) Kontext, der gerade für die ideologiekritischen Arbeiten unverzichtbar war.

Legitimationskrise der Kritik

Die von den Kritikern angenommene Wirkung von Kritik zieht Daemmrich stark in Zweifel. Er weist darauf hin, dass Unterhaltungsliteratur sich unabhängig vom Schweigen oder teilweise vernichtenden Urteil der Kritik verkauft und dass positive Rezensionen schwieriger Texte deren Rezeption nicht notwendigerweise befördern.[21] Allerdings lässt sich weder die Wirkung von Literatur noch die von Literaturkritik empirisch messen, von punktuellen, eher zufälligen Erkenntnissen abgesehen, etwa der verkaufsfördernden Wirkung einer Besprechung in der ZDF-Sendung *Das Literarische Quartett*, die der Fernseh-Veranstaltung Lob und Kritik gleichermaßen eintrug.

Daemmrichs Unbehagen an der großen Bandbreite literaturkritischer Wertmaßstäbe führt ihn dazu, normativ zu werden: »Die Kritik muß sich auf einen Standpunkt stellen, von dem aus sie alle Qualitäten eines Textes einschließlich Werte und Wahrheitsgehalt reflektieren, zugleich aber auch die persönliche, gesellschaftliche und historische Position des Lesers mitdenken kann.«[22] Das ist ein universalistischer, idealistischer Anspruch, der kaum zu verwirklichen sein wird.

»Das Elend der Literaturkritik«

1975 konstatiert Bodo Rollka *Das Elend der Literaturkritik*. Für Rollka, der als einer von Wenigen einen Blick auf Motivation und Wirkung der literaturkritischen Arbeit wirft, gibt es eine allzu enge Verzahnung von Werbung und Kritik, etwa in Form von Gefälligkeitsrezensionen, die er (zeittypisch) auf ökonomische Zwänge zurückführt.[23] Dies kontrastiert mit der wichtigen »Gate-Keeper-Funktion« von Kritikern, die – wie ein Pförtner nach Prüfung eine gewisse Zahl von Besuchern – nur eine kleine Auswahl von Büchern zur Kenntnis ihrer Leser gelangen lassen.[24] Auch wenn der Vorwurf, im Feuilleton folge man zu sehr wirtschaftlichen Interessen, heute überzogen wirkt, so hebt die Studie mit dem aus der Kommunikationsforschung entlehnten Begriff des »Gate-Keepers« eine Tätigkeit hervor, die der bis-

Kritiker sind »Gate-Keeper«

20 Ebd.
21 Ebd., S. 13.
22 Ebd., S. 16.
23 Rollka: Vom Elend der Literaturkritik, S. 7.
24 Vgl. ebd., S. 12.

her betonten verschriftlichten Beurteilung literarischer Texte vorgelagert ist.[25] Anders gesagt: Das Urteil beginnt bereits mit der Auswahl.

1981 zog der bereits zitierte Günter Graf aus der Legitimationskrise der Literaturwissenschaft und Literaturkritik ein ganz anderes Fazit, das jeder Normierung entgegenläuft. Das auf die Schule bezogene didaktische Konzept lässt sich durchaus auch auf den etablierten Betrieb anwenden:

> Die Vermittlung des Lernziels der ›Kritikfähigkeit‹ impliziert damit als vornehmstes inhaltliches Element die Infragestellung auch des eigenen Standpunktes, und d. h. zugleich die Respektierung eines anderen, was nicht heißt, daß die eigene Wertungsposition nicht artikuliert und erörternd vertreten werden darf.[26]

Der Kritiker sollte nicht dogmatisch eine Position als allgemein gültige vertreten, sondern in einen offenen Diskurs über ein Buch eintreten, dabei mit der eigenen Meinung nicht hinter dem Berg halten, aber seine Wertmaßstäbe offen legen.

Neue alte Positionen

1985 brachte Suhrkamp einen Sammelband zum Thema »Literaturkritik heute« heraus. Die Zueignung für Marcel Reich-Ranicki aus Anlass von dessen 65. Geburtstag deutet an, dass es eine bestimmte Tradition der Literaturkritik ist, die hier fortgeführt und damit auch geehrt werden soll. Da hört man gleich am Anfang sehr traditionelle Töne: »Aber wohin man blickt, von Kritik ist nirgendwo die Rede, vom kritischen Verhalten als Teil der sittlichen Vollkommenheit.«[27] Damit werden zum einen nicht definierbare Abstrakta mit hohem Pathosgehalt verwendet und zum anderen Ideen der Aufklärung fortgeschrieben, die angesichts der gesellschaftlichen Veränderungen anachronistisch wirken. Die höchst anzweifelbare Wirkung von Literaturkritik wird nicht reflektiert, im Gegenteil: »[...] die Vorstellung von dem, was der Mensch heute sein soll, schließt selbstverständlich die kritische Tätigkeit mit ein.«[28]

Kritiker artikulieren das »Für und Wider«

Doch bereits der erste Beitrag des Bandes bildet ein Korrektiv, Günter Blöcker betreibt eine »Selbstkritik der Kritik«. Allerdings sieht er den Kritiker zumindest durch den Umstand entlastet, dass er »es

25 Vgl. auch Noelle-Neumann/Schulz/Wilke: Publizistik, Massenkommunikation, S. 233 u. 240.
26 Graf: Literaturkritik und ihre Didaktik, S. 14.
27 Görtz/Ueding: Vorwort, S. 9.
28 Ebd.

mit Bewegungen aufnimmt, die noch im Fluß sind, mit einem nach allen Seiten offenen literarischen Raum, in den das neue Dichtwerk, wenn es denn den Namen verdient, wie ein Kugelblitz fährt«.[29] Gerade wegen der Unwägbarkeit des literaturkritischen Urteils möchte Blöcker den Leser nicht zum »Empfänger eines ästhetischen Urteils«, sondern zum »Zeugen eines Prozesses« machen. »Indem der Kritiker das Für und Wider in seiner Brust preisgibt, indem er den Leser am Schlagwechsel der Thesen und Antithesen teilnehmen läßt, unterstellt er sich der nachvollziehenden Kontrolle.«[30] Die Bedeutung der dunklen Seite der kritischen Arbeit hebt er dennoch hervor, sieht darin eine entscheidende Legitimationsgrundlage. Der Kritiker soll ruhig Mut zur »Fehleinschätzung« haben, denn: »Auch die krasseste Ungerechtigkeit pflegt noch ein Körnchen sonst ungeübter Gerechtigkeit zu enthalten.«[31] Blöcker mag sich nicht vom Sendungsbewusstsein verabschieden: »Kritik kann keine große Literatur schaffen, aber sie kann und soll mindere als solche erkennbar machen und verhindern, daß sie sich als ›große‹ etabliert.«[32]

Korrektiv: die »wechselseitige Kontrolle der Beteiligten«

Blöcker markiert also eine Übergangsposition zwischen absoluter Kritikermacht und freiwilliger Selbstkontrolle. Diese vorsichtige Reaktion auf die Veränderungen der Öffentlichkeit findet sich auch in anderen Beiträgen des Bandes, etwa bei Sibylle Cramer, die (subjektive) Begeisterung fordert, aber abschließend betont: »Dies ist kein Plädoyer für den freien Umgang mit dem Gefühl in der Kritik.« Die Balance soll durch »die wechselseitige Kontrolle der Beteiligten« sichergestellt werden.[33] Mit der Gerichtsmetaphorik des abschließenden Satzes verlängert sie eine offenbar ungebrochene Traditionslinie seit dem 18. Jahrhundert in die Gegenwart, auch wenn sie diese modifiziert: »Der Kunstrichter steigt von seinem Stuhl. Die Urteilsfindung findet im Saal zwischen Anklage und Verteidigung statt.«[34]

Nicht von den höheren Weihen des Kritikerberufs, sondern von den Mühen in den Ebenen kündet der Beitrag von Franz Josef Görtz, der den Kritikeralltag in der »Provinz« schildert, zu dem gehört, »daß der Kritiker tatsächlich ununterbrochen liest und ununterbrochen

29 Blöcker: Selbstkritik der Kritik, S. 11.
30 Ebd., S. 12.
31 Ebd., S. 13.
32 Ebd., S. 14 f.
33 Cramer: Die Sprache der Kritik zwischen Gefühl und Argument, S. 25.
34 Ebd., S. 26.

schreibt, fünf (und bisweilen auch sechs) Tage in der Woche. Da er im Akkord arbeitet, gewöhnlich nach Druckzeilen oder Sendeminuten bezahlt wird, muß er, um rentabel zu arbeiten, schnell lesen und noch schneller schreiben.«[35] Kritik ist eine »Ware«, die bezahlt wird und die es zu vermarkten gilt.[36]

»Mein Herr, wo sind Ihre Maßstäbe?«

Nicht weniger deutlich entzaubert Ulrich Greiner den Kritikerberuf, indem er den »Subjektivismus« der Perspektive ebenso eingesteht wie das Fehlen verbindlicher Wertmaßstäbe als Arbeitsgrundlage: »Mich verfolgt die Frage: Mein Herr, wo sind Ihre Maßstäbe? Nicht, daß es darauf keine Antwort gäbe. Irgendeinen Maßstab hat schließlich jeder. Was mir jedoch wenig gefällt, ist die Tatsache, daß es für alle diese Maßstäbe keinen Maßstab gibt. Will sagen: Die totale Beliebigkeit heutiger Literaturkritik empfinde ich als Nachteil.«[37] Damit relativiert Greiner die idealistische Perspektive Blöckers, aber nicht die negative Sicht auf die gegenwärtige Situation verbunden mit dem Wunsch nach etwas, was offenbar verloren gegangen ist.

Die Selbstkritik der in dem Band vertretenen Kritiker beschränkt sich also weitgehend auf eine Klage über den Verlust ökonomischen und symbolischen Kapitals der Kritik. Eine Gegenposition nehmen beispielsweise die ebenfalls in dem Band enthaltenen Stellungnahmen von Autoren ein. Peter Hamm behauptet schon im Titel »Ich bin kein Literaturkritiker« und zitiert Georg Christoph Lichtenberg: »Ich sehe die Rezensionen als eine Art von Kinderkrankheit an, die die neugeborenen Bücher mehr oder weniger befällt. Man hat Exempel, daß die gesündesten daran sterben – und die schwächlichen oft durchkommen.«[38] Als kennzeichnend für den Kritikerberuf sieht er »Verschwommenheit und Verwirrung«.[39] Insofern kann man die Betonung des Unterschieds zwischen Wissenschaft und Kritik bezweifeln, wie sie Ulrich Greiner und Walter Jens zementieren möchten: »Literatur*geschehen* ist eins, Literatur*geschichte* ein anderes [. . .]«;[40] »Es gibt Literaturwissenschaft, und es gibt Literaturkritik. Beide betrachten denselben Gegenstand, aber sie tun es mit verschiedenen Methoden.«[41]

35 Görtz: Geisterstimmen aus der Provinz, S. 42.
36 Vgl. ebd., S. 45.
37 Greiner: Die verlorene Unschuld, S. 49.
38 Hamm: Ich bin kein Literaturkritiker, S. 54.
39 Ebd., S. 55.
40 Jens: Seine großen Kollegen, S. 93.
41 Greiner: Die verlorene Unschuld, S. 49.

Ergebnisse des DFG-Symposiums von 1989

1989 lud Wilfried Barner zu einem Symposium ein. Herausgekommen ist der wohl umfassendste Versuch, das Feld Literaturkritik von allen möglichen Seiten zu beleuchten. Auf mehr als 500 Seiten präsentieren zahlreiche Wissenschaftler ihre Überlegungen zu ganz unterschiedlichen Aspekten der Literaturkritik, die sich dennoch in folgende Rubriken einordnen lassen:

- Literaturkritik als Institution;
- Literaturkritik als ›Literatur‹ (warum die einfachen Anführungszeichen – offenbar Ausdruck bestehender Zweifel, dass beides zusammenkommen kann!);
- Literaturkritik und philosophische Ästhetik;
- Literaturkritisches Werten.[42]

Insgesamt – das lässt sich bereits an den genannten Kategorien ablesen – steht hinter den Ausführungen der Beiträger eine offene Vorstellung von Literaturkritik, die in ihrer historischen Tiefe entfaltet wird. Dabei werden erstmals umfassend Widersprüche der literaturkritischen Praxis aufgearbeitet, etwa in dem Beitrag von Thomas Anz, der Kritiken analysiert mit der Absicht, Ansätze zu gewinnen für die »Rekonstruktion argumentativen Verhaltens, das zur ›überzeugendsten‹ *Bewertung* eines Textes zu kommen sucht«. Dabei stellt Anz »[...] in Rechnung, daß Literaturkritikern ihr faktisches Argumentationsverhalten nicht unbedingt bewußt ist, daß es vielmehr oft Regeln oder Regelmäßigkeiten folgt, die den explizit geäußerten Postulaten hinsichtlich literaturkritischen Verhaltens widersprechen.«[43]

Ein Ergebnis der Auswertung ist, dass die Bewertung literarischer Texte »nur ein Bestandteil neben anderen« ist, dass Information und Unterhaltung – Anz differenziert in »Anschaulichkeit, Suggestion, Spannung, Witz in der sprachlichen Formulierung« – dazu kommen.[44] Für die unterschiedliche Bewertung entwickelt Anz folgendes Erklärungsmodell:

> Ein Wertungsdissens kann u. a. resultieren aus: [...] divergierenden Zuschreibungen von Textmerkmalen (auch Interpretationen eines Textes oder bestimmter Textteile), [...] divergierenden Wertungskriterien (axiologischen Werten), [...] divergierenden Verwendungsweisen der die Wertungskriterien bezeichnenden Begriffe, [...] divergierender Hierarchisie-

42 Vgl. Barner (Hg.). Literaturkritik – Anspruch und Wirklichkeit.
43 Anz: Literaturkritisches Argumentationsverhalten, S. 415.
44 Vgl. ebd., S. 425.

> rung und Kombination der Wertungskriterien, [...] divergierenden Wirkungen des Textes auf das wertende Subjekt.[45]

Erkenntnis ist und bleibt subjektiv

Der letzte Punkt ist der alles umfassende – letztlich ist, das scheint in der Literaturkritik offenbar manchmal vergessen zu werden, Erkenntnis immer subjektiv und, in ihrer Vermittlung, ein Angebot (sofern es sich nicht um notwendige Regeln des menschlichen Zusammenlebens handelt, die in Gesetzen festgeschrieben werden).

Ein weiterer Versuch, sich dem Gegenstand in Form einer Aufsatzsammlung kritisch zu nähern, stammt von 1999. Die Herausgeber Wendelin Schmidt-Dengler und Nicole Katja Streitler legen Widerspruch gegen die kritisch-selbstkritischen Reflexionen der Vergangenheit ein: »Die Debatte um den Zustand der Kritik, das larmoyante Klagen über ihren Verfall ist wohl mindestens so alt wie die Kritik selbst.«

Der Band führt andere Argumentationslinien weiter, so begründet Schmidt-Dengler die Unterscheidung von Kritik und Wissenschaft wie folgt:

> Ich verstehe – rein arbeitshypothetisch, um mich nicht bei – in diesem Zusammenhang – fruchtlosen Debatten aufzuhalten – Literaturkritik als die Summe der in Medien praktizierten Auseinandersetzung mit literarischen Texten, und da im besonderen die Auseinandersetzung in den Printmedien. Als Literaturwissenschaft verstehe ich die Summe der Produktion und Aktivität im Bereich der Unterrichts- und Forschungsinstitutionen wie Universität und Akademien.[46]

Unterscheidung nach dem Publikationsort

Da viele Literaturwissenschaftler auch als Kritiker arbeiten und diese Kritiken in allen möglichen periodischen Publikationsorganen veröffentlichen (Peter von Matt, Wulf Segebrecht, Thomas Anz ...), wie dies Schmidt-Dengler selbst zwei Seiten weiter thematisiert,[47] bleibt als einzige klare Unterscheidung der Publikationsort – Zeitung und Zeitschrift, Rundfunk und Fernsehen auf der einen, wissenschaftliches Periodikum auf der anderen Seite. Vielleicht ließe sich die Gruppe der Kritiker stattdessen einteilen nach jenen, die verständlich argumentieren, und denen, die kryptisch schreiben; in diese Richtung geht folgende Feststellung: »Die Literaturwissenschaft scheint indes

45 Ebd., S. 427.
46 Schmidt-Dengler: Literaturwissenschaft und Literaturkritik, S. 11.
47 Ebd., S. 13.

in einen Elfenbeinturm verbannt, aus dem sie hin und wieder heraus darf, wenn Sonntag ist und ein ernsthafter literarischer Gottesdienst angesagt ist.«[48] Gleich darauf wird die Verständlichkeit des Kritikerstils einer substanziellen Kritik unterzogen, Schmidt-Dengler findet als Charakteristikum ein »Spiel im Phraseologischen«.[49] »Die Redeweise dient dazu, sich nicht festzulegen [...].«[50]

Kritiker als Vermittler zwischen Buch und Publikum

Sigrid Löffler setzt in ihrem Beitrag die Kritik an dem Warencharakter der Kritik fort.[51] Sie schließt an Reich-Ranickis Formulierung vom Kritiker als Anwalt der Literatur an, wenn sie fordert: »Er verteidigt die Literatur, notfalls auch gegen den Autor. Und er sucht das Publikum von der Literatur zu überzeugen, von der er selber überzeugt ist. Er ist der Vermittler zwischen dem Buch und dem Publikum.«[52] Damit wäre am Ende des 20. Jahrhunderts die Bedeutung der Kritik zumindest für das Sozialsystem Literatur wieder hergestellt – es sei denn, man beginnt zu fragen: Was ist denn überhaupt ›die Literatur‹? Was muss verteidigt werden – mit welchen Mitteln? Und wozu? Es scheint, als ob sich hier die Katze einmal mehr in den Schwanz beißt.

2.3 Grau ist alle Theorie – und bunt die Praxis

Stil- und Formulierungsprobleme

Seit den 60er Jahren wurde die Verwissenschaftlichung der germanistischen Literaturwissenschaft vorangetrieben, das dürfte ein wichtiger Grund sein, weshalb die zwei Königskinder Literaturwissenschaft und Literaturkritik nur noch selten zueinander kommen. Ob es früher anders war? Wahrscheinlich steht aus heutiger Perspektive das Vergangene in zu verklärtem Licht. Nicht zu leugnen ist aber, dass zwischen der einer ausgefeilten literaturwissenschaftlichen Methodik geschuldeten Technokratenprosa und dem essayistischen Stil der Kritiker ein Graben klafft, den nur noch wenige zu überbrücken vermögen. Damit soll weder die eine noch die andere Partei genommen werden, vielmehr – und nun setzte ich mich zwischen die Stühle – scheint mir,

48 Ebd.
49 Ebd., S. 16.
50 Ebd., S. 17. – Für ein (erneutes) Plädoyer des Voneinander-Lernens vgl. Klein: Literaturkritik und Literaturwissenschaft.
51 Löffler: Die versalzene Suppe und deren Köche, S. 27.
52 Ebd., S. 31 f.

dass eigentlich beide Seiten nur voneinander lernen könnten, vorausgesetzt, sie wollten das auch.

Ansätze dafür sind ja gegeben, einige werden noch vorgestellt. So gibt es Anzeichen, dass der französische Sprachphilosoph Roland Barthes von der Literaturwissenschaft und der Kritik gleichermaßen stark rezipiert worden ist. (Auf Barthes wird im Kapitel *Geschichte der Literaturkritik* eingegangen.) Es ist nicht möglich, hier alle von Kritikern – die meisten sind studierte Germanisten – anerkannten Theorien und Methoden zu erläutern. Nur ein paar Bemerkungen sollen folgen, denen man den Vorwurf machen kann, dass sie viel zu knapp ausfallen, während die Alleswisser meinen werden, dass sie ohnehin überflüssig sind. Auch das gehört zum Geschäft.

Literatur (und Literaturkritik) als System

Ein – freilich auf die innere und äußere Organisation des Betriebs beschränktes – Erklärungsmodell der Literaturkritik liefert die Systemtheorie, eine Einführung findet sich in dem (auf der Systemtheorie beruhenden) Konzept der *Empirischen Literaturwissenschaft* von Helmut Hauptmeier und Siegfried J. Schmidt. Literatur wird als »gesellschaftliches Handlungssystem« definiert:

> Ein Handelnder (im folgenden *Aktant* genannt) handelt mit einem oder in bezug auf ein sprachliches Gebilde, das er nach seinen Vorstellungen für literarisch hält, anderen als literarisch anbietet bzw. als literarisch bewertet. Der literarische Text spielt also nur da eine Rolle, wo er tatsächlich in Handlungen von Aktanten vorkommt: als produzierter, vermittelter, rezipierter oder verarbeiteter Text. Nur in solchen Text-Handlungs-Konstellationen »lebt« ein Text als literarischer Text, weil ihm Aktanten Bedeutungen zuordnen, ihn bewerten, ihn für »schön« oder »wichtig« halten.[53]

Das ist zwar nur teilweise richtig – ein Text lebt, wie wir eigentlich seit Hans Robert Jauß und Wolfgang Iser wissen, nicht durch Handlungen, sondern durch die Lektüre.[54] Dennoch gibt das etwas angejahrte Modell wichtige Aufschlüsse über die Rollenverteilung im Sozialsystem Literatur, das als Subsystem zur Gesamt-Gesellschaft betrachtet werden kann. Die in Wechselbeziehungen zueinander stehenden Handlungsrollen im Sozialsystem Literatur sind Literaturproduktion, Literaturvermittlung, Literaturrezeption und Literaturverarbeitung. Autoren und Verleger produzieren einen Text, Verlage vermitteln ihn aber auch, ebenso Kritiker, die ihn zunächst rezipieren und dann zu

53 Hauptmeier/Schmidt: Einführung in die empirische Literaturwissenschaft, S. 14 f.
54 Vgl. Neuhaus: Im Namen des Lesers.

einer Kritik verarbeiten. Die Handlungsrollen lassen sich also nicht eindeutig Berufsfeldern zuordnen, sie können in rascher Folge wechseln.

Es handelt sich dabei um konventionalisierte Handlungen, die Handelnden folgen bestimmten Gesetzmäßigkeiten. Die wichtigsten werden von Hauptmeier und Schmidt als Ästhetik-Konvention und als Polyvalenz-Konvention beschrieben:

Die Ästhetik-Konvention

> Die *Ästhetik-Konvention* besagt: Wer im Literatur-System bzw. in bezug auf literarische Texte handelt, der soll sprachliche Handlungen mit Behauptungsanspruch in literarischen Texten nicht in erster Linie danach beurteilen, ob sie in seinem Wirklichkeitsmodell wahr oder falsch sind, sondern literarische Texte und ihre Bestandteile solchen Bedeutungsregeln und Bewertungskategorien unterziehen, die in seinem Verständnis als *poetisch wichtig* gelten. Nicht die auf das gesellschaftlich gültige Wirklichkeitsmodell bezogene »Wahrheit« macht einen Text für einen Aktanten zu einem *literarischen* Text, sondern seine als poetisch wichtig festgestellten und bewerteten Qualitäten.[55]

Mit anderen Worten und vereinfacht gesagt: Die Bewertung literarischer Texte ist subjektiv. Das bedeutet in seiner Konsequenz allerdings eine Übereinkunft über einen groben Maßstab:

Die Polyvalenz-Konvention

> Die *Polyvalenz-Konvention* besagt: Aktanten im Literatur-System haben die Freiheit, als literarisch eingeschätzte Texte so zu behandeln, wie es für *ihre* Bedürfnisse, Fähigkeiten, Intentionen und Motivationen optimal ist. Sie erwarten, daß sie demselben Text unter wechselnden Bedingungen unterschiedliche für sie relevante Lesarten und Bewertungen zuordnen können und räumen dies auch anderen Aktanten im Literatur-System ein.[56]

Von der Vieldeutigkeit (Polyvalenz) eines Texts kann man aber nur sprechen, wenn die Übereinkunft darüber, dass er vieldeutig ist, möglich ist. Ein Zeitungsartikel wird nach allgemeinem Konsens nicht als vieldeutig gelten, oder es ist ein schlechter Zeitungsartikel. Ein Gedicht wird als vieldeutig gelten – oder es ist ein schlechtes Gedicht. Damit wird allerdings ein Bewertungsmaßstab eingeführt: *Nur literarische Texte, die als vieldeutig rezipiert werden können, sind gute literarische Texte.* Hier findet sich der Übergang von den Erklärungs- zu den Wertungsmodellen – die Gegenstand eines eigenen Kapitels sein sollen.

55 Hauptmeier/Schmidt: Einführung in die empirische Literaturwissenschaft, S. 17.
56 Ebd., S. 18.

Literaturkritik als »öffentliche Kommunikation über Literatur«

Die systemtheoretische Beschreibung des Feldes der Literaturkritik lässt sich sinnvoll ergänzen durch eine kommunikationstheoretische, mit anderen Worten: Handlungen vollziehen sich durch Sprache. Auf diesem Wege ist Peter Uwe Hohendahl zu einer knappen Definition gekommen: Literaturkritik ist »die öffentliche Kommunikation über Literatur«.[57] Dem ließe sich noch eine nicht-öffentliche Kommunikation an die Seite stellen, wobei wir wieder bei der noch folgenden Ergänzung der Perspektive durch Wertungshandlungen wären. Wenn Adrian seinem Freund Bernhard ein Buch empfiehlt mit den Worten: »Tolle Lektüre, das musst Du lesen!«, oder wenn er es ihm gar zum Geburtstag schenkt, dann ist das eine literaturkritische Aussage, auch wenn es sich um einen Akt interpersonaler Kommunikation handelt, der beim Verschenken (sollten keine Erläuterungen das Geschenk begleiten) sogar non-verbal ist. Allein die Geste transportiert die Bedeutung ›tolles Buch, musst Du lesen‹ – sofern die beiden Freunde sind und intentionales Handeln vorliegt (also nicht einfach irgendein Buch wegen seines schönen Titelbildes aus dem Regal gegriffen wurde).

Damit nehmen die beiden Freunde teil an einem *Diskurs über Literatur*, der auf ganz unterschiedlichen Ebenen geführt wird. Unterscheidet man nach der Anzahl der Rezipienten, dann finden sich Ebenen vom Zweiergespräch bis zur literaturkritischen Berichterstattung im Fernsehen. Verwendet man den Begriff des Diskurses im Sinne von Jürgen Habermas oder Michel Foucault (das ist allerdings auch die einzige Gemeinsamkeit zwischen beiden), dann ermöglicht die Diskursanalyse »die Einsicht in den Zusammenhang von sprachlicher Mitteilung und gesellschaftlicher Funktion«.[58]

2.4 Zusammenfassung

Kontextwissen ist unerlässlich

Die kritische wie die wissenschaftliche Beschäftigung mit Literatur basiert auf einem möglichst umfangreichen literarhistorischen und methodischen Hintergrundwissen. Man kann einen Text nur einordnen und bewerten, wenn man Entwicklung und Spezifika literarischer Sprache kennt. Daher sollte sich jeder, der literaturkritisch tätig sein will, ein entsprechendes, möglichst großes Hintergrundwissen erar-

57 Hohendahl: Einleitung, S. 2.
58 Ebd., S. 3.

beiten, also vor allem viel einschlägige Primär- und Forschungsliteratur lesen und sich Kontextwissen über das Gelesene aneignen.

Literaturkritik steht in einem komplexen Wechselverhältnis von gesellschaftlichen Rahmenbedingungen, Rollen und individuellen Prägungen oder Zielen. Das hat wohl mit dazu beigetragen, dass die Auseinandersetzung mit Literaturkritik stets zwischen dem Konstatieren ihrer Krise und der Betonung ihrer unverzichtbaren Leistungen oszilliert.

Wie zeitlos Walter Höllerers folgende Feststellung von 1962 daher ist, soll sich in den folgenden Kapiteln erweisen: »Die literarische Kritik in Deutschland befindet sich zur Zeit trotz großer Anstrengungen und einiger guter Einzelergebnisse in einer Sackgasse.«[59]

Arbeitsfragen zu diesem Kapitel

Lässt sich Literaturkritik von der Literaturwissenschaft abgrenzen?
Wieso nennt man einen Text ein »sprachliches Kunstwerk«?
Was verbirgt sich hinter dem Stichwort Rezeptionstheorie?
Welche Unterschiede gibt es zwischen Kritik und »criticism«?
Was versteht man unter der Komplexität literarischer Texte?
Was ist die »Gate-Keeper-Funktion«?
Wie kann ein Wertungsdissens entstehen?
Was ist die Handlungsrolle des Literaturkritikers im Sozialsystem Literatur?
Inwiefern lässt sich Literaturkritik als Diskurs über Literatur beschreiben?

---

59 Höllerer: Zur literarischen Kritik in Deutschland, S. 153.

3 Geschichte der Literaturkritik

> Das alte Paradigma ist zerbrochen.
> Ein neues steht (noch!) nicht zur Verfügung.
> *Martin Lüdke*[60]

3.1 Literaturkritik und Buchmarkt

Bücher waren Luxusgüter

Nachdem die allmähliche Ablösung des Pergaments durch das Papier vollzogen war,[61] revolutionierte ein Mann die Herstellung und Verbreitung von Büchern, sein Name wurde zum Synonym für eine ganze Welt – die Gutenberg-Galaxis. Mitte des 15. Jahrhunderts erfand Johannes Gutenberg den Buchdruck mit beweglichen Lettern.[62] Dennoch blieb lange Zeit die Lektüre von Büchern ein Privileg der wenigen Reichen und Gebildeten – dafür sorgten das weit verbreitete Analphabetentum, die damit einhergehende Armut (das Buch blieb ein Luxusgegenstand) und die Zensur. »Mit gut 100000 Personen dürfte das gesamte, nicht nur potentielle, sondern tatsächlich lesende Publikum Deutschlands um 1700 einigermaßen zutreffend geschätzt sein.«[63] Den beginnenden Aufschwung im 16. Jahrhundert hatte vor allem der 30jährige Krieg gebremst.

1692 löst die deutsche Schriftsprache die lateinische ab

Dabei darf man auch nicht vergessen, dass erst im Laufe des 17. Jahrhunderts die deutsche Sprache die lateinische als wichtigste Schriftsprache ablöste – 1692 vollzog sich diese ganz entscheidende Trendwende.[64] Und erst jetzt begann die belletristische Produktion einen größeren Anteil des Marktvolumens zu beanspruchen, weiterhin waren beispielsweise religiöse Erbauungsbücher wie Traktate, medizinische und juristische Schriften weitaus zahlreicher als Romane, Dramen und Gedichte. Die »Schöne Literatur« kam 1700 nur auf 2,8

1700 gehören 2,8 % der Produktion zur Belletristik

60 Lüdke: Als Dienstbote scheint das Schmuddelkind eher ungeeignet, S. 112.
61 Vgl. Wittmann: Geschichte des deutschen Buchhandels, S. 18.
62 Vgl. ebd., S. 24.
63 Ebd., S. 115.
64 Vgl. ebd., S. 84.

Prozent. 1745 waren es dann 6,4 Prozent, 1800 schließlich mehr als ein Fünftel.[65] »Das Zeitalter der belletristischen Lesekultur hat begonnen.«[66] Dazu gehört auch die Bedeutung der Gattung Roman, die 1800 alle anderen Gattungen überflügelte: »In dem Ostermeßkatalog des Jahres 1800 stehen 300 neue Romane 64 neuen Schauspielen und 34 Gedichtbänden gegenüber.«[67]

Literaturkritik wird immer wichtiger

Die Zunahme der Neuerscheinungen wird begleitet durch eine Ausweitung der Zahl der Kritiker und ihrer Tätigkeit. Die Kritiker erlangen eine beispiellose Bedeutung, der heute, im Zeitalter der medialen Revolutionen, noch viele nachtrauern. »Literaturkritik ist also im 18. Jahrhundert kein bloß innerliterarisches Phänomen umfassender Theorie- und Geschmacksbildung, sondern sie trägt auch bei zur Konstituierung einer bürgerlichen Öffentlichkeit.«[68] Grundlagen für diese gewachsene Bedeutung sind veränderte gesellschaftliche Rahmenbedingungen: die Einführung der Schulpflicht (auch wenn es hierbei, angesichts der schlechten Bezahlung der Lehrer und der Kinderarbeit auf dem Feld, Schwierigkeiten gab), der langsam wachsende Wohlstand, der Aufstieg des Bürgertums. Dies alles zusammen führt zum »Strukturwandel der Öffentlichkeit« – so der Titel der berühmten Studie von Jürgen Habermas.[69] Der Buchmarkt boomt: »Die Zahlen allein schon sprechen eine deutliche Sprache: Zwischen 1763 und 1805 verzehnfachte sich die Buchproduktion gegenüber dem Zeitraum von 1721 bis 1763. Für die Jahre 1780 bis 1782 wurden 1582 Werke der ›Schönen Wissenschaften und Künste‹ angezeigt [. . .].«[70]

Die Zeit der »Lesewut«

Damit ist eine Entwicklung in Gang gesetzt, deren Auswirkungen wir gern für unsere Zeit in Anspruch nehmen. »Schon um 1680 mehrten sich die Klagen der Zeitgenossen über die Unmengen überflüssiger Bücher«, weiß Reinhard Wittmann zu berichten.[71] Das lag damals noch am Tauschhandel (die Buchhändler tauschten ihre Bücher untereinander aus, maßgebend war das Gewicht), doch hundert Jahre später gab es andere Erklärungen:

65 Vgl. ebd., allerdings finden sich abweichende Angaben, auf S. 85 ist von 27,3 Prozent, auf S. 122 f. von 21,45 Prozent die Rede.
66 Vgl. ebd., S. 85.
67 Ebd., S. 123.
68 Berghahn: Von der klassizistischen zur klassischen Literaturkritik 1730–1806, S. 16.
69 Vgl. außer Habermas: Strukturwandel der Öffentlichkeit auch die literatursoziologische Studie von Kiesel/Münch: Gesellschaft und Literatur im 18. Jahrhundert.
70 Berghahn: Von der klassizistischen zur klassischen Literaturkritik 1730–1806, S. 19.
71 Vgl. Wittmann: Geschichte des deutschen Buchhandels, S. 100.

> Am Ende des 17. Jahrhunderts überschwemmten die verkrachten Studenten, stellungslosen Gelehrten, gestrandeten Hofmeister nicht nur den Buchhandel, sondern entdeckten den Buchmarkt auch als Produzenten, und erwiesen sich damit als Vorgänger und Frühformen des freien Schriftstellers. Solche literarischen Tagelöhner und Vielschreiber fertigten im Auftrag der Verleger schnelle Übersetzungen pikanter französischer Belletristik an, stoppelten galante Romane zusammen und konnten sich durch derlei Auftragsarbeiten über Wasser halten.[72]

Weil es für jedes Druckerzeugnis eine rege Nachfrage gibt, ist nun gar von »Lesewut« die Rede.[73]

Man darf aber weiterhin nicht davon ausgehen, dass nun ein großer Teil der Bevölkerung Lesen und Schreiben konnte und zu Lesern literarischer Erzeugnisse geworden war. Berghahn zitiert beispielhaft Friedrich Nicolais Feststellung von 1773: »Dieses gelehrte Völkchen von Lehrenden und Lernenden, das etwa 20000 Menschen stark ist, verachtet die übrigen 20 Millionen Menschen, die außer ihnen deutsch reden, so herzlich, daß es sich nicht die Mühe nimmt, für sie zu schreiben.«[74] Das ist die Kehrseite der Medaille; positiv hervorzuheben bleibt allerdings, dass das ästhetische Urteil nun nicht mehr Angelegenheit von Instanzen war, sondern dem Subjekt selbst zustand. Immanuel Kant hat dies in seiner *Kritik der Urteilskraft* festgeschrieben, »den Geschmack von der Bevormundung durch Hof, Kirche und Staat befreit«.[75]

Karriere der Zeitschrift

Dennoch entsteht eine neue, selbstbewusste Schicht, die bis zum Ende des 19. Jahrhunderts stark anwachsen wird, bis dann Autoren wie Thomas Mann Dekadenz- und Verfallserscheinungen, die im 18. Jahrhundert dem Adel zugeschrieben werden, auch für das Bürgertum feststellen. Eine wichtige Voraussetzung des Strukturwandels im 18. Jahrhundert ist noch zu benennen, aus Sicht unseres Themas vielleicht die wichtigste: »Die frühbürgerliche Intelligenzschicht schuf sich um 1700 auch ein neues Kommunikationsmedium, das soziale und Entfernungsschranken überwand: die *Zeitschrift*. Sie diente zuerst wie die Leipziger ›Acta Eruditorum‹ (1682–1731) als Mittel zur Verständigung über neue Bücher und den darin sich manifestierenden Fortschritt an Wissen und Erkennt-

72 Ebd., S. 111.
73 Vgl. ebd., S. 120.
74 Berghahn: Von der klassizistischen zur klassischen Literaturkritik 1730–1806, S. 17.
75 Ebd., S. 37.

nis.«[76] Die Wurzeln gehen freilich bis ins späte 16. Jahrhundert zurück. 1609 wurden die ältesten erhaltenen Nummern deutschsprachiger Zeitschriften überhaupt gedruckt, sie stammen von zwei Zeitschriften aus Straßburg und Wolfenbüttel.

Das 18. Jahrhundert sieht dann eine geradezu inflationäre Entwicklung des neuen Mediums: »Allein zwischen 1730 und 1790 entstanden über 3000 Zeitschriften; wählt man mit Jürgen Wilke für unsere Zwecke die wichtigsten literarischen und kritischen Zeitschriften aus, so kommt man immerhin noch auf 323, von denen allein zwischen 1766 und 1790 sogar 224 erschienen.«[77] Es entstehen die moralischen Wochenschriften, mit denen Aufklärer wie Johann Christoph Gottsched ihre Leser zu vernünftig denkenden Bürgern erziehen wollen: »Mit Gottscheds Wirken beginnt die literarische Publizistik und Kritik in Deutschland. Er selbst war 35 Jahre publizistisch tätig, gründete fünf Zeitschriften und regte mehrere an.«[78] Es wurden Projekte gestartet, die beispiellos waren und blieben, wie das des paradigmatischen »Aufklärungsverlegers« Christoph Friedrich Nicolai (1733–1811):

> Seit 1765 war Nicolai in Personalunion Verleger und Herausgeber der »Allgemeinen deutschen Bibliothek«, des bedeutendsten Rezensionsorgans der Aufklärung, das in einer Auflage bis zu 2500 Exemplaren mit universellem Anspruch die gesamte wissenschaftliche wie belletristische Buchproduktion deutscher Sprache kritisch durchmusterte. Mit den insgesamt 256 Bänden der AdB, die bis 1805 erschien, wurde Nicolai zum bewunderten und umschmeichelten, aber auch geschmähten und verhöhnten Präzeptor und Papst der Berliner Aufklärung, und zur kritischen Instanz mit Unfehlbarkeitsanspruch.[79]

Wie wir sehen werden, gibt es weitere Geistesgrößen, die zumindest selber daran glaubten, unfehlbar zu sein. Immerhin muss man einigen von ihnen zugestehen, Literaturgeschichte geschrieben zu haben.

Hier soll weder die ganze Geschichte des deutschsprachigen Buchhandels, die Reinhard Wittmann so glänzend aufbereitet hat (weshalb ich mir die Freiheit genommen habe, ihn mehrfach zu zitieren), noch die Geschichte der deutschsprachigen Literatur nachvollzogen wer-

---

76 Wittmann: Geschichte des deutschen Buchhandels, S. 115.
77 Berghahn: Von der klassizistischen zur klassischen Literaturkritik 1730–1806, S. 19.
78 Ebd., S. 21.
79 Wittmann: Geschichte des deutschen Buchhandels, S. 148.

den. Vielmehr soll an den Beispielen einzelner Kritiker exemplarisch gezeigt werden, wie Literaturkritik über Jahrhunderte geprägt wurde und sich veränderte.[80] Mit Herbert Jaumann lässt sich feststellen: »Die Geschichte der Kritik ist die Geschichte der großen Kritiker [...].«[81]

Das Berufsbild des Journalisten und Kritikers entsteht im 19. Jahrhundert

Der berufsmäßige Literaturkritiker, wie wir ihn heute kennen, ist – wie der Journalist allgemein – ein Produkt der letzten eineinhalb Jahrhunderte.[82] Erst Mitte des 19. Jahrhunderts konnten mehr als nur ein paar Leute vom Artikelschreiben leben. Diese Veränderung hat viele Ursachen – vor allem die Einschränkung der Zensur in der Folge der (freilich gescheiterten) Revolution von 1848, die Begründung des Urheberrechts (wegweisende Gesetzgebung in Preußen seit 1837), den größeren gemeinsamen Markt (Deutsches Reich seit 1871), die stärkere Partizipation des Bürgertums an der Politik (auch wenn Kanzler und Kaiser immer das letzte Wort hatten), die technologischen Innovationen der Zeitungs- und Zeitschriftenproduktion (erste Rotationspresse 1863, Offsetdruck in Deutschland seit 1907), den größeren Wohlstand (Arbeiter freilich ausgenommen). Im Computerzeitalter hat sich die Entwicklung noch einmal beschleunigt, Texte produzieren und potenziell alle Menschen als Leser zu gewinnen, die Zugang zu einem Computer mit Modem und Telefonanschluss haben, ist nun kein Problem mehr, zumindest kein technisches.

Die Wirkungen von Kritiken sind umstritten, historisch gesehen lassen sie sich an Beispielen nachvollziehen, die auch als literarhistorisch bedeutsame Texte gelten. Was Kritiken für den Verkauf der kritisierten oder porträtierten Bücher bedeuten, lässt sich nur annäherungsweise beantworten. Jörg Drews hat aus möglichen Wechselwirkungen von Kritiken und Buchverkäufen in den 80er Jahren einige interessante Schlüsse gezogen, und zwar,

> [...] daß eine Besprechung um so wirksamer und für den Verlag wichtiger ist, je strikter literarisch ein Titel ist und je geringer seine Chance, an anderen Orten und aus anderen als literarischen Gründen überhaupt annonciert zu werden. [...] Wenn ein Titel nicht an ein außerliterarisches Thema ankoppelbar, ein Autor nicht in anderem – etwa politisch-zeitgeschichtlichem – Kontext ins Bewußtsein der Leser zu bringen ist, dann

80 Für einen anders akzentuierten »Überblick zur historischen Entwicklung [der Literaturkritik] in Theorie und Praxis« vgl. Albrecht: Literaturkritik, S. 98–128.

81 Jaumann: Literaturkritik, S. 466.

82 Vgl. hierzu Blöbaum/Neuhaus (Hg.): Literatur und Journalismus.

steigt die Wichtigkeit von Kritiken, Porträts und Interviews konventionell literaturkritischer Art für die langfristige Durchsetzung eines Titels bzw. eines Autors.[83]

Im 20. Jhd. wird das Buch als Leitmedium abgelöst

Die Bedeutung des Themas Literaturkritik innerhalb des Literatursystems sollte also nicht den Blick dafür verstellen, dass die Literatur und die sie begleitende Kritik im Gesamtsystem Gesellschaft heute eine eher marginale Rolle spielen. Die Bedeutung der anderen Medien – mit dem Film als Leitmedium – hat andererseits nicht dazu geführt, dass Film-, Fernseh- und Hörfunkkritiken nun einen vergleichsweise hohen Stellenwert hätten.

Soviel lässt sich feststellen: Die Bedeutung des gedruckten oder gesprochenen Wortes ist durch die inflationäre, zur Ikonographie (Symbolhaftigkeit) tendierende Bildersprache relativiert worden. Das könnte zu kulturpessimistischen Überlegungen Anlass geben. Oder aber zu einer persönlichen Entscheidung für die Literatur als Grundlage einer Literaturkritik, die – im Bewusstsein der Bedeutung ihrer Geschichte – dem geschriebenen und dem gesprochenen Wort zu größtmöglicher Bedeutung verhilft.

3.2 Literaturkritische Positionen

Einige der einflussreichen Positionsbestimmungen zur Literaturkritik sollen nachfolgend skizziert werden. Dabei wird nicht versucht, Marcel Reich-Ranicki nachzueifern, der in *Die Anwälte der Literatur* 23 Kritiker porträtiert, von denen die meisten auch Schriftsteller waren. Reich-Ranicki findet seine Auswahl noch »viel zu dünn«, doch habe er bereits dafür »ein Vierteljahrhundert« gebraucht.[84] Stattdessen soll es weniger um »Porträts«[85] als um programmatische Kritikeräußerungen gehen, die Rückschlüsse auf die historische Entwicklung von Literaturkritik allgemein zulassen.

Auch dem Projekt »Literaturkritik in Deutschland«, ein im Entstehen befindliches, mit öffentlichen Mitteln gefördertes »multimediales Informations- und Lernsystem«, kann hier keine Konkurrenz ge-

83 Drews: Über den Einfluß von Buchkritiken in Zeitungen auf den Verkauf belletristischer Titel in den achtziger Jahren, S. 463.

84 Vgl. Reich-Ranicki: Die Anwälte der Literatur, S. 329.

85 Vgl. ebd.

macht werden.[86] Auf den folgenden Seiten wird statt dessen versucht, einige ausgewählte, für die Entwicklung der Gattung grundlegende literaturkritische Positionen aus drei Jahrhunderten in pointierter Weise zu charakterisieren.

Manche der Personen waren oder sind in erster Linie Kritiker, andere Theoretiker. Je weiter man zurückgeht, desto mehr vermischen sich Kritiker- und Autorberuf. Das moderne Journalistenbild – und damit auch das des publizistisch tätigen Kritikers – entstammt erst dem späten 19. und dem 20. Jahrhundert. Doch auch in jüngerer Zeit haben sich Schriftsteller nicht davon abhalten lassen, Kritiken zu schreiben oder sich zur Frage der Kritik zu äußern, beispielsweise der in dieser Hinsicht besonders fleißige Martin Walser.

Auswirkungen der NS-Ideologie

Nicht näher eingegangen wird auf die Literaturkritik im Nationalsozialismus, da es aus heutiger Perspektive keine nennenswerte Kritik gab. Die Zeitungen und damit auch die Kritiker wurden nach 1933 sukzessive gleichgeschaltet, die Literaturkritik durch die Kunstbetrachtung ersetzt. Der NS-Ideologie gemäße Texte wurden gelobt, gegenteilige nicht gescholten, sondern gleich verboten. Früher Höhepunkt der Zensur waren die öffentlichen Bücherverbrennungen am 10. Mai 1933. Wer bis 1945 schreiben und veröffentlichen wollte, musste Mitglied in der Reichsschrifttumskammer sein. Schon verbale Kritik konnte das Leben kosten, deshalb gingen viele Autoren und Kritiker ins Ausland. Dieses dunkelste Kapitel der deutschen Geschichte lehrt, dass es etwas viel Schlimmeres gibt als scharfe Kritik im Feuilleton – gar keine oder keine weitgehend meinungsfreie Kritik im Feuilleton.[87]

3.3 Martin Opitz und die antike Rhetorik

Opitz stellt Regeln auf

Die üblicherweise in der Literaturgeschichtsschreibung unter dem Stichwort Barock einsortierte Zeit von 1600–1700 wird allgemein höchstens als Vorgeschichte des literaturkritischen Zeitalters bewertet. Am Beginn des Selbstbewusstseins der Deutsch schreibenden, sich mit schöner Literatur beschäftigenden Autoren steht Martin Opitz'

86 Vgl. *http://cgi-host.uni-marburg.de/~omanz/forschung/modul.php?f_mod=_uebersicht_detail* (abgerufen am 26.5.03).

87 Grundlegend hierfür ist die Dokumentation von Wulf: Literatur und Dichtung im Dritten Reich.

(23.12.1597–20.8.1639) *Buch von der Deutschen Poeterey* (1624 in der ersten Auflage). Diese erste deutschsprachige Poetik nimmt bereits den Übergang von einer regelbezogenen zu einer autonomen Literatur vorweg, das heißt: Schon Opitz glaubt nicht mehr daran, dass es sich beim Schreiben nur um ein Handwerk handelt, es muss Begabung dazukommen. In der zweiten Hälfte des 18. Jahrhunderts sprach man dann von Genie. Doch folgt bei Opitz der Feststellung, man könne niemanden »durch gewisse regeln vnd gesetze zu einem Poeten machen«,[88] die Aufstellung zahlreicher Regeln, an die sich die Autoren des Barockzeitalters mit Freuden gehalten oder an denen sie sich zumindest orientiert haben. Noch Johann Christoph Gottsched (2.2.1700– 12.12.1766) sprach in seiner einflussreichen Poetik der Frühaufklärung, im *Versuch einer Critischen Dichtkunst vor die Deutschen* von 1730, von »unserm großen Opitz«.[89]

3.4 Johann Christoph Gottsched

In der Aufklärung soll Literatur den Menschen bessern

Gottsched, seit dem Jahr des Erscheinens seiner *Critischen Dichtkunst* außerordentlicher Professor für Poesie und Beredsamkeit in Leipzig, vier Jahre später ordentlicher Professor für Logik und Metaphysik, ist der wichtigste Vertreter seiner Epoche. Er formuliert zentrale Gedanken der Frühaufklärung, sein Ziel ist es, die Menschen – und das sind bis Ende des 19. Jahrhunderts immer die Bürger, also nicht die unteren Schichten – im umfassendsten Sinn des Wortes zu bilden. Zur »Besserung des menschlichen Herzens«[90] dienen ihm einerseits Zeitschriften und andererseits die Schaubühnen, also Theater, weil sie unmittelbar zu den Menschen sprechen. Die politischen Implikationen sind offensichtlich. Mit moralischen Wochenschriften wie *Die vernünftigen Tadlerinnen* und *Der Biedermann* wird erstmals in Ansätzen eine bürgerliche Öffentlichkeit hergestellt, ein Forum, das sich schnell zur Plattform des neuen bürgerlichen Selbstbewusstseins entwickelt. Das reine und oftmals vulgäre Unterhaltungstheater wird abgelöst von einer Bühne, die das Evozieren von »Leidenschaften« als Mittel zum Zweck der Ausbildung der Vernunft einsetzt.[91]

88 Opitz: Buch von der Deutschen Poeterey, S. 11.
89 Gottsched: Schriften zur Literatur, S. 22.
90 Ebd., S. 9.
91 Ebd., S. 5 f.

Das neue bürgerliche Selbstbewusstsein macht eine Abgrenzung nach oben und unten notwendig. Zum Ende des 18. Jahrhunderts wird der Adel das Stigma des moralisch Verkommenen tragen, so weit konnte Opitz angesichts der Herrschaftsverhältnisse seiner Zeit noch nicht gehen. Gottsched sieht die Bürger eher eine kleine Stufe unterhalb des Adels, während der Abstand zum Pöbel mehr als deutlich ist:

> Wer beruft sich aber in allen diesen Künsten auf das Urteil des großen Haufens? Das würden schlechte Meister darinnen werden, die ihren Ruhm in dem Beifalle eines eigensinnigen Volkes suchen wollten, welches ohne Verstand und ohne Regeln von ihren Sachen urteilt und dessen Geschmack die unbeständigste Sache von der Welt ist.[92]

Der Geschmacksbegriff

Hier nimmt die Hierarchisierung des Urteils, die Unterteilung in die Wenigen, die urteilsfähig sind, und die Vielen, die es nicht sind, ihren Ausgang. Bis heute wird die fiktionale Literatur zuerst danach klassifiziert, ob sie trivial ist – dann lässt sie sich bedenkenlos aussortieren. Man kann Gottsched keinesfalls unterstellen, dass er für diese Entwicklung verantwortlich zu machen ist; seine Intentionen waren ganz andere und zweifellos sehr ehrenwerte. Mit dem »Begriff von dem guten Geschmacke«,[93] der die viel diskutierte Richtschnur für die Beurteilung von Literatur für das 18. Jahrhundert darstellt, wird ein Maßstab eingeführt, der letztlich selbstbegründend ist, weil die Argumentation zirkelförmig verläuft. Zugespitzt formuliert: Mir gefällt das Buch, weil ich Geschmack habe – weil ich Geschmack habe, ist es ein gutes Buch. In den Worten Gottscheds: »Nicht der Beifall macht eine Sache schön; sondern die Schönheit erwirbt sich bei Verständigen den Beifall.«[94]

Literatur als »Nachahmung der Natur«

Allerdings nennt Gottsched weitere Kriterien, die seinen Begriff von Geschmack und Schönheit präzisieren lassen. Wichtig ist der mimetische (nachahmende) Charakter von Literatur: »Die Fabel [also Handlungsgerüst oder -kern] selbst [...] ist nichts anders als eine Nachahmung der Natur«.[95] Das heißt zunächst: »Die Regeln nämlich, die auch in freien Künsten eingeführet worden, kommen nicht auf den bloßen Eigensinn der Menschen an: sondern haben ihren Grund in der unveränderlichen Natur der Dinge selbst; in der Übereinstim-

92 Ebd., S. 36 f.
93 Ebd., S. 37.
94 Ebd., S. 71.
95 Ebd., S. 34.

mung des Mannigfaltigen; in der Ordnung und Harmonie.«[96] Mit heutiger Begrifflichkeit könnte man auch sagen, dass ein Text in sich stimmig, dass alle Teile aufeinander bezogen sein sollen.

Gottsched beruft sich auch auf Aristoteles' Auffassung, »daß die ganze Poesie nichts anders sei als eine Nachahmung menschlicher Handlungen«.[97] Um das erreichen zu können, muss der Dichter ein wahrer Tausendsassa sein, er muss »Einbildungs-Kraft, Scharfsinnigkeit und Witz«, »Geschicklichkeit«, »Kunst und Gelehrsamkeit« miteinander verbinden. »Es ist keine Wissenschaft von seinem Bezirke ganz ausgeschlossen.«[98] Soweit der Rahmen, hier der Kern: »Vor allen Dingen aber ist einem wahren Dichter eine gründliche Erkenntnis des Menschen nötig, ja ganz unentbehrlich.« Er muss »[...] die Natur und Beschaffenheit des Willens, der sinnlichen Begierde und des sinnlichen Abscheues in allen ihren mannigfaltigen Gestalten gründlich einsehen lernen.«[99] Heute würde man sagen – ein Dichter muss auch Psychologe sein, Einsichten in die Motive menschlicher Verhaltensweisen haben und diese vermitteln können.

Der »Geschmack zum Verstande«

Das Lesen und Schreiben ist zu einer hoch reflektierten Angelegenheit geworden, kein Wunder, dass Gottsched seinen Geschmacksbegriff nun präzisieren und als »Geschmack zum Verstande« bezeichnen kann.[100] Es geht um den »Gebrauch der gesunden Vernunft«.[101] »Der einzige Opitz«, dem es damals um etwas ganz anderes ging, wird nun ebenso zum Kronzeugen dieses neuen Literaturbegriffs ernannt wie die »Griechen«, die Autoren der griechischen Antike, die Opitz rezipierte und aus deren Schriften er sein Regelwerk abgeleitet wissen will. Denn auf Regeln, das ist klar, kann und will Gottsched nicht verzichten. Der Schriftsteller wird dabei zum Lehrer nicht nur seiner »unwissenden Schüler«, sondern »seines Vaterlandes, seines Hofes, seiner Stadt«, deren Geschmack er »zu läutern« hat.[102] Deshalb definiert Gottsched die ihm so wichtige Fabel wie folgt: »Sie sei eine unter gewissen Umständen mögliche, aber nicht wirklich vorgefallene Begebenheit, darunter eine nützliche moralische Wahrheit verborgen liegt.«[103]

96 Ebd., S. 63.
97 Ebd., S. 39.
98 Ebd., S. 46.
99 Ebd., S. 48.
100 Ebd., S. 63.
101 Ebd., S. 67.
102 Ebd., S. 72 f.
103 Ebd., S. 86.

Gottsched übersieht nicht, dass noch etwas zur Literatur gehört, das sich nicht in überkommene Regeln zwängen lässt: »Es muß was Eigenes, es muß eine neue poetische Fabel sein, deren Erfindung und geschickte Ausführung nur den Namen eines Dichters erwerben soll.«[104] Einen Widerspruch zwischen Regelhaftigkeit und Eigenem, zwischen Objektivität und Subjektivität gibt es für Gottsched noch nicht, er wird erst einige Jahrzehnte später eine unübersehbare Evidenz erlangen; auch Gottscheds Forderung nach »Wahrscheinlichkeit«[105] wird als Nachteil für innovative Literaturkonzepte begriffen werden, oder man legt einen anderen Wahrscheinlichkeitsbegriff zugrunde.

3.5 Gotthold Ephraim Lessing

Abb. 1

Gotthold Ephraim Lessing

Lessings Poetik: Die »Hamburgische Dramaturgie«

Lessing (22.1.1729–15.2.1781) war der aus heutiger Sicht wichtigste Autor der Aufklärung, zudem, neben Gottsched, ihr wichtigster Theoretiker, wenn man von dem Philosophen Immanuel Kant absieht. Bei Lessing gehen Theorie und Praxis zusammen, sein poetologisches Hauptwerk *Hamburgische Dramaturgie* von 1769 ist eine Sammlung von zwischen Mai 1767 und April 1768 geschriebenen und zunächst in Gestalt eines »Theaterblatts« vorab gedruckten Theaterkritiken.[106]

104 Ebd., S. 103.
105 Ebd., S. 166.
106 Vgl. Lessing: Hamburgische Dramaturgie, Anhang S. 527.

Bedeutung der Form

Zunächst scheint Lessing von Gottscheds Position gar nicht so weit entfernt zu sein, wenn er schreibt, dass dem Theater »[...] alles, was zu den Charakter der Personen gehöret, aus den natürlichsten Ursachen entspringen muß. Wunder dulden wir da nur in der physikalischen Welt; in der moralischen muß alles seinen ordentlichen Lauf behalten, weil das Theater die Schule der moralischen Welt sein soll.«[107] Einen Theatertext kritisiert er mit den Worten: »Cronegk hatte sein Stück nur bis gegen das Ende des vierten Aufzuges gebracht. Das übrige hat eine Feder in Wien dazugefüget; eine Feder – denn die Arbeit eines Kopfes ist dabei nicht sehr sichtbar.«[108] Die stimmige formale Konzeption ist für Lessing wichtig. Dabei darf die Unterhaltung der Zuschauer aber nicht vergessen werden: »In einem andern noch schlechtern Trauerspiele, wo eine von den Hauptpersonen ganz aus heiler Haut starb, fragte ein Zuschauer seinen Nachbar: ›Aber woran stirbt sie denn?‹ – ›Woran? am fünften Akte!‹ antwortete dieser.«[109]

Nicht nur in der stärkeren Berücksichtigung der einfacheren, emotionalen Gratifikationen, die das Theater für den Zuschauer bereit halten soll,[110] auch in dem Abrücken von der starren Gattungseinteilung ›Tragödie: höherer Stand – Komödie: niederer Stand‹ wendet sich Lessing gegen die Vorstellungen Gottscheds:

> Die Namen von Fürsten und Helden können einem Stücke Pomp und Majestät geben; aber zur Rührung tragen sie nichts bei. Das Unglück derjenigen, deren Umstände den unsrigen am nächsten kommen, muß natürlicherweise am tiefsten in unsere Seele dringen; und wenn wir mit Königen Mitleiden haben, so haben wir es mit ihnen als mit Menschen, und nicht als mit Königen.[111]

Ein gewachsenes bürgerliches Selbstbewusstsein

Hier wird ein gewachsenes bürgerliches Selbstbewusstsein artikuliert. Insgesamt erfolgt eine deutliche Verschiebung von starren, allgemein gültigen Regeln zu Regeln, die der Dichter sich selbst gibt. Das »Ge-

---

107 Ebd., S. 18.
108 Ebd., S. 19.
109 Ebd., S. 20.
110 So bemerkt Lessing zur öffentlichkeitswirksamen Austreibung des Harlekin auf der Bühne der Neuberin auf Veranlassung Gottscheds, dass damit typisierte Figuren keineswegs aus der Komödie der Aufklärung verschwunden sind: »Die Neuberin ist tot, Gottsched ist auch tot: ich dächte, wir zögen ihm [dem Harlekin] das Jäckchen wieder an.« Ebd., S. 97.
111 Ebd., S. 77.

nie« darf »höherer Absichten wegen« das »Lehrbuch« vergessen:[112] »im Theater müssen wir glauben, was er will« [also der Dichter].[113] Regeln könnten niemals ein Genie einengen: »Als ob sich Genie durch etwas in der Welt unterdrücken ließe! Und noch dazu durch etwas, das [. . .] aus ihm hergeleitet ist.«[114] Die antiken Autoren, allen voran Aristoteles, gelten weiterhin als Vorbilder, doch werden sie entsprechend neu gedeutet.[115] Und es kommt einer hinzu, der nicht zuletzt deshalb, weil er sich seine Regeln selbst gegeben hat, fortan in seiner Vorbildfunktion alle anderen überstrahlen wird: William Shakespeare.[116]

Kriterien der Wahrscheinlichkeit und Stimmigkeit

Während Gottsched die Bedeutung der Handlung betont, sieht Lessing die Figurenzeichnung als wichtiger an: »Die strengste Regelmäßigkeit kann den kleinsten Fehler in den Charakteren nicht aufwiegen.«[117] Die Kriterien der Wahrscheinlichkeit und Stimmigkeit von Handlung akzeptiert allerdings auch Lessing: »[. . .] nichts ist anstößiger, als wovon wir uns keine Ursache geben können.«[118] In dem fiktionalen Arrangement von Wirklichkeitsmotiven muss alles ineinander greifen: »Das Genie können nur Begebenheiten beschäftigen, die ineinander gegründet sind, nur Ketten von Ursachen und Wirkungen.«[119] Mit dem aus der Natur entnommenen Stoff kann der Dichter aber freier als früher umgehen, so heißt es beispielsweise: »[. . .] die historische Wahrheit ist nicht sein Zweck, sondern nur das Mittel zu seinem Zwecke; er will uns täuschen, und durch die Täuschung rühren.«[120] Der höchste Grad der »Täuschung« oder »Illusion«[121] ist erreicht, wenn die Konzeption so gut ist, dass man sie gar nicht mehr bemerkt: »Das wahre Meisterstück, dünkt mich, erfüllet uns so ganz mit sich selbst, daß wir des Urhebers darüber vergessen; daß wir es nicht als das Produkt eines einzeln Wesens, sondern der allgemeinen Natur betrachten.«[122] Daraus kann dann der Effekt der »Reinigung« entspringen, die »Verwandlung der Leidenschaften in

112 Vgl. ebd., S. 251.
113 Ebd., S. 64.
114 Ebd., S. 483.
115 Vgl. ebd., S. 102 ff., v. a. S. 378 ff.
116 Vgl. z. B. ebd., S. 65, 84 u. 470.
117 Ebd., S. 239.
118 Ebd., S. 125.
119 Ebd., S. 157.
120 Ebd., S. 63 f.
121 Ebd., S. 220.
122 Ebd., S. 189.

tugendhafte Fertigkeiten«.[123] Das Ziel, den Zuschauer zu bilden, ist geblieben, aber der Weg dorthin ist modifiziert geworden.

Die Rolle des Kritikers ist es nun nicht mehr, allgemein gültige Regeln zusammenzustellen und zu überwachen, sondern die für sein Urteil gültigen Regeln aus dem Text herzuleiten. Dabei ist der Kritiker für Lessing, der ja Schriftsteller und Kritiker in Personalunion war, dem Schriftsteller unterlegen: »Nicht jeder Kunstrichter ist Genie: aber jedes Genie ist ein geborner Kunstrichter. Es hat die Probe aller Regeln in sich. Es begreift und behält und befolgt nur die, die ihm seine Empfindung in Worten ausdrücken.«[124]

Der Begriff des Kunstrichters

Mit dem Begriff des Kunstrichters wird festgeschrieben, dass der Kritiker ein Urteil zu fällen hat. Es gibt Regeln, die er anzuwenden hat, nur ist das Regelwerk weniger eindeutig festgelegt als früher, es muss flexibler reagiert werden. Vereinfacht gesagt: Der Kritiker hat keinen leichten Job. Im Gegenzug kann man auch ihn kritisieren, wenn er – wie Gottsched in Lessings Augen – die Komplexität des sich gegenseitig bedingenden Schreib- und Urteilsverfahrens nicht wahrgenommen hat.

Zum Abschluss der *Hamburgischen Dramaturgie* bemüht sich Lessing, optimistisch in die Zukunft zu blicken. Lessings Selbstbewusstsein als Kritiker spricht aus seiner allgemeinen Wertschätzung der Leistungen von Kritik, an der sich nun auch die Kollegen zu messen haben werden:

> Nicht jeder, der den Pinsel in die Hand nimmt und Farben verquistet, ist ein Maler. Die ältesten von jenen Versuchen sind in den Jahren hingeschrieben, in welchen man Lust und Leichtigkeit so gern für Genie hält. Was in den neuerern Erträgliches ist, davon bin ich mir sehr bewußt, daß ich es einzig und allein der Kritik zu verdanken habe. Ich fühle die lebendige Quelle nicht in mir, die durch eigene Kraft sich emporarbeitet, durch eigene Kraft in so reichen, so frischen, so reinen Strahlen aufschießt: ich muß alles durch Druckwerk und Röhren aus mir heraufpressen. Ich würde so arm, so kalt, so kurzsichtig sein, wenn ich nicht einigermaßen gelernt hätte, fremde Schätze bescheiden zu borgen, an fremdem Feuer mich zu wärmen und durch die Gläser der Kunst mein Auge zu stärken. Ich bin daher immer beschämt oder verdrüßlich geworden, wenn ich zum Nachteil der Kritik etwas las oder hörte. Sie soll das Genie ersticken: und ich schmeichelte mir, etwas von ihr zu erhalten, was dem Genie sehr nahe

123 Ebd., S. 401.
124 Ebd., S. 483.

kömmt. Ich bin ein Lahmer, den eine Schmähschrift auf die Krücke unmöglich erbauen kann.[125]

3.6 Johann Gottfried Herder

Wie wir gesehen haben, wird im 18. Jahrhundert eine Kunstauffassung entwickelt, die sich von einfachen Belustigungen – die das Theater des Jahrhundertanfangs bot – absetzte und das Publikum zu bilden suchte. Damit war ein bürgerliches Publikum gemeint. Im Prinzip hat sich an der Beschränkung der Literatur im engeren Sinne auf ein bildungsbürgerliches Publikum bis heute nicht viel geändert, obwohl es immer mal wieder Bestrebungen gab, die Trennung zum ›Volk‹ oder – wie man im 20. Jahrhundert dann sagte – zum ›Arbeiter‹ aufzubrechen. Dafür gab es allerdings einen ideologischen Hintergrund, im 20. Jahrhundert war es der Marxismus/Kommunismus.

Das Konzept der Volkspoesie

Im 18. Jahrhundert beginnt die Konzeptionalisierung einer Auffassung von Volkspoesie als erster Versuch, eine deutsche Nation zumindest auf kulturellem Gebiet zu konstituieren. Politisch war die Lage ja hoffnungslos – die Fürsten herrschten absolut über kleinere und größere Staaten des Heiligen Römischen Reiches deutscher Nation, an Mitspracherechte für aufgeklärte Bürger war nicht zu denken, oder eben nur, soweit die Fürsten dies im Einzelfall zuließen, sich vielleicht gar selbst der bürgerlichen Philosophie verschrieben, aus Imagegründen oder aus einer Philanthropie, die ihren eigenen Status nie gefährdete.

Johann Gottfried Herders (25.8.1744–18.12.1803) Auffassung von Volkspoesie war sehr folgenreich, sie konnte als Grundlage romantischer Vorstellungen und entsprechender Sammeltätigkeiten dienen. Die beiden berühmtesten Sammlungen, die durch Herder mit inspiriert wurden, sind Achim von Arnims und Clemens Brentanos *Des Knaben Wunderhorn* (mit zahlreichen Liedern, die jedes Kind kennt) sowie die *Kinder- und Hausmärchen* der Brüder Grimm. Angesichts der positiven Folgen seiner Überlegungen verzeiht man Herder einiges, etwa dass er mit seinem Lob der angeblich mittelalterlichen schottischen Dichtung *Ossian* aufs falsche Pferd setzte – es handelte sich um eine geschickte zeitgenössische Fälschung.

125 Ebd., S. 505 f.

Die »eklen Rezensenten«

In seiner Abhandlung *Von Ähnlichkeit der mittlern englischen und deutschen Volkskunst* von 1777 entwickelt Herder seinen literaturkritischen Maßstab:

> Und doch bleibt's immer und ewig, daß der Teil von Literatur, der sich aufs Volk beziehet, volksmäßig sein muß, oder er ist klassische Luftblase. Doch bleibt's immer und ewig, daß, wenn wir kein Volk haben, wir kein Publikum, keine Nation, keine Sprache und Dichtkunst haben, die unser sei, die in uns lebe und wirke. Da schreiben wir denn nun ewig für Stubengelehrte und ekle Rezensenten, aus deren Munde und Magen wir's denn zurück empfangen, machen Romanzen, Oden, Heldengedichte, Kirchen- und Küchenlieder, wie sie niemand versteht, niemand will, niemand fühlt. Unsre klassische Literatur ist ein Paradiesvogel, so bunt, so artig, ganz Flug, ganz Höhe und – ohne Fuß auf die deutsche Erde.[126]

Das klingt so, als ob Herder den einfachen Leuten zubilligt, weiser als die Gebildeten zu sein. So weit möchte er dann aber doch nicht gehen; in seiner Vorrede zu den *Volksliedern* (zweiter Teil) von 1779 sagt er klar und deutlich: »Zum Volkssänger gehört nicht, daß er aus dem Pöbel sein muß oder für den Pöbel singt, sowenig es die edelste Dichtkunst beschimpft, daß sie im Munde des Volkes tönet. Volk heißt nicht der Pöbel auf den Gassen; der singt und dichtet niemals, sondern schreit und verstümmelt.«[127] Doch wenn das Volk nicht der Pöbel ist, wie kann man beide voneinander unterscheiden? Sind die ›Guten‹ das Volk und die ›Bösen‹ der Pöbel?

Nicht nur solche diffusen Begriffsverwendungen, auch die deutsche Geschichte hat gezeigt, dass ganzheitliches Denken nicht unbedingt bedeutet, einen »Fuß auf die deutsche Erde« zu haben. Das Streben nach einer Nation, die das ›Volk‹ umfasst (was immer das heißt), pervertierte zum Nationalismus und schließlich zum Nationalsozialismus. Doch das konnte Herder nicht wissen.

Es dürfte der ihnen immanente Irrationalismus gewesen sein, der Konzepten einer ›Literatur fürs Volk‹ keine dauerhafte Karriere zuteil werden ließ. Mit den Weimarer Klassikern hatte der Irrationalismus bereits starke Gegner, sie waren es, die – auf der Basis aufklärerischer Vorstellungen – eine im Prinzip bis heute gültige Kunstauffassung formulierten.

---

126 Herder: Von Ähnlichkeit der Mittlern englischen und deutschen Dichtkunst nebst verschiedenem, das daraus folget, S. 290.

127 Herder: Vorrede zu den »Volksliedern nebst untermischten andern Stücken, zweiter Teil«, S. 304 f.

3.7 Friedrich Schiller

Die Ernennung zum Nationaldichter und die missbräuchliche Rezeption über zwei Jahrhunderte hat Schiller (10.11.1759–9.5.1805) seine kritischen Zähne gezogen. Das Denkmal Goethes und Schillers in Weimar führt bildlich vor, was aus Dichterheroen wird: Man stellt sie auf ein Podest und das einzige, was sich noch bewegt, sind die Vögel, die sich auf ihnen niederlassen. Dabei hat Schiller einige der brisantesten Texte der deutschsprachigen Literaturgeschichte geschrieben – in *Die Räuber* weist ein Kraftprotz sein Jahrhundert in die Schranken, *Wilhelm Tell* endet mit der Utopie eines Ausgleichs zwischen Armen und Reichen, Machtlosen und Mächtigen.

»Über Bürgers Gedichte« (1789)

Schiller schrieb nicht nur Literatur, er gab Literaturzeitschriften mit heraus und war als Literaturkritiker tätig. Legendär und eine der berühmtesten Rezensionen in deutscher Sprache überhaupt[128] ist Schillers *Über Bürgers Gedichte*, im Revolutionsjahr 1789 erschienen. Man kann sagen, dass die Rezension Gottfried August Bürgers Ansehen als Schriftsteller den Garaus machte – kein Wunder, dass Bürger tief getroffen war. Die Rezension wirkt bis heute weiter, obwohl es Schiller, wie er nachvollziehbar darlegt, um eine bestimmte Auffassung von Literatur geht und Bürger nur ein Beispiel dafür ist. Auch fällt die Kritik an Bürger gar nicht so scharf aus, wie in der Rezeption oft dargestellt, wird ihm doch bescheinigt, auf dem richtigen Weg zu sein.

Die desaströse Wirkung der Rezension dürfte vor allem zwei Gründe haben: Die Leser der Rezension wird die komplexe Argumentation überfordert haben, es lag nahe, die differenzierte Bewertung in eine Dichotomie ›qualitativ hochwertig (Schiller) – trivial (Bürger)‹ aufzulösen. Die erkennbar subjektive Positionsbestimmung, aus der sich Schillers Bewertung herleitet, wurde gar nicht beachtet.

Schiller will seine Leser bilden

Was viele vergessen, wenn sie Schiller als Klassiker kanonisieren, ist seine erzieherische Absicht. Schiller schreibt, um die Menschen durch Form – also die formale Schönheit – und Inhalt der Dichtungen zu bilden, und er fordert auch von seinen schreibenden Kollegen einen »veredelnden Einfluß auf das Jahrhundert«.[129] Dafür macht er einige Voraussetzungen. Der Leser könne verlangen, dass der Dichter

128 Berghahn spricht von »der paradigmatischen Bedeutung des Textes« für die Literaturauffassung, vgl. Berghahn: Von der klassizistischen zur klassischen Literaturkritik 1730–1806, S. 59.

129 Schiller: Sämtliche Werke. Bd. 5, S. 972.

> [...] im Intellektuellen und Sittlichen auf *einer* Stufe mit ihm stehe, weil er auch in Stunden des Genusses nicht unter sich sinken will. Es ist also nicht genug, Empfindung mit erhöhten Farben zu schildern; man muß auch erhöht empfinden. Begeisterung *allein* ist nicht genug; man fodert [sic] die Begeisterung eines gebildeten Geistes. Alles, was der Dichter uns geben kann, ist seine *Individualität*. Diese muß es also wert sein, vor Welt und Nachwelt ausgestellt zu werden. Diese seine Individualität so sehr als möglich zu veredeln, zur reinsten herrlichsten Menschheit hinaufzuläutern, ist sein erstes und wichtigstes Geschäft, ehe er es unternehmen darf, die Vortrefflichen zu rühren.[130]

Probleme des »Volksdichters«

Schiller unterscheidet zwischen jenen Dichtern, die es sich leicht machen und »sich ausschließend [nach] der Fassungskraft des großen Haufens« richten, und solchen, die durch »Aufklärung« und »sittliche Veredelung« bereits weit darüber hinaus gekommen sind.[131] Das klingt wie eine funktionale Unterscheidung von Trivial- und Höhenkammliteratur, doch so meint Schiller es erkennbar nicht. Er verlangt von den gebildeten Autoren, dass sie ebenfalls das Volk ansprechen, aber so, dass das Volk dadurch gebildet wird und sich die »in unseren Tagen« zu beobachtenden Unterschiede wieder nivellieren – auf deutlich höherem Niveau. Ein solcher »Volksdichter« erreicht sein Ziel durch »glückliche Wahl des Stoffs und höchste Simplizität in Behandlung desselben«.[132] Die Nagelprobe des Gelingens ist die Frage: »Ist der Popularität nichts von der höhern Schönheit aufgeopfert worden?«[133] Was den Gegenstand der Rezension betrifft, lautet die Antwort: »Und hier müssen wir gestehen, daß uns die Bürgerschen Gedichte noch sehr viel zu wünschen übrig gelassen haben [...].«[134]

Für Schiller sind Form und Inhalt, Idealität und Realität, Vernunft und Gefühl, Ästhetik und Natürlichkeit zusammenzubringen, um das große Ziel der menschlichen Vervollkommnung voranzutreiben. Literatur kann dies vorbildhaft leisten und hat als damaliges Leitmedium eine besondere Verantwortung. Aufgabe der Literaturkritik ist es, diese Ziele herauszustellen und die Texte daran zu messen. Man mag Schiller Naivität unterstellen, doch gab er sich nicht der Illusion hin, dass sich die »sittliche Veredelung« (s. o.) jemals vollständig er-

---

130 Ebd.
131 Ebd., S. 973.
132 Ebd., S. 974 f.
133 Ebd., S. 975.
134 Ebd., S. 976.

reichen lässt. Was an Schiller auch heute noch beeindruckt, sind sein Wille und seine sprachlichen Fähigkeiten, diesen Weg als Autor zu gehen und als Theoretiker zu beschreiben.

3.8 August Wilhelm Schlegel

Der bedeutende Gelehrte und Übersetzer (Shakespeare!) August Wilhelm Schlegel (5.9.1767–12.5.1845) zieht die Summe aus einem Jahrhundert Diskussion über Literatur, wenn er – aufklärerische und anti-aufklärerische, klassische und romantische Konzepte verbindend – den ästhetischen Mehrwert des Gegenstandes Literatur festschreibt:

> Die Werke mechanischer Kunst sind tot und beschränkt; die Werke höherer Geisteskunst sind lebendig, in sich selbst beweglich und unendlich. [...] Ein Haus dient, um darin zu wohnen. Aber wozu dient in diesem Sinne wohl ein Gemälde oder ein Gedicht? Zu gar nichts. Viele haben es gut mit den Künsten gemeint, aber schlecht verstanden, wenn sie sie von seiten ihrer Nützlichkeit zu empfehlen gesucht haben. Das heißt sie aufs äußerste herabwürdigen und die Sache geradezu auf den Kopf stellen. Vielmehr liegt es im Wesen der schönen Künste, nicht nützlich sein zu wollen. Das Schöne ist auf gewisse Weise der Gegensatz des Nützlichen: es ist dasjenige, dem das Nützlichsein erlassen ist. Alles Nützliche ist dem untergeordnet, wozu es nützlich ist. Es muß demnach etwas geben, das letzter Zweck oder Zweck an sich ist [...]. Einem solchen Zweck an sich müssen nun wohl die schönen Künste entsprechen [...]. Die Zwecke des Menschen sind nun teils beschränkt und zufällig, teils unendlich und notwendig.[135]

Literatur bereichert den Menschen

Es ist schon spannend zu lesen, wie Schlegel eine aufklärerische (analytische) Argumentation in eine romantische (paradoxe, transzendentale) überführt. Heute würde man wohl eher sagen: Literatur und bildende Kunst bereichern die Menschen, ohne dass man dies in Zahlen messen können muss. Das ist Bildung im weitesten oder im besten Sinne, ohne didaktische Absicht oder ohne sich in einer solchen zu erschöpfen: »So wie bei der Sinnesempfindung durch Wiederholung ähnlicher Eindrücke das Bewußtsein immer heller und klarer wird, so ist es auch bei der Betrachtung des Schönen und dem Kunstgenusse

135 Schlegel: Einleitung zu den »Vorlesungen über schöne Literatur und Kunst«, S. 616 f.

[...].«[136] Gefühl und Verstand haben Hand in Hand zu gehen. Das ist bereits vor Schlegel gängige Überzeugung, hier steht er auf einem von der Klassik befestigten und bis heute tragfähigen Boden.

3.9 Theodor Fontane

Abb. 2

Theodor Fontane

Fontane (30.12.1819–20.9.1898), der wohl bedeutendste Autor des bürgerlichen Realismus und durch die Einbeziehung gesellschafts- und sozialkritischer Thematik zugleich dessen Überwinder, hat jahrzehntelang Kritiken geschrieben, vor allem Theaterkritiken für die *Vossische Zeitung*, aber auch Buchkritiken. Dass er, ganz anders als die anderen etablierten Autoren- und Kritikerkollegen, den Naturalismus enthusiastisch begrüßte, ist zweifellos eine bedeutende Leistung.[137]

Der Realismus der Literatur

Zu den unverzichtbaren poetologischen Texten seiner Zeit gehört ein früher, 1853 erschienener Aufsatz Fontanes, zugleich eine Sammelrezension: *Unsere lyrische und epische Poesie seit 1848*. Bereits der erste Satz hat programmatischen Charakter, er begrüßt die junge Literatur,

136 Ebd., S. 632.

137 Vgl. hierzu detailliert Grawe: »Une saison en enfer«: Die erste Saison der freien Bühne und Fontanes Kritiken.

die es in manchen literarhistorischen Werken einer Zeit, die durch überwiegend epigonale, den klassischen Vorbildern nacheifernde Literatur dominiert wurde (man denke beispielsweise an Emanuel Geibel), nicht leicht hatte: »Es gibt neunmalweise Leute in Deutschland, die mit dem letzten Goetheschen Papierschnitzel unsere Literatur für geschlossen erklären.« Fontane hingegen ist der Meinung, »daß wir nicht rückwärts, sondern vorwärts schreiten«, in die Richtung einer neuen »Blüte unserer Literatur«, die dann »vielleicht ihre höchste« sei. Die Grundlage dafür wird schon im nächsten Satz benannt: »Was unsere Zeit nach allen Seiten hin charakterisiert, das ist ihr *Realismus*.«[138]

Wenn Fontane der Kunst attestiert, darin weiter zu sein als die Realität selbst, dann hat das einen politischen Hintergrund. Fontane hatte bis 1848 mit liberalen Idealen geliebäugelt und war als Randfigur in die Revolution verwickelt. Die Desillusionierung durch das Scheitern der Revolution 1849 hatte auch ihn ergriffen, wie viele andere geriet sein politischer Standpunkt ins Schwimmen, zugleich suchte er verstärkt Zuflucht in der Literatur. Man darf auch nicht vergessen, dass der Hort der Ideale von Freiheit und nationaler Einheit, wie sie aus den napoleonischen Befreiungskriegen hervorgegangen waren, angesichts der Repressionen im wirklichen Leben einzig und allein die Literatur war, man denke beispielsweise an den exilierten Heinrich Heine.[139]

Die Vormärz-Literatur war mit dem Scheitern der Revolution weitgehend diskreditiert, die meisten Liberalen waren von nun an bereit, ihren demokratischen Idealismus zugunsten realer Zugeständnisse aufzugeben – von hier bis zu Bismarcks »Realpolitik« ist es nur ein kleiner, konsequenter Schritt. Bekanntlich hat Fontane Bismarcks politische Karriere sehr aufmerksam und mit einer Spannbreite von Äußerungen begleitet, die von enthusiastischer Zustimmung bis zu schroffer Ablehnung reicht.

Als der genannte Aufsatz erscheint, ist das noch Zukunftsmusik. Dennoch wirft das realistische Zeitalter seine Schatten voraus:

> Der Realismus in der Kunst ist so alt als die Kunst selbst, ja, noch mehr: *er ist die Kunst.* Unsere moderne Richtung ist nichts als eine Rückkehr auf

---

138 Fontane: Aufsätze und Aufzeichnungen: Aufsätze zur Literatur, S. 38.

139 Vgl. zu den politischen Hintergründen der Literatur der Zeit Neuhaus: Literatur und nationale Einheit in Deutschland, S. 63–243, zu Fontanes Abgrenzung von dem beispiellos erfolgreichen Trivialautor Gustav Freytag bes. S. 207 f.

> den einzig richtigen Weg, die Wiedergenesung eines Kranken, die nicht ausbleiben konnte [...]. Der unnatürlichen Geschraubtheit *Gottscheds* mußte, nach einem ewigen Gesetz, der schöne, noch unerreicht gebliebene Realismus Lessings folgen, und der blühende Unsinn, der während der dreißiger Jahre dieses Jahrhunderts sich aus verlogener Sentimentalität und gedankenlosem Bilderwust entwickelt hatte, mußte als notwendige Reaktion eine Periode ehrlichen Gefühls und gesunden Menschenverstandes nach sich ziehen, von der wir kühn behaupten: sie ist da.[140]

Der Kunstcharakter der Literatur

Mit dem »blühende[n] Unsinn« ist offenkundig die Literatur des Biedermeier gemeint. Das Votum für Lessing und gegen Gottsched ist ein Votum für den Kunstcharakter, zugleich aber auch für die außertextuelle Bedeutung von Literatur – schließlich war nicht nur Gottsched, sondern auch Lessing Aufklärer. Den reinen Kunstcharakter lehnt Fontane offenbar ab, er plädiert für einen Mittelkurs, für eine Literatur, die den Maßstäben von Literatur und beobachtbarer Wirklichkeit gleichermaßen verpflichtet ist. Nachdem Fontane anfangs aus strategischen Gründen Goethe vom Sockel gestoßen hatte, benennt er ihn nach Klärung der Grundlagen als Zeugen: »Wohl ist das Motto des Realismus der Goethesche Zuruf:/Greif nur hinein in's volle Menschenleben,/Wo du es packst, da ist's interessant,/aber freilich, die Hand, die diesen Griff tut, muß eine künstlerische sein.«[141] Vom (späteren, aber von Autoren wie Georg Büchner oder Heinrich Heine bereits in Ansätzen praktizierten) Naturalismus ist der Realismus weit entfernt, das zeigt auch folgende Positionsbestimmung: »Vor allen Dingen verstehen wir nicht darunter das nackte Wiedergeben alltäglichen Elends [...].«[142]

Nachdem Fontane seine literarischen Maßstäbe expliziert hat, wendet er sie an, indem er auf bestimmte Autoren eingeht, ihre Werke bespricht; in den Kapitelüberschriften werden folgende Namen genannt: Ferdinand Freiligrath, Oskar von Redwitz, Christian Friedrich Scherenberg, Otto Roquette, Wilhelm von Merckel, Bernhard von Lepel, Paul Heyse, Friedrich von Bodenstedt, Theodor Storm. Die meisten Namen sind heute unbekannt, von Merckel und von Lepel dürften ihrer Freundschaft mit Fontane ihre Aufnahme und die freundlichen, aber unverbindlichen Worte zu verdanken haben. Storm stand noch, wie Fontane selbst, am Anfang seiner Schriftstel-

140 Fontane: Aufsätze und Aufzeichnungen: Aufsätze zur Literatur, S. 40.
141 Ebd., S. 43.
142 Ebd., S. 42.

lerkarriere, insofern ist es nicht verwunderlich, dass Fontane die Bodenständigkeit der Stormschen Dichtung für ein zweischneidiges Schwert hält. Es spricht allerdings für Fontane, dass er Storm Tribut zollt, wobei es Fontane weniger um Storm und mehr um die Aufforderung an Autoren wie Kritiker geht, sich auch geographisch stärker dem Realismus zu verpflichten, also ihre Geschichten in ihrer eigenen Umgebung spielen zu lassen und nicht in exotischen Welten, wie es lange Zeit populär war.

Es ist aufschlussreich, dass Fontane mit Freiligrath beginnt und ihn als leuchtendes Beispiel hochhält, auch wenn er eine Einschränkung macht: »Freiligrath in einzelnen seiner neuern Dichtungen ist ganz der Poet, den wir fordern. Nicht der höchste Ausdruck desselben (denn es fehlt ihm die Macht des Gedankens), aber völlig auf dem Wege, den wir als den besten zum Ziele bezeichnet haben.«[143] Freiligrath gehörte zu den besonders exponierten Autoren des Vormärz, deshalb lebte er in den 50er Jahren im englischen Exil. Es ist schon mutig von Fontane, ihn überhaupt als Vorbild zu nehmen, sogar als das wichtigste in seinem ganzen Aufsatz.

Das poetologische Programm bekommt damit eine interessante Nuance: Der Vormärz wird gar nicht abgelehnt, es findet auch keine weitergehende Auseinandersetzung mit Vormärzautoren statt – nicht mit Georg Herwegh und nicht mit Heinrich Heine. Sie werden einfach weggelassen. Vor dem politischen Hintergrund der Zeit und von Fontanes eigener beruflicher Karriere in den 50er Jahren (er arbeitete aus finanzieller Not für eine verkappte preußische Zensurbehörde!) ist das ein stummes und dennoch bemerkenswertes Votum für die Vormärzliteratur, die auf dem richtigen Weg ist und zu einer Literatur des Realismus umgeschmolzen werden soll.

Fontane bemüht sich um Ausgewogenheit des Urteils

Soweit es sein literaturkritisches Verfahren betrifft, könnte Fontane gar nicht transparenter argumentieren. Er legt seine Maßstäbe offen, bevor er sie anwendet; in Lob und Tadel bemüht er sich, trotz des klar herausgestellten strategischen Zieles, um Ausgewogenheit. Es liegt auf der zwar nur implizit vorhandenen, aber vor dem Zeithintergrund leicht erschließbaren politischen Linie von Fontanes Argumentation, dass er nur dort seine Zurückhaltung aufgibt, wo er seine Grundsätze von Realismus und Liberalismus in der Literatur in umfassender Weise verletzt sieht; dies ist bei dem heute wohl zu Recht vergessenen

143 Ebd., S. 48.

Oskar von Redwitz der Fall. Der Beginn des Zitats soll Objektivität suggerieren und so den Verriss zusätzlich legitimieren, schließlich war Fontane Protestant im protestantischen Preußen:

> Noch einmal: wir halten, allen Versicherungen vom Gegenteile zum Trotz, den Katholizismus durchaus noch für eine im Volke lebendige Kraft und bezweifeln nicht, daß dieselbe über kurz oder lang ihren dichterischen Ausdruck finden wird; aber die »Amaranth« des Herrn von Redwitz ist dieser Ausdruck nicht. Wäre er's dennoch, so würden wir freilich in unserm guten Glauben irre werden müssen und uns gezwungen sehen, von der tauben Blüte einen Rückschluß auf die Hohlheit und Fäulnis des ganzen Baumes zu machen.[144]

Bei Fontane – und dafür ließen sich viele weitere Beispiele anführen – wird deutlicher als bei den meisten seiner Kritikerkollegen, welche Maßstäbe er hat und auf die Texte oder Theateraufführungen anwendet. Neben Transparenz des Urteils, das jeder Leser für sich modifizieren kann, muss man ihm bescheinigen, originell zu formulieren, seine Leser nicht zu langweilen. Dies ist auch ein Kriterium, das er selbst an die Texte und Bühnenaufführungen anlegt – Unterhaltsamkeit gehört zu den Grundvoraussetzungen, ohne die es sich für ihn gar nicht lohnt, einen Text zu lesen oder aufgeführt zu sehen. In der Person Fontanes und in seiner Auffassung von Literatur treffen sich Literatur und Kritik in idealtypischer Weise.[145]

---

144 Ebd., S. 50.

145 Zur Verknüpfung von literaturkritischer und poetologischer Position am Beispiel von Fontanes Kritiken der Romane Gustav Freytags vgl. Neuhaus: Vom Sinn und Unsinn der Literaturkritik.

3.10 Alfred Kerr

Abb. 3  Alfred Kerr

Als Kritiker war Alfred Kerr gefürchtet und geliebt

Der eigentlich Alfred Kempner heißende Kritiker (25.12.1867–12.10.1948) beschäftigte sich vor allem mit dem Theater, später auch mit dem Film. Bis zur Machtergreifung der Nationalsozialisten gab er nicht nur beim *Tag* in Berlin und seit 1920 beim *Berliner Tagblatt* den Ton an – seine Kritiken waren bei manchen Autoren gefürchtet und wurden von vielen Lesern geliebt. Kerr war ein glänzender Stilist, ein Aphoristiker, der in einem Satz mehr sagen konnte als andere in einer ganzen Artikelserie. Der mit zahlreichen Ländern in allen Erdteilen vertraute Schöngeist veröffentlichte neben Essaybänden auch Reiseberichte und Gedichte. 1933 emigrierte er über die Schweiz nach Paris, ging 1935 nach London.

Kerr diagnostiziert literarische Zustände mit ebenso viel Schärfe wie Humor, ein Beispiel aus dem Jahr 1930:

> Meine Zuhörer, Sie haben bemerkt, wie der Spielmeister in Deutschland Politik macht. Ein bißchen kommunistisch zu sein, gilt als fesch. Aber auch die Rechtsparteien rüsten politisches Theater. Bisher in lachhafter Minderheit. Schon sind immerhin Theaterbünde mit Nationalisten versippt. Heute belanglos. (Eines Tags könnten sie von Belang sein.)[146]

Auch die Großen des Theaters der Zeit werden von Kerr nicht verschont, mögen sie Georg Kaiser oder Ernst Toller heißen. Ein Beispiel: »Bronnen und Brecht haben außer den Buchstaben ›Br‹ wenig ge-

146 Aus der »Spanischen Rede vom deutschen Drama«, in: Kerr: Werke in Einzelbänden 3, S. 154.

mein. [...] Die zwo sind widereinander Gegensätze. (Brecht lallt, Bronnen knallt)... werden aber mit dem gleichen Schluck verdaut.«[147] Dem Kritiker behagt weder das starke politische oder soziale Engagement zeitgenössischer Stücke noch die eher kühle Neue Sachlichkeit. Auch für die Zeit davor hat er einen – in zahlreichen Einzelbeispielen relativierten – Aphorismus parat: »Der Expressionismus war kein Abschnitt: sondern die Pause zwischen zwei Abschnitten.«[148]

Seine Kritik möchte Kerr dennoch als konstruktiv verstanden wissen. Das deutsche Theater befinde sich »nicht im Niedergang: sondern im Übergang«,[149] und diese Übergangszeit möchte er durch teilnehmende Beobachtung mitgestalten. Dass an ihn als Kritiker unterschiedliche Erwartungen gestellt werden, weiß Kerr und er reflektiert sie auf seine typisch ironische Weise: »Soll man nun die dramatischen Anstrengungen einer Epoche nur einteilen – oder auch werten? Einteilen ... sagt der Angeschossene. Werten ... sagt der Heile.«[150] Die eigenen Urteile werden nicht weniger stark relativiert: »Klassisch wird eine Zeit erst im Rückblick andrer.«[151]

Parodie des Kritikerberufs

Kerr hat 1923 mit feiner Selbstironie eine Parodie des Kritikerberufs formuliert, die viele der in diesem Kapitel bereits diskutierten Vorurteile und Probleme bündelt und darüber hinaus den ganzen Literaturbetrieb aufs Korn nimmt:

> Ich will ein paar Regeln für Kritiker aufstellen.
> 1. Mach rückständige Moden mit – weil sie da sind. Verwende das Wort »Anbruch«.
> 2. Wenn du klamm bist, ergreife das Phrasenpanier.
> 3. Wenn dir nichts einfällt, schreie: »die Jugend hoch!«
> 4. Bist du nicht hinreichend begabt, um ohne Irreführung auszukommen (nicht mal hinreichend, sie durchzusetzen); und bist du eigentlich ein verknöcherter Jugendsimulant: so beteilige dich an der Reform des Dramas.
> 5. Wo niemand gekommen ist, beklebe jemand mit Gewalt als kommend.
> 6. Äußere Stuß in immer denselben Ausdrücken. (Ersatz für Eigenart.)

147 Aus »Sechzig Millionen suchen einen Autor« von 1928, in: ebd., S. 140.
148 Aus »Die Komik des Übergangs. Sätze zum Drama« von 1923, in: ebd., S. 114.
149 Aus der »Spanischen Rede vom deutschen Drama«, in: ebd., S. 147.
150 Aus »Sechzig Millionen suchen einen Autor«, in: ebd., S. 136.
151 Aus »Die Komik des Übergangs. Sätze zum Drama«, in: ebd., S. 115.

7. Schreibe ab, indem du das Gegenteil sagst.
8. Schreibe ab, indem du statt »Kartoffeln« selbständig »Erdäpfel« äußerst.
9. Mause, indem du »abweichst«.
10. Bekommst du, als konfus, Prügel, so fühle dich geschmeichelt.
11. Verwechsle möglichst in der Darstellung Eindringlichkeit mit Aufdringlichkeit.
12. Kaufe dir eine Retorte; selbst wenn sie gebraucht ist.
13. Wende dich sehr häufig gegen »Naturalismus«. Tue so, als wären bis gestern vorwiegend naturalistische Schauspieler rumgelaufen. [...]
14. Werde Mystiker aus Talentmangel. Versuch's halt.
15. Tropfe so dunkel wie der Lalldichter, den du vorhast.
16. Sei ebenfalls eine Mißgeburt.
17. Gib selten ein Beispiel: weil es dich entlarven würde. (Anm. 151, S. 126 f.)

3.11 Walter Benjamin

Marxistische Literaturkritik

Anders als der ›bürgerliche‹ Kerr betrachtet Walter Benjamin (15.7. 1892–27.9.1940) Literatur vom Klassenstandpunkt aus, also aus der Perspektive des Marxismus, wobei es sich nicht um eine vulgärmarxistische Position handelt, die Vorschriften erlässt und über ihre Einhaltung wacht – davon hat die Geschichte in der Praxis kommunistischer Länder genug gesehen.

Als Zeitgenosse der Weimarer Republik sind Benjamin alle dominierenden Literaturströmungen ein Gräuel, als wichtigste der Expressionismus und die ihn ablösende Neue Sachlichkeit. Letzterer beispielsweise fehlt der politische Impetus: »Es ist am deutlichsten aus Lenins Schriften zu lernen, wie sehr der literarische Ertrag politischer Praxis von dem rüden Fakten- und Reportierkram entfernt ist, der uns heut als politisches Schrifttum aufgeschwatzt wird [...].«[152] So ist zu verstehen, dass Benjamin der »Sachlichkeit« den Begriff der »Wahrheit« gegenüberstellt,[153] der eine bestimmte Wahrheit meint, eben jene, die auf der marxistischen Lehre beruht. Der Primat der Politik bedeutet logischerweise: »Kritik als Grundwissenschaft der Literaturgeschichte.«/»Die grundsätzliche Scheidung von Literaturgeschichte und Kritik ist abzulehnen.«[154]

152 Benjamin: Gesammelte Schriften. Bd. 6, S. 180.
153 Vgl. ebd., S. 176.
154 Ebd., S. 173 f.

Die politische Funktion von Kritik

Kritik hat für Benjamin eine (politische) »Funktion«, die es »ins Bewußtsein« zu rücken gilt:

> Ehrliche Kritik vom unbefangenen Geschmacksurteil aus ist uninteressant und im Grunde gegenstandslos. Entscheidend an einer kritischen Tätigkeit ist, ob ihr ein sachlicher Aufriß (strategischer Plan) zu Grunde liegt, der dann seine eigene Logik und seine eigene Ehrlichkeit in sich hat.[155]

Grundsätzlich klingt das ganz sympathisch, eine klare und erkennbare Position des Kritikers kann die Unterhaltung und die Reflexion des Lesers gleichermaßen fördern. Alles andere als aktuell ist freilich die Verbindung dieser Forderung mit einer anderen: dem Sieg des Kommunismus.[156]

Um seine Leser zu überzeugen, will Benjamin Argumentation und Information auf transparente Weise verbinden: »Eine gute Kritik setzt sich aus zwei Bestandteilen maximal zusammen: der kritischen Glosse und dem Zitat.«[157] Zitat bedeute aber nicht Inhaltsangabe. Damit verbunden ist ein wenig revolutionäres, von Beginn der Kritik an bekanntes Konzept der Rolle der Kritik im Literatursystem:

> Die Kritik hat ferner anders als bisher ihre Durchschlagskraft durch eine richtige Einstellung auf die Produktionsverhältnisse auf dem Büchermarkt sich zu sichern. Bekanntlich erscheinen viel zu viele Bücher. Und, was schlimmer ist, infolge dessen erscheinen zu wenig gute Bücher.[158]

»Jedes Lob ist eine Blankobürgschaft«

Daraus resultiert die Notwendigkeit, Verrisse zu schreiben oder doch zumindest sehr kritisch mit den zu besprechenden Büchern umzugehen: »Die Gefahr im Loben: Der Kritiker bringt sich um seinen Kredit. Jedes Lob ist, strategisch gesehen, eine Blankobürgschaft.«[159]

Der Autor als Richter in einer Welt voller schlechter Bücher, über die es zu richten gilt: Dieses Sendungsbewusstsein haben, Benjamin sei das Beispiel, marxistische Interpreten mit ihren bourgeoisen Kollegen gemein.

Diese Einstellung passt zu Benjamins folgender Vision, und sie passt auch wieder nicht, durch sie weht ein erstaunlich neusachlicher Geist:[160]

---

155 Ebd., S. 161.
156 Vgl. ebd., S. 162.
157 Ebd., S. 162.
158 Ebd., S. 162.
159 Ebd., S. 164.

> Erstellung eines Lunaparks des deutschen Schrifttums. Das Terrain braucht nicht groß zu sein, seine Möglichkeiten sind unbeschränkt: Berg- und Talbahn durch den deutschen Roman: beginnend in Prager Kafkagrotten, mit jähem Falle in die Ludwig Wolfsschlucht schießen – an Samiel [sic] Fischer und dem Freischütz-Hauptmann vorbei[.] Literarische Wut[Wirts?]bude: Nietzsche, Goethe, Brecht, [abgebrochen]. Nach dieser Zeremonie wird ein Chorführer vortreten und ungefähr folgendes sagen: Nichts Nennenswertes[.][161]

Der Gebrauchswert der Literatur

Neben Benjamin predigt auch Bertolt Brecht den Klassenkampf,[162] fordert den »Gebrauchswert« oder gar den dokumentarischen Wert von Gedichten ein[163] und produziert zugleich formal wie stilistisch höchst anspruchsvolle, neusachliche Literatur (man denke an die *Hauspostille*). Dialektik oder Widerspruch, das ist hier die Frage. Beim Vulgärmarxismus, wie er in der DDR gepflegt wurde, ist das dann keine Frage mehr. Wer den Klassenstandpunkt verlässt, geht nicht über Los und zieht nicht zweitausend Euro ein, sondern bekommt Schreibverbot, wird überwacht, wird ausgegrenzt (auch im wörtlichen Sinne, man denke an die Ausbürgerung Wolf Biermanns 1976), wandert ins Gefängnis (so Erich Loest – für einen Zeitschriftenartikel).[164] Im Westen hingegen tut sich etwas Neues.

3.12 Roland Barthes

Der französische Literaturwissenschaftler, Linguist und Soziologe Roland Barthes (12.11.1915–26.3.1980) reagierte 1966 mit einer scharfen Kritik auf die scharfe Kritik eines Kollegen. Während den Kollegen (Raymond Picard) außerhalb der Romanistik kaum noch jemand kennen dürfte, ist Roland Barthes einer der wichtigsten Philosophen,

---

160 Die Welt als Jahrmarkt ist eigentlich ein neusachliches Sujet, man denke an Ödön von Horváths *Kasimir und Karoline* mit dem Schauplatz Münchner Oktoberfest, an Ernst Tollers *Der deutsche Hinkemann* oder an ein Kapitel aus Erich Kästners *Fabian. Die Geschichte eines Moralisten*.

161 Benjamin: Gesammelte Schriften. Bd. 6, S. 168. Im Originaltext sind die editorischen Ergänzungen in spitzen Klammern.

162 Vgl. Brecht: Schriften. Band 6, S. 51 f. (Artikel *Weder nützlich noch schön*), bes. S. 52.

163 Vgl. ebd., S. 49 ff. (Artikel *Kurzer Bericht über 400 (vierhundert) junge Lyriker*), Zitat S. 49.

164 Einen Schwerpunkt auf DDR-Kritik legt Albrecht: Literaturkritik.

Literatur- und Kulturtheoretiker des 20. Jahrhunderts geworden. Er hat auf unverwechselbare und stets (bei einem Philosophen und Literaturwissenschaftler!) unterhaltsame Weise nachgewiesen, was die literarische Sprache ausmacht, dass sie vielen Menschen auf ganz unterschiedliche Weise eine ganze Menge sagt – ohne dass man per Dekret bestimmen muss oder kann, welche der möglichen Bedeutungen eines Textes die ›richtige‹ ist.

»Kritik und Wahrheit« (1966, dt. 1967)

In der angesprochenen Verteidigungsschrift *Kritik und Wahrheit*, die zur Lektüregrundversorgung an den Hochschulen gehören sollte, verteidigt er seine Auffassung von »der Offenheit des Werkes für eine nie endende Interpretation« – so Helmut Scheffel in seinem kundigen Vorwort.[165] Für Barthes ist demnach »Kritik« ganz selbstverständlich ein Begriff, der literaturwissenschaftliches und literaturkritisches Arbeiten umfasst, der eine bestimmte Umgangsweise mit Literatur bezeichnet. Barthes unterscheidet laut Scheffel für seine Gegenwart und sein Land (Frankreich) eine alte und eine neue Methode von Kritik: die positivistische und die ideologische. Die erste glaube, dass sie objektiv vorgehe. Die zweite sei »einer der großen Theorien der Zeit« verpflichtet.[166]

Plädoyer für den Leser

Barthes' Text zeigt deutlich, dass hier keinesfalls die erste Position, dass aber auch keine Ideologie vertreten wird. Im Gegenteil: Das Büchlein ist ein Plädoyer für das Recht des Textes, so zu sprechen, wie er möchte, also (da der Text jemanden braucht, der ihn zum Sprechen bringt) das Recht des Rezipienten, seinen eigenen, ganz persönlichen Text zu lesen. Dabei redet Barthes nicht der Beliebigkeit das Wort. Er wendet sich aber gegen die »Polizei« im »Staate der Literatur«:

> Jeder Versuch, aus dem Material der Sprache literarischer Werke eine zweite Sprache zu schaffen, eröffnet allerdings einen Weg voller unkontrollierbarer Relais, das unendliche Spiel der Spiegel, und diese Aussicht ist verdächtig. Solange die traditionelle Funktion der Kritik darin bestand, Urteile zu fällen, konnte sie nicht anders als konformistisch sein, nämlich konform mit den Interessen der Richter. Aber die wirkliche Kritik an den Institutionen und den Schreibweisen besteht gar nicht darin, zu urteilen, sondern darin, sie zu *unterscheiden*, sie voneinander zu *trennen*, sie zu *verdoppeln*. Um subversiv zu wirken, braucht die Kritik nicht zu urteilen; sie braucht nur von der Sprache zu sprechen, statt sich ihrer einfach zu bedienen.[167]

165 Barthes: Kritik und Wahrheit, S. 11 (Vorwort).
166 Ebd., S. 12 (Vorwort).
167 Ebd., S. 24.

Der Zeichencharakter der Sprache

Mit anderen Worten: Herkömmliche literaturkritische Arbeiten sprechen gar nicht von dem Text, den sie besprechen, sondern sie erschaffen einen neuen, einen anderen Text. Die Versuche, in der Literatur auf der Basis angenommener »Objektivität« bestimmte »Evidenzen« nachzuweisen, nennt Barthes »gespenstische Modelle«. Die Kritik ist, sollte sie den Versuch der Vereindeutigung unternehmen, ein Gespenst des Textes. Mit »Gewißheiten des Wörterbuchs« kommt man nicht weiter.[168] Es gilt zu erkennen, dass die angenommene Objektivität bereits auf »Ergebnisse[n] einer Wahl«, eines »methodologischen Modells« beruht.[169] Die vom Kritiker angenommene Bedeutung des literarischen Texts ist eine *Konstruktion*.[170] Das liegt am »Zeichencharakter der Sprache«.[171]

Barthes setzt hier sprachwissenschaftliche Grundkenntnisse voraus: Eine sprachliche Sinneinheit, also beispielsweise das Wort »Baum«, verweist auf eine Vorstellung von einem Baum und hat eine Entsprechung in der gegenständlichen Welt. Das Problem ist nur, dass die Beziehung zwischen Zeichen (dem Wort Baum) und dem Bezeichneten (der Vorstellung von einem Baum) arbiträr ist (willkürlich). Das zeigt bereits die Tatsache, dass der Vorstellung Baum in anderen Sprachen andere sprachliche Zeichen zugeordnet sind, etwa »tree« im Englischen.

Noch komplizierter wird es, wenn es um den Gegenstand geht, der bezeichnet wird – besonders bei literarischen, also bei fiktionalen, bei erfundenen Texten. In einem Roman gibt ein Zeichen »Baum« und eine Vorstellung davon, aber keinen Gegenstand, der dem entsprechen würde. Und der vorgestellte Baum wird je nach Leser variieren – ist es eine Eiche oder eine Buche oder eine Linde? Und wenn dort »Linde« steht: Ist sie alt oder jung, klein oder groß, krank oder gesund?

So produziert jedes Zeichen nicht nur eine Vorstellung, sondern – in Kombination mit anderen Zeichen – eine unendliche Fülle von Vorstellungen. Literatur basiert genau darauf, auf der Vielzahl solcher Vorstellungen, auch wenn es dafür Grenzen gibt, man sich bei »Linde« keine Buche vorstellen kann. Aus dem hier sehr vereinfacht darstellten Grundverständnis von Sprache heraus kann Barthes' Urteil über die

168 Ebd., S. 26 f.
169 Ebd., S. 29.
170 Vgl. ebd., S. 90.
171 Ebd., S. 30.

Prediger des Objektivismus nur lauten: »Eine seltsame Vorstellung von Ästhetik, die das Leben zum Schweigen und das Werk zur Bedeutungslosigkeit verurteilt.«[172]

Die Struktur, die Existenz aus Wörtern hat bestimmte Konsequenzen für den Umgang mit einem literarischen Text, sie bauen auf dem skizzierten Grundverständnis auf:

> [...] was auch die Gesellschaften denken oder verfügen, das Werk reicht über sie hinaus, geht durch sie hindurch, in der Art einer Form, die nacheinander von mehr oder weniger kontingenten, historischen Bedeutungen erfüllt wird: ein Werk »dauert«, nicht weil es verschiedenartigen Menschen eine einzige Bedeutung aufzwingt, sondern weil es einem einzigen Menschen verschiedenartige Bedeutungen nahelegt, weil es immer die gleiche Symbolsprache durch verschiedenartige Zeichen hindurch spricht. Das Werk denkt, der Mensch lenkt.[173]

Die Objektivisten haben eine bestimmte Methode, diesem Dilemma der Sprache zu entkommen, sie flüchten sich in selbst geschaffene Mythen, für die sie Begriffe finden. »Es bildet sich ein Korpus von diffusen Normen [...].«[174] »Geschmack« und »Klarheit« sind solche Begriffe:

> Dieser der Vergangenheit entnommene Jargon ist keineswegs durch präzise Forderungen des logischen Schließens oder durch den Verzicht auf Metaphern ausgezeichnet, wie es die formale Sprache der Logik sein kann (nur hier hätte man das Recht, von »Klarheit« zu sprechen), sondern durch eine Gemeinsamkeit von Stereotypen, die manchmal gewunden und überladen sind bis zum Schwulst [als Beispiel bringt er in einer Fußnote den Ausdruck »Die göttliche Musik!«], durch die Vorliebe für abgerundete Sätze und, natürlich, durch die Ablehnung mancher Wörter.[175]

Doch: »In Wirklichkeit ist diese Sprache nur insoweit klar, als sie allgemein akzeptiert ist.«[176] Beginnt man sie zu hinterfragen, offenbart sie schnell ihre Bedeutungslosigkeit. Daraus leitet Barthes die Folgerung ab: »Man kann nicht mehr, man sollte nicht mehr [...] sich zur Polizei über eine Kunst aufwerfen und den Anspruch erheben dürfen,

172 Ebd., S. 33.
173 Ebd., S. 63.
174 Ebd., S. 46.
175 Ebd., S. 41.
176 Ebd., S. 43.

darüber zu sprechen«,[177] will sagen: darüber in einer andere Möglichkeiten ausschließenden Weise zu sprechen.

Ist damit nun die Literaturkritik am Ende? Muss sie vor der »Wahrheit des Werkes, die in seinem Rätsel besteht«,[178] die Waffen strecken? Barthes ist nicht dieser Auffassung, er schlägt folgenden Ausweg vor:

> Man könnte die Bezeichnung »Wissenschaft von der Literatur« (oder von deren Schreibweise) für die allgemeine Analyse [von literarischen Texten] vorschlagen, deren Gegenstand nicht eine bestimmte Bedeutung sondern die Vielfalt der Bedeutungen des Werkes ist, und die Bezeichnung »Literaturkritik« für die andere, die es offen und auf eigene Gefahr darauf abgesehen hat, dem Werk eine spezielle Bedeutung zu geben. Diese Unterscheidung reicht jedoch nicht aus. Da die Bedeutungsgebung geschrieben oder unausgesprochen geschehen kann, wird man die Lektüre des Werkes von der Kritik trennen; die erste vollzieht sich unmittelbar, die zweite ist durch eine Sprache vermittelt: durch die Schreibweise des Kritikers. Wissenschaft, Kritik, Lektüre, das ist das dreifache Sprechen, durch das wir gehen müssen, um rings um das Werk seinen Sprachkranz zu flechten.[179]

Kritik legt Bedeutungsschichten eines Werkes frei

Kritik erfüllt demnach eine wichtige Funktion, indem sie bestimmte, einzelne Bedeutungsschichten eines Werks freilegt; Barthes spricht etwas stärker relativierend davon, dass eine Kritik »eine bestimmte Bedeutung ›zeugen‹ kann«.[180] Daraus ergibt sich eine Chance – eine Kritik ist eine eigenständige Leistung.

Die Summe der Bedeutungsmöglichkeiten auszuloten ist Sache der Wissenschaft, einer »Wissenschaft des Diskurses«[181] – mit diesem Begriff wird der Prozesscharakter der Analyse verdeutlicht. Doch auch ein Kritiker hat wissenschaftlich geschult zu sein: »Die erste Notwendigkeit: der Kritiker hat zu berücksichtigen, daß im literarischen Werk alles bedeutungsvoll ist.«[182] Ein literarischer Text ist ein komplexer Verweisungszusammenhang. Vereinfacht und schöner ausgedrückt: »Das Buch ist eine Welt.«[183]

177 Ebd., S. 46.
178 Ebd., S. 72.
179 Ebd., S. 68.
180 Ebd., S. 75.
181 Ebd., S. 72.
182 Ebd., S. 77.
183 Ebd., S. 81.

3.13 Michel Foucault

Diskurs und Macht

Frankreich hat eine Reihe berühmter Philosophen der Nachkriegszeit hervorgebracht. Neben Roland Barthes dürfte Michel Foucault (15.10.1926–25.6.1984), Gründer einer speziellen Schule der Diskursanalyse, der für unser Thema wichtigste sein. Foucaults Gedankengebäude ruht auf wenigen Begriffen, die wichtigsten lauten Diskurs und Macht, wobei beide dasselbe Phänomen aus verschiedenen Blickwinkeln bezeichnen. Für Foucault begründet menschliche Kommunikation ein Machtverhältnis zwischen den Individuen. Die Machtbeziehungen spannen sich wie ein Netz zwischen den Mitgliedern einer Gemeinschaft, von denen die meisten bemüht sind, ihre eigene Machtposition zu stärken. Dieses Netz lässt sich auch als Diskurs bezeichnen und in zahlreiche Subdiskurse aufspalten, von denen Foucault beispielsweise den Diskurs über Sexualität in seiner historischen Tiefendimension beschrieben hat.

Macht ist demnach nie bei bestimmten Individuen zentriert, diese sind nur der mehr oder weniger machtvolle Teil eines Diskurses, dem sie unterworfen sind und den sie lediglich graduell beeinflussen können. In Foucaults Worten: »Die Doktrin [also die manifeste Beschaffenheit des Diskurses, z. B. in geschriebenen und ungeschriebenen Gesetzen] führt eine zweifache Unterwerfung herbei: die Unterwerfung der sprechenden Subjekte unter die Diskurse und die Unterwerfung der Diskurse unter die Gruppe der sprechenden Individuen.«[184]

Seine Analytik der Macht dürfte dafür verantwortlich sein, dass Foucault für sich selbst die Bezeichnung des Intellektuellen ablehnt. Intellektuell sein ist für ihn eine zweckgerichtete Konstruktion, der es um den Erhalt und Ausbau von Machtpositionen geht: »Kurz, wo es um Rechtsfindung, Aburteilen, Verurteilen und Ausschließen geht, muß der Intellektuelle her. Ich finde nicht, daß die Intellektuellen zuviel reden, für mich gibt es sie ja nicht. Ich finde, daß der Diskurs über die Intellektuellen stark um sich greift und wenig Anlaß zur Ruhe gibt.«[185] Zu den Intellektuellen gehören auch Schriftsteller, zu den Institutionen, derer sie sich bedienen, das Fernsehen. Foucault empfiehlt ein gesundes Misstrauen: »Nie wird man mir weismachen, daß

184 Foucault: Die Ordnung des Diskurses, S. 29.
185 Foucault: Botschaften der Macht, S. 14.

ein Buch schlecht ist, weil sein Autor im Fernsehen zu sehen war. Aber nie ist es aus eben diesem Grunde auch schon gut.«[186]

Wahr ist, was der Diskurs als wahr anerkennt

Überträgt man Foucaults Diskursanalyse auf die Literaturkritik, dann stellt sie sich als Geflecht von Machtbeziehungen zwischen Kritikern, Autoren und anderen Teilnehmern am Diskurs über Literatur dar. Wer sich in den über Kommunikation, in der Regel also über schriftsprachliche Texte vermittelten Beziehungen Gehör verschaffen will, hat sich einerseits den Regeln des Diskurses zu beugen und muss andererseits seine eigene Machtposition durch Auslegung und Anwendung dieser Regeln in einem für ihn günstigen Sinn stärken. Dabei gibt es keine hinter dem Diskurs stehende »Wahrheit«. Wahr ist, was der Diskurs als wahr anerkennt: »Wahrheit ist selbst Macht.«[187]

Foucault ist weit davon entfernt, das zu akzeptieren, sonst hätte er sich die Mühe der Ausarbeitung seiner Diskursanalyse auch gar nicht machen müssen. Sie ist ein Werkzeug zur Erzeugung von Transparenz. Wer die Strukturen des Diskurses erkennt, kann sich zumindest graduell gegen sie behaupten. Foucault wäre kein Franzose, wenn nicht auch bei ihm das Erbe der Französischen Revolution durchschlagen würde: »Es geht nicht darum, das ›Bewußtsein‹ der Menschen oder das, was sie in ihrem Kopf haben, zu verändern, sondern das politische, ökonomische, institutionelle Regime der Wahrheitsproduktion zu verändern.«[188]

Praktische Schlussfolgerung daraus wäre, dass man die geschriebenen wie vor allem auch die ungeschriebenen, von der Zeit, der Gesellschaft, dem Medium und anderen Institutionen abhängigen Regeln erkennt, die für literaturkritische Beiträge gelten, und dass man realisiert, dass die ungeschriebenen Regeln einer ständigen Veränderung unterworfen sind.

Welche Konsequenzen das Subjekt für sich selbst daraus zieht, ist seine Sache. Es wäre wohl mit Foucault im Reinen, wenn es die durch Transparenz gewonnene Freiheit einsetzen würde, um tendenziell die Macht innerhalb des Diskurses von bestimmten Institutionen und Positionen in das Subjekt zurückzuverlagern. Genau das macht die jüngere deutschsprachige Literaturkritik oft nicht. Marcel Reich-Ranicki beispielsweise hat sich, wie wir sehen werden, seine Position im Diskurs erobert, und dabei ist er naturgemäß nicht unangefochten geblieben.

186 Ebd., S. 15.
187 Ebd., S. 29.
188 Ebd.

Pierre Bourdieu

Mit Foucaults Gesellschaftsmodell verwandt ist das jüngere eines anderen französischen Theoretikers, des Soziologen *Pierre Bourdieu* (1930–2002), das hier nicht eigens mit einem Unterpunkt vorgestellt werden soll. Bourdieu spricht von einem literarischen Feld, in dem es um das Akkumulieren symbolischen Kapitals geht. Die Akteure verändern sich allerdings, sie vertauschen nach ihrer Arrivierung, also ihrem Erfolg, das symbolische mit dem tatsächlichen Kapital. Der Schluss liegt nahe, dass das symbolische Kapital, also etwa das Ansehen innerhalb der literaturkritischen Zunft, nur ein Ersatz ist für materiellen Erfolg ist. Je größer das allgemeine Ansehen von Geld und Wohlstand in der Gesellschaft ist, desto stärker werden die symbolischen Kapitalisten, deren gesellschaftliche Arrivierung ausbleibt, ihren Besitz als höherwertig verteidigen. »Das Kunstwerk als solches«, so befindet Bourdieu lakonisch, existiere nur in der Wahrnehmung, ihm werde von dem »mit einer ästhetischen Einstellung und Kompetenz ausgestatteten Zuschauer« ein bestimmter Wert zugeschrieben.[189] Erst wenn man das erkennt, kann man die eigentliche Leistung der Literatur würdigen; vor allem die Freiheit, die man durch sie genießt: »Schreiben setzt alle Determinierungen, alle grundlegenden Zwänge und Beschränkungen des gesellschaftlichen Daseins außer Kraft.«[190]

3.14 Friedrich Sieburg

Restaurative Tendenzen

Ein Vorgänger Reich-Ranickis im Amt war der langjährige (seit 1956) Leiter des Literaturblatts der *Frankfurter Allgemeinen Zeitung*, Friedrich Sieburg (1893–1964). Sieburg war vor allem Essayist und als solcher ein glänzender Stilist. Seine literaturkritischen Überzeugungen von der Verklärung der beobachteten Wirklichkeit in der Literatur gehen zurück auf das 19. Jahrhundert, insofern ist die herausgehobene Stellung gerade dieses Kritikers bezeichnend für die restaurativen Tendenzen der Nachkriegszeit. Den auf Veränderung zielenden Schriftstellern hält Sieburg entgegen:

> Bücherlesen schafft Behagen, auch da, wo das Buch darauf ausgeht, unser Behagen zu stören. Sei ein Werk auch mit noch so aufrüttelnder Absicht

189 Vgl. Bourdieu: Die Regeln der Kunst, Zitat S. 455.
190 Ebd., S. 58.

und Kunst geschrieben, sei sein Inhalt brandstifterisch und sein Ton aufreizend, immer wird der Leser eine Art von Behagen verspüren. Im Lesen liegt eine Form der Sammlung, die friedlich ist, wie unfriedlich der Text auch sein möge. Wer ein Buch öffnet, der tritt in eine andere Welt, die niemals die Welt des Alltags ist, denn auch der kläglichste Autor unternimmt wenigstens den Versuch der Verwandlung.[191]

Damit wird nicht nur der jungen Literatur ihr Stachel gezogen, das kann man zugleich als beschwichtigende Lehre aus der Vergangenheit lesen – der Versuch, den Bereich der Literatur für unpolitisch zu erklären, unabhängig davon, welchen Anteil die im Literatursystem Beschäftigten am Nationalsozialismus hatten.

Konsequenterweise lehnt Sieburg die Schriftsteller der Gruppe 47 ab, in einem Schreiben an Heinz Ludwig Arnold findet er deutliche Worte.[192] Arnold kommentiert dies viele Jahre später, im Jahre 1988 bescheinigt er dem Sieburg-Nachfolger Marcel Reich-Ranicki, zu einer vergleichbar autoritären Figur im Literaturbetrieb geworden zu sein.[193]

3.15 Marcel Reich-Ranicki

Als »Symptom« und »Tendenz« für den zeitgenössischen Umgang mit Literatur[194] bewertet Franz Josef Czernin die Texte Marcel Reich-Ranickis (geb. 2.6.1920), den Czernin in einer 1995 veröffentlichten buchlangen »Kritik« kritisch unter die Lupe nimmt.[195] Andernorts finden sich noch deutlichere Worte, etwa bei Urs Weller: »R.-R. hat uns gezeigt, wie man nicht kritisieren sollte.«[196]

Das literarische Quartett

Zweifellos dürfte kein anderer Kritiker seiner Zeit einen solchen Popularitätsgrad erreicht haben. Reich-Ranicki publizierte seine Kritiken teilweise auch gesammelt in Buchform und veröffentlichte zahlreiche

191 Sieburg: Lob des Lesers, S. 9.
192 Vgl. den Abdruck in Arnold (Hg.): Über Literaturkritik, S. 3.
193 Vgl. ebd., S. 4 f.
194 Für einen Überblick zur Literaturkritik von 1960–1990 vgl. Getschmann: Zwischen Mauerbau und Wiedervereinigung, S. 78 ff.
195 Vgl. Czernin: Marcel Reich-Ranicki.
196 Weller: Auch Kritiker-Epochen gehen zu Ende, S. 103. Viele kritische Beiträge zu Reich-Ranicki versammelt der Band von Arnold (Hg.): Über Literaturkritik. Für eine Polemik von Reich-Ranickis literaturkritischer Arbeit im Fernsehen vgl. Loquai: Das literarische Schafott. Eher positive Beiträge – Würdigungen zum 60. Geburtstag des Kritikers – finden sich in Jens (Hg.): Literatur und Kritik.

andere Bücher zur Literatur, die ein ungewöhnlich großes Publikum fanden. Mit der am 25. März 1988 gestarteten, *Das literarische Quartett* betitelten Fernsehsendung unter dem Dach der Kultursendung *Aspekte* des Zweiten Deutschen Fernsehens verbreiterte der Kritiker noch einmal seinen Bekanntheitsgrad und – wie seine Kritiker zweifellos hinzufügen würden – seine Machtbasis, den bzw. die er sich nicht zuletzt als Leiter der Redaktion für Literatur und literarisches Leben der *Frankfurter Allgemeinen Zeitung* von 1973–1988 erarbeitet hatte.

Die von Experten wie Laien mal geliebte, mal verachtete und auf jeden Fall polarisierende Sendung *Das literarische Quartett* endete nach »13 Jahren und 77 Sendungen, 385 besprochenen Büchern [...] mit der Sendung vom 14. Dezember 2001«.[197] Der Erfolg dürfte nicht nur an Reich-Ranicki, sondern auch am Zusammenspiel mit den beiden anderen ständigen Mitdiskutanten der Sendung gelegen haben: Sigrid Löffler und Hellmuth Karasek. Das Scheitern der Sendung wird durch das im Streit erfolgte Ausscheiden von Sigrid Löffler, die von Reich-Ranicki und Karasek persönlich attackiert worden war, zumindest teilweise mit verursacht worden sein. Diverse andere Sendungen und Auftritte Reich-Ranickis waren nicht unpopulär, konnten aber nicht an den Erfolg des *Quartetts* anknüpfen.

Viele Germanisten, Schriftsteller und Kritikerkollegen lernten Reich-Ranicki nicht nur als Redaktionsleiter und Rezensenten der *FAZ*, sondern auch als Beiträger zu der von Reich-Ranicki 1974 gestarteten Reihe von Gedichtinterpretationen unter dem Titel *Frankfurter Anthologie* kennen und schätzen. Als Mitinitiator des Ingeborg-Bachmann-Preises und für viele Jahre einflussreichstes Jury-Mitglied konnte der Großkritiker seine literarischen Vorstellungen bei der Auslese und Prämierung des Autorennachwuchses geltend machen. Reich-Ranicki erhielt selbst zahlreiche nationale und internationale Ehrungen, darunter 1976 die Heine-Plakette, 1987 den Thomas-Mann-Preis, die Ehrendoktorwürden der Universitäten Uppsala/Schweden, Augsburg und Bamberg, eine Honorarprofessur der Universität Tübingen ...[198]

»Lauter Verrisse« (1970)

Bekannt ist Reich-Ranickis Vorliebe für Zuspitzungen. Eines seiner populärsten Bücher (zuerst 1970 erschienen) heißt *Lauter Verrisse* und versammelt zuvor in Zeitungen und Zeitschriften erschienene Kritiken. Der scharfe Umgang mit seiner Meinung nach wertlosen

197 Vgl. *http://www.literaturkritik.de/reich-ranicki/index.php* (abgerufen am 21.2.03).

198 Vgl. die Tabelle zu seinen Lebensdaten (bis 1995) in: Hage/Schreiber: Marcel Reich-Ranicki, S. 251–257.

Büchern hat Reich-Ranicki Freunde und Feinde beschert; Freunde unter jenen Lesern, die eine klare Aussage bevorzugen, Feinde unter denen, die das kritische Urteil über einen von ihnen geschätzten Autor nicht nachvollziehen konnten – von den Verfassern dieser Werke ganz zu schweigen: »Die Verletzungen, die Reich-Ranicki mit seinen Verrissen mancher Dichterseele zugefügt hat, gehen tief.«[199]

Volker Hage und Mathias Schreiber umkreisen in ihrem Porträt von 1995 die Leistungen und die Defizite des Kritikers, sie stellen nicht fest, sondern anheim, indem sie sammeln und abwägen:

> Schadet Reich-Ranicki mit seinem Wirbel und Getöse der Literatur: er, der – wie er einmal über Karl Kraus geschrieben hat – »genialische Alleinunterhalter«, er, der – so Friedrich Luft über ihn – »Vorleser der Nation«, der »Kahlschläger« (»Wiener«), der »Terminator der deutschen Literaturwelt« (»Quick«), der »Flachmann als Erzieher« (»konkret«), er, das »Gesamtkunstwerk Kritiker« (»Neues Deutschland«)? Richtig daran ist, daß er bisweilen lieber die Dampfwalze als das Seziermesser bemüht. Richtig ist, daß er zuspitzt und vereinfacht.[200]

Hage und Schreiber versuchen Reich-Ranickis Wertmaßstäbe zumindest zum Teil aus seiner Vergangenheit herzuleiten. Marcel Reich und seine Frau zählen zu den wenigen Überlebenden des Warschauer Ghettos, seine Eltern und sein Bruder wurden von den Nazis in Konzentrationslagern ermordet. Die persönliche Befreiung durch die Sowjetarmee führte zu einer längeren Verbundenheit mit dem Kommunismus, aus dessen Brille der sich später (während eines Aufenthalts als polnischer Diplomat und Geheimdienstler in London) in Ranicki und dann in Reich-Ranicki umbenennende Nachwuchskritiker die deutschsprachige Literatur zunächst wahrnahm. Erst nach der Ausreise in die Bundesrepublik 1958 begann die kritische Sicht auf den Kommunismus, wobei Reich-Ranicki die ostdeutschen Autoren keineswegs verurteilte, sondern überhaupt erst dafür sorgte, dass sie im Westen stärker wahrgenommen wurden.

Die Öffentlichkeit als Gerichtshof

Czernin sieht Reich-Ranicki von dessen Selbstverständnis her in der Tradition der Aufklärung. Die Öffentlichkeit gleiche für ihn einem Gerichtshof, »[...] in dem er, Reich-Ranicki, zu Recht im Namen aller und der Literatur Wort und Prozeß führt und sowohl die Plädoyers hält als auch die Urteile fällt.« Dabei wache er darüber, »[...] ob die

199 Hage/Schreiber: Marcel Reich-Ranicki, S. 96 f.
200 Ebd., S. 104.

Künstler bestimmte Gesetze verletzen, und seien diese Gesetze auch nicht in einem Katalog auflistbar beziehungsweise verbindlich formulierbar.«[201] Die gewählte Metaphorik ist durch einen Buchtitel Reich-Ranickis – *Die Anwälte der Literatur* (von 1994) – fraglos gedeckt. Die Setzung einer konstruierten Position als verbindlich führe zu einer »unfreiwilligen Darstellung seiner eigenen blinden Flecken«[202] und münde in einem »populistischen Antimodernismus«.[203] Als positiv hingegen bewertet Czernin die Orientierung des Kritikers an den Bedürfnissen der Feuilletonleser: »Reich-Ranicki will Literatur einem Publikum vermitteln und dieses Publikum unterhalten [...].«[204]

Der Kritiker selbst hat seine Auffassung von Kritik unter anderem in einem Essay beschrieben, den er seinem 1970 erstmals erschienenen und 1984 neu aufgelegten Buch *Lauter Verrisse* vorangestellt hat. Der Essay beginnt mit der Frage, weshalb es überhaupt nötig sei, »miserable literarische Arbeiten« zu besprechen, ob man sie nicht besser ignorieren sollte.[205] Um die Notwendigkeit von Verrissen zu belegen, spannt er einen historischen Bogen, der eine kleine Geschichte der Literaturkritik und der kritischen Auseinandersetzung mit ihr darstellt. Auf diese Weise will Reich-Ranicki eine seiner Auffassung nach fundamentale Einsicht belegen: »Freiheit und Kritik bedingen sich gegenseitig.«[206] In totalitären Systemen, wie im Nationalsozialismus, habe man deshalb die Kritik abgeschafft.[207]

Verteidigung der Literaturkritik

Nachdem er die Frage, ob negative Literaturkritik notwendig ist, bejaht hat, geht Reich-Ranicki dazu über, die Voraussetzungen solcher Kritik zu prüfen. Dabei stellt er fest, dass die Literaturkritik schon immer in einem schlechten Ruf stand, bei Autoren wie bei den Kritikern selbst: »[...] in der fundamentalen Diagnose einer offenbar unheilbaren Krankheit sind sie sich seit zwei Jahrhunderten vollkommen einig.«[208] Eine Erklärung für den Gegensatz von Notwendigkeit und negativem Ruf der Literaturkritik bietet Reich-Ranicki nur implizit an; man muss dazu seine Relativierungen der Bedeutung von Kritik hinzunehmen: »Natürlich sollte alles, was Schriftsteller über

201 Czernin: Marcel Reich-Ranicki, S. 8.
202 Ebd., S. 14.
203 Ebd., S. 9.
204 Ebd., S. 12.
205 Reich-Ranicki: Lauter Verrisse, S. 11.
206 Ebd., S. 14.
207 Ebd., S. 16.
208 Ebd., S. 23.

Kritik und Kritiker schreiben [...], mit einiger Vorsicht aufgenommen werden. Denn so gewiß sich in solchen Äußerungen zahllose wichtige und originelle Gedanken finden lassen, so zeugen sie in der Regel von, vorsichtig ausgedrückt, Befangenheit.«[209] Das ist die eine Seite, die der Autoren. Doch auch die Kritiker sollten nicht zu ernst genommen werden: »Intoleranz und Fanatismus« sei »mit dem Wesen der Kritik unvereinbar«.[210] Allgemein sollte man die Möglichkeiten der Kritiken nicht überschätzen: »[...] sie können nur Erkenntnisprozesse und Entwicklungen anregen und einleiten, begünstigen und beschleunigen und freilich auch hemmen.«[211]

Das kompromisslose Plädoyer für die Notwendigkeit von Literaturkritik ergibt sich also aus einer dialektischen Begründung. Kritik habe, so Reich-Ranicki, immer eine »pädagogische Absicht«[212] und werde mit dem Blick »auf das Publikum geschrieben«.[213] Die Autoren zählen nur als Teil dieses Publikums. Dabei soll die Kritik »[...] die Nichtkönner abschrecken, die Mittelmäßigen zu Bedeutenderem nötigen, die Großen warnen und, vor allem, die Leser bilden.«[214] Damit wäre ein Absolutheitsanspruch verbunden, wenn nicht Kritik zugleich als »Polemik« definiert würde. Damit ist sie »ein Bekenntnis« – also subjektiv – und »in hohem Maße zeitbedingt«.[215] Kritiker können irren, das zeigt er am Beispiel Ludwig Börnes, der »den Rang« E. T. A. Hoffmanns nicht erkannt habe.[216]

Der Kritiker bleibt Kunstrichter

Vielleicht ist es das Erfolgsrezept von Reich-Ranickis literaturkritischer Auffassung, dass sie alle Ansätze integriert, die Forderung der Aufklärung nach Bildung, die ästhetischen Ideale der Klassik, die Subjektivität von Literatur und Rezeption seit Beginn der Moderne. Der Kritiker bleibt Kunstrichter, sein Urteil ist wichtig nicht nur für die Entwicklung der Literatur, sondern der ganzen Gesellschaft. Zugleich ist sein fundiertes Urteil immer auch subjektiver Ausdruck, und es ist in der Zeit verhaftet, also durch äußere Umstände beeinflusst. Man kann sich allerdings fragen, ob Reich-Ranickis literaturkritische Arbeit diesem Überbau, ob die Praxis der Theorie folgt. Die Kritiken

209 Ebd., S. 21.
210 Ebd., S. 41.
211 Ebd., S. 44.
212 Ebd., S. 40.
213 Ebd., S. 28.
214 Ebd., S. 24.
215 Ebd., S. 36.
216 Ebd., S. 41.

betonen stärker den Geltungsanspruch und enthalten kaum Relativierungen. Die Frage ist, ob Reich-Ranicki von seinen Lesern erwarten kann, dass sie seine Kritiken vor einer Folie des in den Kritiken weder explizit noch implizit ausgesprochenen subjektiven Zugriffs und der Zeitbedingtheit lesen.

Noch etwas fehlt. Reich-Ranicki hält – um in dem von ihm selbst favorisierten Bild der Justiz zu bleiben – Plädoyers gegen literarische Texte, ohne diese Plädoyers argumentativ zu untermauern. An Stelle des präzisen Arguments treten explizit die formelhafte Behauptung und implizit die Kreditwürdigkeit, die er als leseerfahrener Kritiker beansprucht. Ein Beispiel ist die in *Lauter Verrisse* aufgenommene Besprechung von Martin Walsers Stück *Die Zimmerschlacht*, die zu einer Generalabrechnung mit dem Autor gerät. Wie bei Reich-Ranicki üblich wird der Verriss mit einem Lob vorbereitet, das Unvoreingenommenheit suggerieren soll. Walser sei, so heißt es im ersten Satz, ein »scharfsinniger Schriftsteller«. Dennoch gehöre er, »so originell er auch sein mag, nicht zu jenen Künstlern [...], die mit vollen Händen spenden können«. Das »wissen wir längst, zumindest seit dem Roman ›Halbzeit‹ (1960)«. Und weiter:

> Warum? Weshalb erinnert er uns so häufig an die alte Wahrheit, daß sich in der Kunst Vitalität und Sterilität nicht gegenseitig ausschließen? Vielleicht ist dieser Kasus der deutschen Gegenwartsliteratur gar nicht so kompliziert, wie er es im ersten Augenblick zu sein scheint. Sehr möglich, daß dem Schriftsteller Walser nichts anderes fehlt als jenes schwer definierbare und nach wie vor nicht ersetzbare Element, das sich mit dem altmodisch klingenden Begriff »poetische Imagination« andeuten läßt. Auf jeden Fall hat Walser mehr Esprit als Phantasie. Sein Ohr ist besser als sein Auge, er erweist sich immer wieder als ein Mann eher des Arguments als des Bildes. Nicht seine Figuren prägen sich daher ein – die einzige, an die ich wirklich zu glauben vermochte, war Beumann in den »Ehen in Philippsburg« [...].[217]

Argumentativ dürfte diese Totalverurteilung des frühen Walser (den Reich-Ranicki auch später immer wieder verreißen wird, wenige Ausnahmen bestätigen die Regel) schwer zu untermauern sein. Tatsächlich ›argumentiert‹ Walser in den von Reich-Ranicki genannten Werken überhaupt nicht, er erstellt Psychogramme von Figuren, er schildert deren alltägliches Verhalten und legt durch Psychologisierung die Motive dieses Verhaltens offen.

217 Ebd., S. 109.

Hans Beumann in *Ehen in Philippsburg* wird von Reich-Ranicki vielleicht deshalb ausgenommen, weil er der typische *underdog* ist, eine sympathische, auf Identifikation angelegte Figur, ein im Grunde armer Kerl, aus ärmlichem Elternhaus, mit der neuen Umgebung und beruflichen Situation vollkommen überfordert. Dennoch wird, wie Walser zeigt, das Opfer zum Täter, indem er seine Freundin und spätere Verlobte zur Abtreibung nötigt. Alle Figuren Walsers sind in ihrer äußerlichen wie psychologischen Charakterisierung hochgradig individuell, wirken deshalb so realistisch und als realistische Figuren wieder typenhaft – sie könnten statt in Philippsburg auch in Oberursel, Bocholt oder Bamberg wohnen – ein Pandämonium der bundesdeutschen bürgerlichen Gesellschaft.

Wenn Reich-Ranicki Walser vorwirft, er biete »Deklaration statt Aktion«,[218] dann ist die am 15. Dezember 1967 in der *Zeit* erstmals publizierte Rezension (oder eine der früheren) nicht ohne Einfluss auf Walsers am 27. Januar 1968 uraufgeführtes Stück *Wir werden schon noch handeln* geblieben.[219] Aber das ist ein anderes Kapitel.[220]

3.16 Sigrid Löffler

Abb. 4

Sigrid Löffler

218 Ebd., S. 111.
219 Vgl. Walser: Gesammelte Stücke, S. 273.
220 Vgl. das Kapitel *Kritik der Kritik: Reich-Ranicki-Parodien*.

»Funktionen heutiger Feuilletonkritik«

1999 hat Sigrid Löffler einen Katalog von »Funktionen heutiger Feuilletonkritik« vorgelegt. Löffler (geb. 1942) war 1972–1993 Redakteurin beim österreichischen Nachrichtenmagazin *profil.* 1996–1999 leitete sie das Feuilleton der *Zeit.* Seit 1988 gehörte sie neben Marcel Reich-Ranicki und Hellmuth Karasek zur Stammbesatzung des *Literarischen Quartetts,* das sie 2000 im Streit verließ, nachdem ihr Reich-Ranicki und Karasek in einer hitzigen Debatte über eine Neuerscheinung vorgeworfen hatten, sie verstünde nichts von Erotik. Im Jahr des Bruchs machte sie einen Neuanfang, gründete die Monatszeitschrift *Literaturen.* Löffler war über viele Jahre Beiträgerin vieler bekannter Zeitungen und Zeitschriften, außerdem erhielt sie für ihre Arbeit mehrere Preise, darunter 1992 den Österreichischen Staatspreis für Kulturpublizistik.

Nach Löffler soll eine Kritik[221]

Was macht eine gute Kritik aus?

- »Lust auf Literatur machen«;
- »immer auch Leseanleitung sein«;
- »das Urteilsvermögen des Lesers schärfen«, so dessen eigene »Produktivität« anregen;
- »plausibel und nachvollziehbar sein«, dazu »die Kriterien der Beurteilung immer auch mitliefern« und »zugleich den Leser von diesen Kriterien emanzipieren, durch Aktivierung seiner eigenen Urteilskraft«;
- in ihrem Urteil »streitbar und begründet sein«;
- »einen Gegenkanon zu den gängigen Bestsellerlisten aufstellen«, »als Markt-Korrektiv wirken, indem sie vorzugsweise Bücher propagiert, die keine Massenbasis haben«;
- »die Kritikfähigkeit des Publikums gegenüber [...] Marktstrategen schärfen«;
- »die eigene Bevormundungsposition gelegentlich selber in Frage stellen«.

Positives Engagement und subjektiver Zugang

Die Problematisierung der eigenen Position, die Betonung des Subjektiven im Zugriff auf den Text ist nun offenbar in der Literaturkritik angekommen. Löffler zeigt, dass sich positives Engagement und subjektiver Zugang verbinden lassen – indem der kritische Prozess für den Leser transparent gemacht und ihm die Möglichkeit gegeben

221 Vgl. Löffler: Die versalzene Suppe und deren Köche, S. 38.

wird, der Argumentation zu folgen oder eben nicht zu folgen. Das einzige Problem dieses wirkungsbezogenen Modells ist ein logischer Widerspruch, eine Festlegung auf die Funktion als »Markt-Korrektiv«, als Anwalt für Bücher, »die keine Massenbasis haben«. Der Versuch, ein textfernes, kontextbezogenes Argument in einen textbezogenen Zugriff auf Literatur einzubauen, wird nur bei den Kritikern oder Lesern verfangen, die bereit sind, ihre Ansprüche herunterzuschrauben, wenn ein Sozialbonus zu vergeben ist.

Mit Löfflers Katalog ist nicht die Frage nach den Maßstäben der Kritiker beantwortet. Das Handwerk stellt solche Maßstäbe nicht bereit und es bleibt selbst dem theoriefernen Kritiker eigentlich gar nichts anderes übrig, als einen Blick in die so wenig geliebte Wissenschaft zu tun. Hier hat sich ein eigener Forschungszweig etabliert, der sich mit Wertmaßstäben beschäftigt – die Frage nach der literarischen Wertung, die in einem eigenen Kapitel untersucht werden soll.

3.17 Uwe Wittstock

Wie andere einflussreiche Akteure im Literaturbetrieb, beispielsweise die auch als Kritiker und Buchautoren tätigen Lektoren Martin Hielscher (erst Kiepenheuer & Witsch, dann C.H. Beck) und Rainer Moritz (erst Reclam Leipzig, dann Hoffmann & Campe), gehört Uwe Wittstock, langjähriger Lektor beim S. Fischer Verlag und seither im Feuilleton der Tageszeitung *Die Welt*, zu den Verfechtern einer Literatur, die sich nicht auf ein kleines, elitäres Publikum beschränkt.

»Leselust« (1995)

Wittstocks langer Essay *Leselust* von 1995 beginnt mit der Bestandsaufnahme: »An schlechten Nachrichten war in den letzten Jahren kein Mangel. Die deutsche Literatur befinde sich in einer Krise [...].« Dem stünde die These gegenüber, dass es sich um »die branchenspezifische Form jenes Klapperns« handele, »das zum Handwerk gehört«.[222] Wittstock selbst diagnostiziert zwar keine handfeste Krise, aber er umschreibt »die Situation der deutschsprachigen Schriftsteller« als »alles andere als angenehm. [...] Ihre Bücher erreichen, von einem kleinen Zirkel Eingeweihter abgesehen, niemanden mehr.«[223] Das habe nicht mit einem generellen Verfall der Lesekultur zu tun: »So erstaunlich es klingt: Ausländische Autoren schaffen es offensicht-

222 Wittstock: Leselust, S. 7.
223 Ebd., S. 8.

lich, bei den hiesigen Lesern mehr Interesse für ihre Arbeit zu wecken als die meisten einheimischen.«[224] Den Grund für diese Entwicklung vermutet Wittstock in dem »Ruf« der deutschsprachigen Literatur, »besonders schwierig, unsinnlich und weltfern zu sein«.[225]

Wittstock meint dies nicht als typisches Charakteristikum deutschsprachiger Literatur, er hält es für eine jüngere Entwicklung; zum Beleg verweist er auf Autoren wie Heinrich Böll, Friedrich Dürrenmatt, Thomas Bernhard und Martin Walser. Für ihn ist klar, dass die jüngeren Autoren ihr ›Nischen‹-Dasein verlassen und sich am Erfolg der ausländischen Literatur orientieren sollten, ohne deshalb gleich ihren eigenen Anspruch aufzugeben:

> Zwar ist die Kunst der Wahrheit verpflichtet und die Unterhaltung nur dem Erfolg – doch haben beide Seiten immer wieder voneinander gelernt und profitiert. Warum sollte das nicht auch heute gelingen? Der Seitenblick auf die leichteren Musen muß keineswegs, wie viele Kritiker hierzulande reflexhaft unterstellen, zu Lasten der Qualität gehen. Er kann vielmehr – neben einer rigorosen handwerklichen Schule – Anreiz und Ansporn zu noch größeren ästhetischen Anstrengungen sein.[226]

Verbindung der traditionellen mit der populären Ästhetik

Um das leisten zu können, müssen die Autoren veränderte Rahmenbedingungen vorfinden; auch die Kritik hat sich zu ändern: »Zu den Stereotypen der Literaturkritik gehört es nach wie vor, einen Autor wegen seiner formalen Innovationen zu loben, beziehungsweise Bücher, die solche Innovationen vermissen lassen, als risikolos oder altbacken abzuqualifizieren.«[227] Doch: »Mit Konventionen zu brechen gehört mittlerweile selbst zur literarischen Konvention.«[228] In der Verbindung der traditionellen mit der populären Ästhetik sieht Wittstock einen Weg aus der Sackgasse: »Was spricht dagegen, die Erzählmuster routinierter Unterhaltungsautoren – denn die beruhen auf jenen traditionellen Techniken – zu übernehmen, um etwas Besseres daraus zu machen?«[229]

Um seine Thesen zu untermauern, hat Wittstock »weiße Raben« ausgemacht,[230] das sind Autoren, die bereits »die literarischen Spiel-

224 Ebd., S. 8 f.
225 Ebd., S. 10.
226 Ebd., S. 15.
227 Ebd., S. 26.
228 Ebd., S. 27.
229 Ebd.
230 Ebd., S. 32.

räume« in seinem Sinne erweitern.[231] Dazu gehören Sten Nadolny und Patrick Süskind mit ihren Bestsellern *Die Entdeckung der Langsamkeit* (von 1983) und *Das Parfum* (von 1985).

Popliteratur und Fräuleinwunder

Dass Wittstocks Plädoyer für eine unterhaltsamere deutschsprachige Literatur keine Einzelmeinung darstellte, zeigt die Vielzahl junger deutschsprachiger Autoren, die seit Mitte der 90er Jahre auf den Markt kamen. Um sie zu sortieren, wurden vom Feuilleton zwei Trends kreiert: Die ›Popliteratur‹ (mit den Vertretern Christian Kracht, Benjamin von Stuckrad-Barre ...) und das ›Fräuleinwunder‹ (mit den Vertreterinnen Judith Hermann, Juli Zeh ...). Am Anfang des neuen Jahrtausends scheinen sich diese Trends wieder abgenutzt zu haben und man darf gespannt sein, welche Neuerungen, die immer auch Rückgriff auf frühere Konzepte bedeuten, von Autoren und Verlagen auf den Markt gebracht und von Literaturkritikern auf den Schild gehoben werden.

Eines jedoch lässt sich mit Bestimmtheit sagen: Die Fragen nach dem Zweck von Literatur, nach ihrer immanenten Ästhetik und nach dem Publikum, auf das sie zielt, sind noch genauso wichtig wie vor einem Vierteljahrtausend, als ein Markt für Literatur und die sie begleitende Kritik entstand.

3.18 Literaturkritik heute: Krise der Kritik?

»Der Ruf der Literaturkritik ist miserabel«

Gibt es eine Krise der Literaturkritik oder nur ein Krisengerede? Martin Lüdke fasst, sicher nicht ohne Grund, anlässlich eines Berliner Symposiums den aktuellen Stand im Jahre 2000 so zusammen: »Der Ruf der Literaturkritik ist miserabel.«[232] Nicht nur der Ruf, auch die Wirkung scheint höchst anzweifelbar. Von Thomas Steinfeld ist die Aussage überliefert: »Wir schreiben Kritiken über Bücher, die die Leute nicht lesen.«[233] Das gründet allerdings auf der Voraussetzung, dass überhaupt Kritiken gelesen werden – bekanntlich ist das Feuilleton oder der Kulturteil einer Zeitung einer der am wenigsten gelesenen Teile.[234] Das wird von Kritikern interessanterweise kaum reflektiert,

231 Ebd., S. 35.
232 Lüdke: Die neue Bescheidenheit der Literaturkritik, S. 15.
233 Zitiert nach Eschering: Empfindsame Indianer, S. 23.
234 Vgl. Machinek: Wozu Literaturkritik?, S. 84.

müssten Sie sich und anderen doch ihre relative Bedeutungslosigkeit im Mediendiskurs eingestehen.

Enzensbergers Rezensentendämmerung

Immerhin scheint in der aktuellen Diskussion, wie sie der Band mit den Beiträgen des eingangs angesprochenen Symposiums dokumentiert, so etwas wie Hoffnung oder zumindest ein gewisser Grad an Saturiertheit durchzuschimmern. Ob damit vom Tisch ist, was Hans Magnus Enzensberger bereits 1988 als »Rezensenten-Dämmerung« apostrophiert hat? Der heutige Kritiker besitze nicht mehr »die zentrale Position, die Autorität, die der Kritiker alter Schule sich verschafft hat. Er ist von der gesellschaftlichen Bühne abgetreten, weil er nicht mehr gebraucht wird; weil die Literatur, von der er sprach, ihrerseits ihre übergreifende Bedeutung eingebüßt hat.« Übrig bleibe »die Indifferenz eines pluralistischen Marktes, dem der Unterschied zwischen Dante und Donald Duck Jacke wie Hose ist«.[235]

Pädagogen und Zirkulationsagenten

Folgt man Enzensbergers Polemik, dann sind die Kritiker von zwei Gruppen abgelöst worden oder in diese eingegangen, das sind die »Pädagogen« und die »Zirkulationsagenten«. Die Pädagogen sind mit der »Erforschung und Deutung« des Dichters beschäftigt, ihr Diskurs wird bezeichnet als »sekundäre Öffentlichkeit, die den Vorzug hat, daß sie von allen Launen und Wünschen des Publikums unabhängig, institutionell gesichert und dauerhaft subventioniert ist«.[236]

Der Zirkulationsagent dagegen ist nur an der Zirkulation der Rezension interessiert, also am eigenen Erfolg. »Für den Kritiker seligen Angedenkens war die Literatur ein Nexus von Schriften, die er liebte oder haßte, bewunderte oder verwarf. Dagegen interessiert den Zirkulationsagenten nicht der Text, sondern der Trend, den er aus seinen Eingeweiden liest. Sieger ist, wer den Trend als erster ansagt, Verlierer, wer als letzter wiederholt, was angesagt ist.«[237] Kehrseite von Enzensbergers aggressiver, satirischer Fabulierlust ist eine stumme Klage über den Bedeutungsverlust dessen, worum es ihm eigentlich geht – gemeint ist der literarische Text.

Kritiker konnten sich mit der Enzensbergerschen Mischung aus Ernst und Polemik nicht recht anfreunden. Martin Lüdke hat es auf die Formel gebracht: »Sicher ist es leichter, einen Pudding an die Wand zu nageln, als Enzensberger festzulegen.«[238] Doch seine und

235 Enzensberger: Mittelmaß und Wahn, S. 55 f.
236 Ebd., S. 56 f.
237 Ebd., S. 58.
238 Lüdke: Als Dienstbote scheint das Schmuddelkind eher ungeeignet, S. 103.

andere Selbstbeschreibungen des Kritikerberufs der letzten Jahrzehnte bestätigen Enzensbergers Diagnose zumindest in Teilen. Lüdke konstatiert als »Prinzip« der Entwicklung von Literaturkritik »den stetig zu steigernden Unterhaltungswert«.[239] Der Kritiker wird seinem Gegenstand nicht mehr gerecht: »Die Komplexität der Probleme wird vielmehr oft bis zur Sinnlosigkeit verkürzt.«[240] Und Michael Braun befindet: »Der Kritiker will schließlich nicht nur geistreicher, sondern immer auch schneller sein als der Kollege aus dem Konkurrenzblatt.«[241] Sigrid Löfflers Analyse geht in die Richtung der Auffassung vom Kritiker als Zirkulationsagenten:

> Statt als Markt-Korrektiv zu wirken und Bücher zu propagieren, die keine Massenbasis haben, helfen sie [die Kritiker] das gnadenlose Mainstreaming des Buchhandels noch zu verstärken, indem sie vorzugsweise Bücher rezensieren, die ohnehin mit allen Mitteln auf dem Markt gepusht werden. Ihre Kritiken stehen in einem servilen Verhältnis zu den Verlagen – je größer und mächtiger das Verlagskonglomerat, je einflußreicher und betriebsamer die literarische Agentur, die ein Buch auf dem Markt lanciert, desto serviler die Rezensionspolitik der Medien. [. . .] Wenn am Erscheinungstag des Buches alle Zeitungen des Landes den neuen Grass oder den neuen Handke, ja sogar den neuen Kumpfmüller besprechen, dann gibt es keine Debatte mehr, sondern nur noch den kollektiven simultanen Marktschrei.[242]

Als komplementär sieht Löffler eine Entwicklung, die Kritiker nicht nur die selben Bücher loben, sondern auch die selben Bücher verreißen lässt. Einem Artikel habe sie entnommen, dass früher »jeder deutsche Literaturkritiker, der auf sich hält, dem Anti-Grass-Verein anzugehören« hatte und dass es nach der Nobelpreisverleihung an Grass »an der Zeit« sei, in den »Pro-Grass-Verein« einzutreten.[243]

Ablenkung und Erleuchtung

Auf der anderen Seite stehen Kritiker, die noch die Fahne der Kritik hochhalten und Ansprüche stellen, die sie zumindest teilweise verwirklicht sehen. Gustav Seibt beruft sich auf Paul Valéry, wenn er von einem Buch »entweder Ablenkung oder Erleuchtung« verlangt und daraus Konsequenzen für die Kritiker zieht: »Daß wieder ein schlech-

239 Ebd., S. 106.
240 Ebd., S. 108.
241 Braun: Denker ohne festen Wohnsitz in der sekundären Welt, S. 92.
242 Baumgart u. a.: Die Kunst des Lesens – Positionen der Literaturkritik, S. 171 f. – Zu diesem Befund kam Löffler schon einmal, vgl. Löffler: Die versalzene Suppe und deren Köche, S. 27.
243 Baumgart u. a.: Die Kunst des Lesens – Positionen der Literaturkritik, S. 174.

tes Buch erschienen ist, ist keine Nachricht. [. . .] Rühmen ist schwieriger als tadeln. [. . .] Ablenkung und Erleuchtung machen die Leser freier und reicher, also kultivierter. Literatur schärft die Empfindungen und verbessert die Sprache; daran mitzuwirken, sollte dem Kritiker genug sein.«[244]

Damit ist allerdings eher sein Soll- als ein Ist-Zustand beschrieben. Der vielleicht gewichtigste Einwand gegen Enzensbergers Thesen trifft deren prognostischen Charakter und stammt von Reinhard Baumgart: »Es gibt keine Endzustände.«[245]

3.19 Weitere Probleme

Maßstäbe sind an Kritiker und Zeit gebunden

Am Beispiel der Entwicklung des Buchmarkts und der unterschiedlichen Kritikerpositionen dürfte deutlich geworden sein, dass die jeweiligen Maßstäbe zur Beurteilung von Literatur stark von der Zeit und der Persönlichkeit des Kritikers geprägt sind, ohne dass die Kritiker dies reflektieren würden. Andererseits ist die Summe der Reflexionen über die Funktionen von Kritik beachtlich, sie kann als ein *pool* von Möglichkeiten gewertet werden, die heutigen Kritikern zur Verfügung stehen. Die Kritiker konzentrieren sich stark auf eine enge Vorstellung von Literatur, Literatur als Dichtung, die hohen Qualitätsansprüchen genügen soll. Vernachlässigt werden dabei literarische Texte, die stillschweigend Randbereichen zugeordnet werden. Beispielsweise wird Reiseliteratur nach ihrem Informationsgehalt, Kinder- und Jugendliteratur nach ihrem Unterhaltungs- und Bildungswert für kindliche Leser beurteilt. Literarästhetische Überlegungen spielen hier kaum eine Rolle. So hat Gert Ueding zu Recht die – von ihm nicht bejahte – Frage gestellt, ob Kinder- und Jugendliteratur »Literatur mit beschränkter Haftung« sei.[246] Uedings Forderung von 1990: »die Kinderbuchkritik sollte auch ihrer Publikationsweise nach Teil der allgemeinen Buchkritik sein«,[247] scheint keine erkennbaren Folgen gezeitigt zu haben. Noch immer werden Kritiken über Kinder- und Jugendbücher auf spezielle Seiten oder in entsprechende Beilagen verbannt.[248]

Beispiel Kinder- und Jugendliteratur

244 Ebd., S. 190 u. 193.
245 Ebd., S. 203.
246 Vgl. Ueding: Literatur mit beschränkter Haftung?
247 Ebd., S. 27.
248 Für einen zahlenorientierten Überblick über die Kinder- und Jugendbuchkritik vgl. Schönfeldt: Kritik der Kritik.

Erst mit erheblicher Verspätung und unter bestimmten Voraussetzungen ist es möglich, entsprechende Texte durch Aufnahme auf die ›normalen‹ Seiten zu adeln, vor allem darf der Autor nicht primär als Kinder- und Jugendbuchautor gelten. E. T. A. Hoffmann beispielsweise hat einige der berühmtesten Märchen der Weltliteratur geschrieben und gilt doch nicht als Märchenonkel, da man auch auf anderes verweisen kann, etwa die Novelle *Der Sandmann*. Damit soll nicht die Forderung aufgestellt werden, Kinder- und Jugendliteratur müsse den Ansprüchen an ästhetisch hochwertige Literatur entsprechen. Andererseits gibt es innerhalb der ›Erwachsenenliteratur‹ genauso funktionale Trennungen bei der Befriedigung von Leserbedürfnissen. Viele Texte wollen einzig unterhalten, manche wollen belehren, einige stellen an sich und den Leser ästhetische Ansprüche.

Solche Beobachtungen zeigen, dass die zu geringe oder zu wenig kritische Reflexion über die eigenen Bewertungsmaßstäbe ein konstantes Problem in der Literaturkritik ist. Wer literaturkritisch tätig sein möchte, sollte daher die Beiträge anderer, aber auch seine eigenen stets kritisch hinterfragen.

3.20 Zusammenfassung

Literaturkritik ist ein Produkt der Aufklärung

Die Literaturkritik, wie wir sie heute kennen, hat sich seit dem 18. Jahrhundert entwickelt, sie ist ein Produkt der Aufklärung. Lesen sollte bilden, Bücher wurden danach beurteilt, welche gesellschaftliche und emanzipatorische Leistung sie erfüllten. Ästhetische Kriterien ließen sich davon nicht trennen: Reflexion wird nur durch inhaltlich wie formal innovative literarische Texte gefördert.

Der Beruf des Journalisten entsteht im 19. Jahrhundert

Zunächst waren Schriftsteller auch Kritiker – und umgekehrt. Die Trennung der beiden Rollen hat sich im Laufe des 19. Jahrhunderts vollzogen, parallel dazu hat sich der Beruf des Journalisten herausgebildet. Die Regeln, an denen sich Schriftsteller und Kritiker in Zustimmung oder Ablehnung orientieren, sind historisch verankert, die antike Literatur in ihrer Rezeption durch die Barock-Autoren spielt dabei eine ebenso große Rolle wie Shakespeare als der große Regelzerstörer, der freilich auch als Schöpfer neuer, innovativer Regeln begriffen wurde. Seit der Aufklärung ist der Literatur eine Dynamik von Orientierung an und Verstoß gegen Regeln eingeschrieben. Texte werden nicht zuletzt daran gemessen, inwieweit sie auf dem Bisherigen basieren und was sie Neues daraus machen.

Dogmatische Positionen

Im Laufe der Zeit sind ideologische Positionen vertreten worden, die keinen Bestand hatten, auch wenn sie die literaturkritische Debatte über Funktion und Leistung von Texten beförderten. In der Nachkriegszeit gibt es eine große Bandbreite literaturkritischer Positionen, die von dogmatischen und polemischen Urteilen bis zum Bemühen reicht, die eigenen Ansprüche eines Texts zu erforschen und ihn danach zu bewerten. Spätestens seit Roland Barthes ist die theoretische Debatte allerdings so weit gediehen, dass eine Rechtfertigung dogmatischer Urteile nur noch unter Hinweis auf ihre große Breitenwirkung möglich scheint. Eine Literaturkritik ist immer eine Lesart eines Textes, dessen Bedeutungsspielräume nicht vollständig ausgelotet werden können, schon gar nicht in einer einzelnen Kritik.

Literaturkritik bietet Lesarten des Textes

Arbeitsfragen

Wie hat sich der Buchdruck entwickelt?
Wie hat sich das lesende Publikum in Deutschland entwickelt?
Wann hat sich die deutsche Schriftsprache durchgesetzt?
Wann war die erste Hochphase der belletristischen Lesekultur?
Was versteht man unter dem »Strukturwandel der Öffentlichkeit«?
Was verstand man wann unter »Lesewut«?
Skizzieren Sie die Entwicklung der Zeitschriften!
Welche Rolle spielte jeweils die Zensur?
Was ist ein Leitmedium?
Welche Neuerungen brachten das *Buch von der Deutschen Poeterey*, der *Versuch einer Critischen Dichtkunst vor die Deutschen* und die *Hamburgische Dramaturgie*?
Wann entstand und welche Bedeutung hat der Geniebegriff?
Was ist ein Kunstrichter?
Was verstand Herder unter Volkspoesie?
Wieso verlangt Schiller die »Begeisterung eines gebildeten Geistes«?
Wer verlangt weshalb »Realismus in der Kunst«?
Welche politische Funktion kann Kritik zukommen?
Wer plädierte weshalb für die »Offenheit des Werkes« und was ist damit gemeint?
Was haben die Begriffe Macht und Diskurs mit Literaturkritik zu tun?
Wer proklamierte weshalb die »Rezensenten-Dämmerung«?
Welche literaturkritischen Positionen vertreten Marcel Reich-Ranicki, Sigrid Löffler und Uwe Wittstock?

4 Kritik der Kritik

Anselm, das ist Klage, und Klage gehört ins Feuilleton [. . .].
Martin Walser[249]

4.1 Von Hunden und Kritikern

Seit ihrem Entstehen gibt es zahlreiche ironische oder gar satirische Auseinandersetzungen mit der Literaturkritik. Eine kleine Zahl solcher mehr oder weniger ausgefeilter Meta-Kritiken soll hier vorgestellt werden, sie reichen von Gedichten über Romane bis zu Traktaten. Satire hält jenen, auf die sie sich bezieht, einen Zerrspiegel vor, durch Übertreibungen sollen Missstände und Probleme deutlich gemacht werden. Eine Revue der Zerrspiegelbilder von Kritikern verspricht daher interessante Einblicke, die anders nicht zu gewinnen sind.

»Schlagt ihn tot, den Hund!«

Berühmt-berüchtigt ist ein Gedicht Goethes von 1774, besonders wegen seiner letzten Zeile, die in der Regel aus dem Kontext gerissen und allein zitiert wird:[250]

Da hatt' ich einen Kerl zu Gast,
Er war mir eben nicht zur Last,
Ich hatt' just mein gewöhnlich Essen.
Hat sich der Mensch pumpsatt gefressen;
Zum Nachtisch, was ich gespeichert hatt'.
Und kaum ist mir der Kerl so satt,
Tut ihn der Teufel zum Nachbarn führen,
Über mein Essen zu räsonieren:
Die Supp' hätt' können gewürzter sein,
Der Braten brauner, firner der Wein. –
Der Tausendsackerment!
Schlagt ihn tot, den Hund! Es ist ein Rezensent.[251]

249 Walser: Halbzeit, S. 721.
250 Vgl. z. B. Hage/Schreiber: Marcel Reich-Ranicki, S. 97.
251 Goethe: Werke (Hamburger Ausgabe). Bd. 1, S. 62.

Die letzte Zeile ist Schluss- und Höhepunkt einer Handlung. Es handelt sich um den entrüsteten Ausruf eines Gastgebers, der sich ausgenutzt fühlt; die Übertreibung, den Gast gleich totschlagen zu wollen, erklärt sich aus dem Affekt.

Freilich impliziert die letzte Zeile, dass alle Rezensenten mehr oder weniger gleich sind. Was ist denn nun ihr Vergehen? Das Essen ist offenkundig als Trope, als breit ausgemaltes Bild gedacht, es steht für das Lesen. Das lyrische Gastgeber- oder Autor-Ich ärgert sich darüber, dass der Gast oder Kritiker erst mit offenkundigem Wohlbehagen alles verspeist oder liest, um nachträglich daran herumzumäkeln. Die Analogie macht deutlich, dass es sich um lesenswerte Bücher handelt, die da kritisiert werden; wobei das Gedicht keineswegs ausschließt, dass es auch verdorbenes Essen, also schlechte Literatur gibt, die der Gast, also der Kritiker dann zu Recht zurückweisen müsste. Die generalisierende letzte Zeile ist offenbar so zu lesen, dass Kritiker auch an guten Büchern kein gutes Haar lassen.

Das »dümmste« Gedicht Goethes?

Der traditionell sehr positiv gegenüber Goethe eingestellte Kritiker Marcel Reich-Ranicki (»wenn es um die Poesie geht, kann ihm keiner das Wasser reichen«)[252] hält dieses Gedicht für »das dümmste, das seiner Feder entstammt«.[253]

Die vorstehenden Zeilen dürften Anlass genug sein, daran Zweifel anzumelden. Hinzu kommt, dass Reich-Ranicki offenbar nicht weiß, dass es für Goethes Gedicht ein Vorbild gegeben hat. Goethe spielt mit einem Prätext, einem Volkslied, das in die von Achim von Arnim und Clemens Brentano veranstaltete Sammlung *Des Knaben Wunderhorn* von 1806/08 Eingang gefunden hat:

Das bucklige Männlein

Will ich in mein Gärtlein gehn,
Will mein Zwieblein gießen;
Steht ein bucklicht Männlein da,
Fängt schon an zu niesen.

Will ich in mein Küchel gehn,
Will mein Süpplein kochen;
Steht ein bucklicht Männlein da,
Hat mein Töpflein brochen.

---

252 Reich-Ranicki: Ein Gegner der Meinungsfreiheit, S. 30.
253 Ebd.

Will ich in mein Stüblein gehn,
Will mein Müslein essen,
Steht ein bucklicht Männlein da,
Hat's schon halber gessen.

Will ich auf mein Boden gehn,
Will mein Hölzlein holen,
Steht ein bucklicht Männlein da,
Hat mir's halber gstohlen.

Will ich in mein Keller gehn,
Will mein Weinlein zapfen,
Steht ein bucklicht Männlein da,
Tut mirn Krug wegschnappen.

Setz ich mich ans Rädlein hin,
Will mein Fädlein drehen,
Steht ein bucklicht Männlein da,
Läßt mirs Rad nicht gehen.

Geh ich in mein Kämmerlein,
Will mein Bettlein machen,
Steht ein bucklicht Männlein da,
Fängt als an zu lachen.

Wenn ich an mein Bänklein knie,
Will ein bißlein beten,
Steht ein bucklicht Männlein da,
Fängt als an zu reden:

»Liebes Kindlein, ach, ich bitt,
Bet fürs bucklicht Männlein mit.«[254]

Die letzten beiden Strophen führen zu einer Korrektur des ersten Eindrucks. Das bucklige Männlein ist nicht nur dreist und unverschämt, ja anarchisch, es ist auch bemitleidenswert. Christoph Mekkel hat das so formuliert: »Es wünschte, beachtet und einbezogen zu werden [. . .].«[255] Das ist ein Verhalten, das wir von Kindern kennen, an die sich das Lied ja auch in erster Linie richtet und die sich of-

254 Arnim/Brentano (Hg.): Des Knaben Wunderhorn. Bd. 3, S. 198.
255 Vgl. Meckel: Das bucklicht Männlein, Einleitung (unpag.). Den Hinweis auf Mekkels Büchlein verdanke ich Wulf Segebrecht.

fenbar in dem Männlein wieder erkennen. Wenn Kinder keine Beachtung bekommen, fangen sie an zu stören, um auf diesem Wege ihr Ziel zu erreichen. Das kann sich potenzieren und so zum großen Problem werden. Das Kinderlied plädiert für Verständnis auf beiden Seiten.

Wie kann ein Anfang des 19. Jahrhunderts gedruckter Text Einfluss auf einen 1774 entstandenen Text (also Goethes Gedicht) haben? Das geht nur, wenn der zweite der ältere ist, angesichts der Tatsache, dass er einer Sammlung entstammt, lässt sich das vermuten. Zu den Quellen des Kinderliedes sind den Kommentaren verschiedener *Wunderhorn-*, Arnim- und Brentano-Ausgaben keine Angaben zu finden. Die Historisch-kritische Brentano-Ausgabe verweist allerdings auf – Goethe.[256] Der hatte im Jahre 1771 zwölf Volkslieder aus dem Elsaß an Herder geschickt. Goethe habe sie, so heißt es im Begleitbrief, aus den »Kehlen der ältesten Mütterchens aufgehascht« [sic].[257] Darunter fand sich folgende (so betitelte) *Zugabe*:

Hab ein bucklich Männel g'nomme,
Hat mir s Gott erschaffe,
Ich und auch mein bucklich Männel
Gingen zu dem Pfaffe.

Da wir von dem Pfaffe kame
Ginge mir auch zu Tische,
Ich und auch mein bucklich Männel
Assen g'sotne Fische.

Da wir von dem Tische kame
Ginge mir auch zu Weine,
Ich und auch mein bucklich Männel
Truncke biss um neune.

Da wir von dem Weine kamen
Gingen wir auch zu Bette
Ich und auch mein bucklich Männel
Schlupfen unter d'Decke.

Da wir unter der Decke waren
Fing's Bett an zu krache.

256 Vgl. Brentano: Sämtliche Werke und Briefe. Bd. 9.3, S. 510.
257 Goethe: Werke (Weimarer Ausgabe). Bd. 43, S. 235.

Ich und auch mein bucklich Männel
Fingen an zu lachen.[258]

Ein ironisches Spiel mit Traditionen

Der skizzierte Kontext macht deutlich, dass es sich um ein ironisches Spiel mit Traditionen handelt. Kern ist jeweils das Motiv des Gastes, der sich nicht benehmen kann, aus Sicht des Gastgebers, oder – wie im letzten Fall – des über die erotische Freizügigkeit erstaunten Zuhörers (etwa ein Hausgenosse), oder des Lesers. Die Bewertung des Gastes hängt von seinem Verhalten ab; das gilt dann eben auch im *Rezensent* für die Bewertung des Kritikers. Das Verhalten zu Tisch kann als Analogie zur Rezensententätigkeit aufgefasst werden; hätte sich der Gast benommen, wäre gegen ihn nichts einzuwenden gewesen. Goethe tadelt nicht pauschal alle Angehörigen einer Zunft, er skizziert einen bestimmten Typus, wobei freilich das Gedicht unterstellt, dass diesem Typus die meisten Rezensenten der Zeit angehören. Das jedoch ist Teil einer satirischen Zuspitzung, der man die literarische Legitimation nicht entziehen sollte.

Kurzsichtigkeit der Kritiker

Goethes Gedicht *Rezensent* kann nicht – wie Reich-Ranicki dies tut – als primitive Abrechnung mit Kritikern, sondern es sollte als satirische Auseinandersetzung mit Missständen der Kritik gelesen werden. Der artifizielle Volkslied-Charakter dient als Leimrute: Reich-Ranicki und andere Kritiker sind Goethe auf den Leim gegangen, weil sie sich über die Hintergründe des Textes keine Gedanken gemacht haben. Diese Hintergründe gilt es freilich noch weiter aufzuklären.

In den Xenien Schillers und Goethes, mit denen 1795 begonnen wurde, findet sich folgendes Gedicht, betitelt *Rezension*:

Sehet, wie artig der Frosch nicht hüpft! Doch find ich die hintern
Füße um vieles zu lang, so wie die vordern zu kurz.[259]

Der Titel macht deutlich, dass diese zwei Zeilen auf eine exemplarische Kritik bezogen sind. Die gewählte Gattung, der Kontext der Xenien und der Inhalt zeigen, dass es sich um die Parodie einer Kritik handelt. Ein Rezensent kritisiert einen Frosch, findet die natürlichen Gaben, die das Hüpfen erst ermöglichen, nicht ästhetisch. Nun ist ›Natur‹ einer der Schlüsselbegriffe der klassischen Zeit. Dichtung soll das Fehlen der Fesseln der Natur nutzen, um zu zeigen, wie der Mensch (als Teil der Natur) sich und seine Umwelt verbessern kann. Das Gedicht zeigt das

258 Ebd., S. 254.
259 Schiller: Werke. Bd. 1, S. 289.

nicht, aber es wird deutlich, dass der Frosch als Sinnbild für Natur, wie sie die Klassiker verstehen, nur wegen Äußerlichkeiten kritisiert wird. Der exemplarische Rezensent erkennt nicht die Funktion der ungleichen Beinlänge, er ist also nicht dazu in der Lage, das literarische Werk aus seinen eigenen Voraussetzungen heraus zu beurteilen.

Das Xenion ist nicht nur weniger direkt als Goethes Gedicht, es beleuchtet auch einen anderen Aspekt der Kritik am Kritiker. Beide – die egoistische Scheinheiligkeit des Urteils und das Versäumnis, sich auf einen Text wirklich einzulassen – sind bis heute in der Diskussion geblieben.

4.2 Der Kritiker im Fegefeuer

Wilhelm Hauff

Wilhelm Hauffs Roman *Mitteilungen aus den Memoiren des Satan* von 1826 ist ein kluges Konglomerat aus teilweise mehrfach unterbrochenen Geschichten, die durch eine Rahmenhandlung miteinander verbunden sind. Die Gattungsbezeichnung Roman ist nicht unzutreffend, aber mit gleichem Recht könnte man von einem Novellenzyklus sprechen – die Form passt in kein übliches Schema, was sich bereits als Hinweis auf die Modernität der Konstruktion begreifen lässt.[260]

In der Binnengeschichte *Der Festtag im Fegefeuer* schildert ein deutscher Baron, der eigentlich gar kein Baron ist, zwei prototypischen adeligen Vertretern anderer Länder, einem Franzosen und einem Engländer, seine Lebensgeschichte. Sie gibt Hauff die Möglichkeit, ironische Schlaglichter auf die zeittypischen, über die Zeit hinausweisenden Verhältnisse in den deutschen Ländern zu werfen. Darauf deutet schon der Name des Deutschen – Baron von Garnmacher. Garn machen, Garn spinnen ist eine Redewendung, die mit ›Lügengeschichten erzählen‹ übersetzt werden kann.

Der Rezensentenbaron

Kapitel 2 der Fortsetzung der Geschichte ist betitelt mit »Der Baron wird ein Rezensent«. Garnmacher erläutert die beiden Regeln, nach denen der Diskurs über Literatur in Deutschland funktioniert:

> »Wie in unserer ganzen Literatur immer noch etwas Engbrüstiges, Eingezwängtes zu verspüren ist, wie nicht das, was leicht und gesellig, sondern was mit einem recht schwerfälligen, gelehrten Anstrich geschrieben ist, für

260 Die Forschung war allerdings bisher nicht der Meinung, weil das Unverständnis, mit dem man dem Roman im 19. Jahrhundert begegnete, einfach unhinterfragt tradiert wurde. Vgl. Stefan Neuhaus: Das Spiel mit dem Leser, S. 182 ff.

einzig und und schön gilt, so haben wir auch eigene Ansichten über die Beurteilung der Literatur. Es traut sich nämlich nicht leicht ein Mann oder eine Dame in der Gesellschaft ein Urteil über ein neues Buch zu, das sich nicht an ein öffentlich ausgesprochenes anlehnen könnte; man glaubt darin zu viel zu wagen. Daher gibt es viele öffentliche Stimmen, die um Geld und gute Worte ein kritisches Solo vortragen, in welches dann das Tutti oder der Chorus des Publikums einfällt.«[261]

Die sechs Klassen der Literaturkritik

Den Rezensenten scheint eine entscheidende Bedeutung zuzukommen. Es zeigt sich aber schnell, dass sie nur Funktionen des Marktes ausüben, man könnte sie mit Hans Magnus Enzensberger als »Zirkulationsagenten« bezeichnen: »Die eigentlichen Gelehrten werden nur zu Kernschüssen und langsamen, gründlichen Operationen verwandt und mit vier Groschen bezahlt. Leichter, behender sind die Halbgelehrten, die eigentlichen Voltigeurs der Literatur.«[262]

Sie vertreten nun bestimmte »Formen und Klassen«, nach denen sie die Bücher beurteilen:

- die »sanftlobende Rezension«: »Sie gab nur einige Auszüge aus dem Werk, lobte es als brav und gelungen und ermahnte, auf der betretenen Bahn fortzuschreiben. In diese Klasse fielen junge Schriftsteller [...].« (Anm. 262, S. 659)
- »Die zweite Klasse ist die lobposaunende. Hier werden entweder die Verlagsartikel des Buchhändlers, der das Blatt bezahlt, oder die Parteimänner gelobt. Man preist ihre Namen, man ist gerührt, man ist glücklich, daß die Nation einen solchen Mann aufweisen kann.« (Ebd.)
- »Die dritte Klasse ist dann die neutrale. Hier werden die Feinde, mit denen man nicht in Streit geraten mag, etwas kühl und diplomatisch behandelt.« (Ebd.)
- »Die vierte Klasse ist die lobhudelnde. Man sucht entweder einen, indem man ihn scheinbar und mit einem Anstrich von Gerechtigkeit ein wenig tadelt, zu loben, oder umgekehrt, man lobt ihn mit vielem Anstand und bringt ihm doch einige Stiche bei, die ihn entweder tief verwunden, oder doch lächerlich machen.« (Anm. 262)

---

261 Hauff: Werke. Bd. 2, S. 657.
262 Ebd., S. 658.

– »Die fünfte Klasse ist die grobe, ernste; man nimmt eine vornehme Miene an, setzt sich hoch zu Roß und schaut hernieder auf die kleinen Bemühungen und geringen Fortschritte des Gegners. Man warnt sogar vor ihm und sucht etwas Verstecktes in seinen Schriften zu finden, was zu gefährlich ist, als daß man öffentlich davon sprechen möchte. Diese Klasse macht stillen, aber tiefen Eindruck auf das Publikum. Es ist etwas Mystisches in dieser Art der Kritik, was die Menschen mit Scheu und Beben erfüllt.« (Ebd., S. 659 f.)
– »Die sechste Klasse ist die Totschlägerklasse. Sie ist eine Art von Schlachtbank, denn hier werden die Opfer des Zornes, der Rache niedergemetzelt ohne Gnade und Barmherzigkeit [...].« (Ebd., S. 660)

Auf die Frage, wer »die Schuld« an diesem System trage, erwidert Garnmacher: »Nun, das Publikum selbst! Wie man früher an Turnieren und Tierhetzen die Freude hatte, so amüsiert man sich jetzt am kritischen Kriege [...].«[263] Die Kritik als Selbstzweck also, der es weniger um das Buch geht als um die eigene Wirkung.

Medium und Markt

Halten wir die verschiedenen Motivationen, die hier eine Rolle spielen, einmal auseinander. Der Kritiker möchte vor allem selbst glänzen, das Buch ist ihm relativ gleichgültig. Einflüsse auf sein Urteil haben die Verflechtungen seines Mediums mit dem Markt. Hauffs Beispiel ist ein Buchhändler, der auch Verleger ist und in diesem Verlag eine Zeitschrift herausbringt, in der die eigenen Verlagsprodukte lobend besprochen werden. Heute könnte man sich andere wirtschaftliche Verflechtungen vorstellen, die beispielsweise in Konzernstrukturen oder strategischen Allianzen begründet sind. Medienkonzerne wie Bertelsmann, zu denen Verlage gehören, haben zahlreiche Möglichkeiten der Vermarktung ihrer verlegerischen Produkte.

Hauff hat die Kritik der Kritik auch in einer geistreichen, gleichwohl heute vergessenen Novelle bebildert, sie ist betitelt *Die letzten Ritter von Marienburg*. Der Titel bezeichnet zugleich die Novelle und den erfolgreichen Roman eines geheimnisvollen Autors, dem im Text nachgespürt wird. Hauff spiegelt den Literaturbetrieb in einem Mikrokosmos – der allein am Absatz interessierte Buchhändler und Ver-

263 Ebd.

leger, der erfolgreiche und der erfolglose, aber eingebildete Autor, die verschiedenste Rücksichten nehmenden oder sich Rücksichtslosigkeiten erlaubenden Rezensenten . . .[264] Das Motto des Buchhändlers und Verlegers, das er von seinem Prinzipal (also dem Buchhändler und Verleger, bei dem er gelernt hat) übernommen hat, lautet: »›Alles im Buchhandel ist nur Mode. Wer eine neue angibt, ist Meister.‹«[265]

4.3 Der Kritiker und die Wasserratte

Oscar Wilde

In dem ironischen Märchen *Der treue Freund* von 1888 aus der Feder von Oscar Wilde kommt eine eingebildete Wasserratte mit einem Hänfling ins Gespräch. Weil die Arroganz der Ratte den Hänfling ärgert, erzählt er ihr eine Geschichte. Doch schon nach wenigen Sätzen unterbricht sie ihn:

> »Ist das das Ende der Geschichte?« fragte die Wasserratte. »Aber nein«, antwortete der Hänfling, »das ist erst der Anfang.« »Dann sind Sie hoffnungslos altmodisch«, sagte die Wasserratte. »Jeder gute Schriftsteller beginnt heute mit dem Ende, springt dann zum Anfang und schließt mit der Mitte. Das ist die moderne Methode. Erst kürzlich habe ich alles darüber von einem Kritiker erfahren, der mit einem jungen Mann um den Teich spazierte. Er sprach sehr ausführlich darüber, und ich bin sicher, daß er Recht hatte, denn er trug eine blaue Brille und hatte einen Kahlkopf, und immer wenn der junge Mann etwas einwandte, antwortete er ›Bah!‹«[266]

In der Geschichte des Hänflings betrügt ein reicher Müller einen armen Gärtner mit schönen Worten. Der Müller gibt sich als bester Freund des Gärtners aus, um ihn nach Strich und Faden ausbeuten zu können. Schließlich verursacht er sogar seinen Tod, indem er ihn während eines Sturms losschickt, um den Arzt für seinen kranken Sohn zu holen, und ihm seine Laterne verweigert, weil die sonst Schaden nehmen könnte. Der Gärtner verirrt sich ins Moor und ertrinkt.[267]

Die Wasserratte verhält sich nicht viel anders als der Müller, für den sie »Anteilnahme« empfindet, sich also mit ihm identifiziert. Die Geschichte soll ihr einen Spiegel vorhalten, doch das funktioniert nicht:

---

264 Ebd., S. 270–327, bes. S. 275 ff.
265 Ebd., S. 274.
266 Wilde: Die Märchen, S. 54 f.
267 Vgl. ebd., S. 65 ff.

> »Ich fürchte, Sie haben die Moral von der Geschichte nicht ganz verstanden«, bemerkte der Hänfling. »Die was?« kreischte die Wasserratte. »Die Moral.« »Wollen Sie damit sagen, daß die Geschichte eine Moral hat?« »Gewiß«, sagte der Hänfling. »Also wirklich«, sagte die Wasserratte sehr erbost, »das hätten Sie mir aber vorher sagen sollen, bevor Sie anfingen. Dann hätte ich bestimmt nicht zugehört; im Gegenteil, ich hätte ›Bah!‹ gesagt wie der Kritiker. Immerhin kann ich es jetzt sagen«, und er brüllte aus vollem Halse »Bah!«, schlug mit dem Schwanz und schlüpfte in sein Loch zurück. [...] »Ich fürchte, ich habe ihn verärgert«, antwortete der Hänfling [der Ente auf die Frage, wie ihm die Wasserratte gefiele]. »Ich habe ihm nämlich eine Geschichte mit Moral erzählt.« »Ah! Das ist immer sehr gefährlich«, sagte die Ente. Und da gebe ich ihr vollkommen Recht.[268]

Der Hänfling ist der Erzähler der Binnengeschichte, er ist zugleich ein *Alter ego* des Autors Oscar Wilde. Diese Vermutung wird mit dem Schlusssatz bestätigt. Daher ist die Wasserratte, die sich mit dem Kritiker identifiziert, der prototypische ›Leser‹ einer Literatur, wie sie der Kritiker vertritt, und diese Literatur hat ohne »Moral« zu sein. Wilde hat bekanntlich am eigenen Leib erfahren, was es heißt, sich kritisch zu äußern – er hat es dennoch immer wieder getan.

Die Ironie des Textes zeigt, dass sich Wilde deutlich von der skizzierten Position absetzt und für Geschichten mit »Moral« votiert – wie sie gerade der Hänfling erzählt hat. Deren Moral ist nicht aufdringlich, sondern aus der Handlung zu erschließen – eine Interpretationsleistung, der die Wasserratte in keiner Weise gewachsen ist. Auf diese Weise wird die Literatur ohne »Moral« als flach abgewertet und damit als das Gegenteil von dem entlarvt, was sie zu sein vorgibt. Wilde stellt sich in die Tradition der Aufklärung, doch ist bereits die Geschichte vom Müller ein deutliches Zeichen dafür, dass er literarästhetischen Grundsätzen ebenso verpflichtet ist.

Moden der Literaturkritik

Das Bild der Literaturkritik ist dabei kein schmeichelhaftes – sie ist flach und unterliegt Modeerscheinungen. Nun hat Wilde selbst Literaturkritiken geschrieben. Sie zeichnen sich durch die für ihn typische Ironie aus. Diese Ironie forciert und balanciert Kritik, Wilde entwickelt ein Verfahren, das weder den Gegenstand noch sich selbst als Kritiker ernster nimmt als nötig. Eine Kostprobe für dieses Verfahren liefert ein Artikel Wildes für die *Pall Mall Gazette* vom 8. Februar 1886. Wilde wurde darum gebeten, Lektüren zu empfehlen. Seiner

268 Ebd., S. 68 f.

Antwort hat er Bücher hinzugefügt, deren Lektüre er ausdrücklich nicht empfiehlt, und dies wie folgt gerechtfertigt:

> To tell people what to read is as a rule either useless or harmful, for the true appreciation of literature is a question of temperament not of teaching, to Parnassus there is no primer, and nothing that one can learn is ever worth learning. But to tell people what not to read is a very different matter, and I venture to recommend it as a mission to the University Extention Scheme. Indeed, it is one that is eminently needed in this age of ours, an age which reads so much that it has no time to admire, and writes so much that it has no time to think. Whoever will select out of the chaos of our modern curricula »The Worst Hundred Books,« and publish a list of them, will confer on the rising generation a real and lasting benefit.[269]

Wilde betont zunächst das Subjektive im Urteil nicht nur des Kritikers, sondern jedes Lesenden. Dann wird er ironisch und wünscht dem Publikum Hinweise darauf, was es nicht lesen sollte. Damit stimmt er ein in Klagen literarischer Überproduktion, wie sie bereits seit dem Ende des 18. Jahrhunderts üblich sind. Allerdings kann man sich als Leser dieser Zeilen des Eindrucks nicht erwehren, dass er das nicht so ganz ernst meint. Vermutlich will er sich von der naiven Anfrage der Zeitung distanzieren. Wenn er fordert, dass seine Zeitgenossen weniger lesen und mehr würdigen, weniger schreiben und mehr nachdenken sollten, dann ist der Wunsch nach einer Ausschlussliste eine ebenso große Bevormundung wie der nach einer Bestenliste. Dem Leser würde erneut das Nachdenken abgenommen. Man wird dadurch zurückverwiesen auf die Eingangsformulierung: »the true appreciation of literature is a question of temperament not of teaching«, das wahre Urteil gründet im Subjektiven und kann nicht anerzogen werden.

4.4 Reich-Ranicki-Parodien

Der so genannte Kritikerpapst des ausgehenden 20. Jahrhunderts, Mitglied der Gruppe 47, langjähriger Leiter des Kulturteils der *Frankfurter Allgemeinen Zeitung* und Hauptdarsteller des *Literarischen Quartetts* im ZDF hört auf den Namen Marcel Reich-Ranicki, wobei es wegen der Aussprache des Namens immer wieder Leute gibt, die ihn Reich-Ranitzki schreiben. Also Vorsicht: Rechtschreibfalle.

---

269 Wilde: The Artist as Critic, S. 27 f.

Kritik an Reich-Ranicki ist weit verbreitet. Jörg Magenau zitiert bei einem Symposium zur Literaturkritik eine Glosse Joachim Scholls von 1995 aus der Perspektive eines mit Bier und Chips ausgestatteten Zuschauers, der das *Literarische Quartett* als verbale Schlammschlacht goutiert:

> Denn jetzt kam ›es‹. Das spuckte, geiferte, zappelte und schrie bis knapp vor den Infarkt. Hochrot das Köpfchen, Stimme am Überschnappen, alle Pegel auf rot. Scheißbuch! ›Von der ersten bis zur letzten Zeile!‹ Nahe zu [sic] orgasmisch dann der Ausfall gegen die IG Medien, die ihr Mitglied Günter Grass zu verteidigen gewagt hatten, so ein perfider Angriff gegen die ›Krrrritik‹.[270]

Gemeint ist Reich-Ranickis Reaktion auf Günter Grass' 1995 erschienenen Roman *Ein weites Feld*. Die Überzeichnung wäre beleidigend, wenn sich das Ich nicht selbst ironisieren würde – was freilich auch ein Trick sein kann, um die Überzeichnung bis ins Beleidigende steigern zu können. Jedenfalls scheint diese Glosse keinen Skandal ausgelöst zu haben – anders als sieben Jahre später Martin Walsers vergleichbare Passagen enthaltender Roman *Tod eines Kritikers*. Dazu später mehr.

Von verschiedenen Schriftstellern ist der so genannte Kritikerpapst nicht nur angegriffen, sondern zur literarischen Figur gemacht worden, wie man sich schon denken kann in Gestalt einer Parodie. Durch die Fiktionalisierung wird die Person Reich-Ranicki zu einem Typus verfremdet, seine Präsenz daher zum Symptom für einen bestimmten Zustand der Literaturkritik.

Ein Elementargeist in Aktion

Eingegangen sind Züge des Starkritikers in einen 1989 erschienenen Märchenroman des als Kinder- und Jugendbuchautor geltenden, aber auch von Erwachsenen gern gelesenen Michael Ende mit dem gar nicht leicht zu merkenden Titel *Der satanarchäolügenialkolöllische Wunschpunsch*. Ein böser Zauberer hat Elementargeister gefangen und in Einmachgläser gesperrt:

> Übrigens gab es darunter auch ein besonders scheußliches kleines Monster, ein sogenanntes Büchernörgele, im Volksmund auch Klugscheißerchen oder Korinthenkackerli genannt. Diese kleinen Geister verbringen normalerweise ihr Dasein damit, dass sie an Büchern herumnörgeln. Es ist bisher noch nicht eindeutig erforscht, wozu es solche Wesen überhaupt gibt [. . .].[271]

270 Baumgart u. a.: Die Kunst des Lesens – Positionen der Literaturkritik, S. 185 f.
271 Ende: Der satanarchäolügenialkolöllische Wunschpunsch, S. 27.

Auf der neben dem Text stehenden Zeichnung von Regina Kehn sind unschwer die Gesichtszüge Reich-Ranickis zu erkennen. Das Büchernörgele taucht gegen Romanende noch einmal auf. Als die Macht des Zauberers kurzzeitig geschwächt wird und er die Elementargeister nicht mehr unter Kontrolle hat, gibt es einen Zwergenaufstand:

> Es begann damit, dass jenes besonders scheußliche kleine Wesen, das Büchernörgele, sich zu regen anfing, sich streckte und reckte, wie erwachend um sich blickte und als es begriff, wo es sich befand, dermaßen in seinem Einmachglas zu toben anfing, dass es samt diesem aus dem Regal kippte. Es fiel nicht so tief, dass es sich ernstlich verletzte, aber doch tief genug, dass sein gläsernes Gefängnis in Scherben ging. [...] Das Büchernörgele kümmerte sich nicht viel um die anderen, denn es war viel zu gelehrt, um an die Existenz solcher Wesen zu glauben. Es blähte die Nasenflügel und nahm Witterung auf. Es hatte ja schon seit schrecklich langer Zeit kein Buch mehr benörgeln können und war nun richtig ausgehungert danach. Sein untrüglicher Spürsinn sagte ihm, wo es geeigneten Stoff finden würde [...]. Das Büchernörgele hatte sich aus diesem lärmenden Tohuwabohu in die stille Bibliothek zurückgezogen, um in Ruhe seinem Bedürfnis zu frönen. Es zog den nächstbesten Folianten heraus und begann unverzüglich nach Herzenslust daran herumzunörgeln. Doch das Zauberbuch ließ es sich nicht gefallen und schnappte nach ihm.[272]

Wieder wird die Stelle durch eine Reich-Ranicki ähnliche Zeichnung ergänzt. Es handelt sich um eine Mini-Geschichte innerhalb des Romans, die Bewertung der Figur ist trotz der humoristischen Überzeichnung eindeutig und die Strafe folgt auf dem Fuße – das Zauberbuch schnappt nach ihm. Das lässt sich als selbstironischer Wunsch eines ›benörgelten‹ Schriftstellers deuten. Seine Inkompetenz in Sachen Bücher weist das Büchernörgele dadurch nach, dass es ihm vollkommen gleichgültig ist, um was für ein Buch es sich handelt. Es nörgelt, weil es nörgeln muss, das ist seine Wesenseigenschaft, auf die es hier gänzlich reduziert wird: Nörgeln ist Nahrung und Sinnstiftung zugleich. Der Hinweis, das Büchernörgele sei »gelehrt«, ist eine weitere ironische Volte, wobei dieses Gelehrtentum pikanterweise durch pure Ignoranz unter Beweis gestellt wird – die Figur glaubt nicht einmal das, was es um sich herum sehen kann, wobei die Elementargeister als Vertreter nicht nur des Märchens, sondern der Fiktion allgemein gesehen werden können.[273]

---

272 Ebd., S. 193 ff.

273 Für eine andere, kritische Bewertung der Parodie vgl. Ladenthin: Der Kritiker als Monster.

Abb. 5

Das Büchernörgele aus Michael Endes Kinderroman

Das Büchernörgele hat eine interessante Rezeption erfahren. Mitte der 90er Jahre hat die Bamberger Verlagsbuchhandlung Collibri unter diesem Namen und mit einem Aussehen, das den Zeichnungen ebenso gleicht wie der real existierenden Person, eine Plastikfigur auf den Markt gebracht. Die Figur ruht als lächelnde Büste auf drei Büchern, ist innen hohl und quietscht, wenn man sie drückt.

Reich-Ranicki-Parodien haben bei Walser Tradition

Bei Martin Walser hat die literarisch-kritische Auseinandersetzung mit Reich-Ranicki Tradition, das wurde bei der aufgeregten Diskussion über seinen Roman *Tod eines Kritikers* vergessen. Bereits in Walsers unkonventionellem Theaterstück *Wir werden schon noch handeln. Dialoge über das Theater* kommt der Starkritiker vor. (Das 1968 uraufgeführte Stück trug zunächst den Titel *Der schwarze Flügel.*) Mehrere Schauspieler unterhalten sich auf der Bühne darüber, dass sie eine Handlung spielen müssen, um das Publikum zu unterhalten. Zugleich wird diese Erwartungshaltung durch die ganze Anlage des Stücks ironisiert, auch durch Figurenreden:

> Wer Handlung braucht [. . .], der gehe ins Blow Up nach München, das sich selber bezeichnet als Action Center. Besonders empfohlen wird das, laut Textbuch, einem Herrn namens Bindestrich Ranicki, weil der offenbar ganz unglücklich wird, wenn auf der Bühne nicht für ihn gehandelt wird.[274]

274 Walser: Gesammelte Stücke, S. 274.

Die Ironisierung von Erwartungshaltungen ist umfassend und bezieht sogar linksradikale Positionen der 68er mit ein – und das im Jahre 1968![275] Man kann das Stück, wenn man sich einmal darauf eingelassen hat, als Komödie oder Lustspiel begreifen, das sich mit dem Schreib- und Rezeptionsprozess von Stücken ironisch auseinander setzt, also selbstreflexiv wird. In diese Strategie der ironischen Reflexion der Produktion und Rezeption von Literatur ist auch die Kritikerfigur eingebettet. Sie heißt – im Zitat ist das bereits angelegt – Bindestrich, in ihr wird aber nicht nur Reich-Ranicki, sondern ein exemplarischer Großkritiker parodiert. Dieser »Bindestrich« genannte Kritiker wird vom 3. Schauspieler gespielt, sitzt auf der Bühne erhöht und redet in Versen.[276] Der 2. Schauspieler liefert eine umfassende Charakteristik dieses Kritikertypus:

> Bedenk: er irrt nicht. Er ist das Richtige. Er weiß etwas sicher. Ich würde ihn unvergleichlich nennen, wenn es nicht das Einbahnstraßen-Schild gäbe. Das Einbahnstraßenschild irrt so selten wie er! Hat man je ein Einbahnstraßenschild an sich zweifeln gesehen? Es ist, genauer gesagt, ein flacher Pfeil aus Blech, dem man folgen soll, oder man wird bestraft. Sein Niveau ist der Indikativ. Er ist verheiratet mit seinem Niveau. Darunter tut er's nicht. Laß uns also nicht persönlich werden. Da stoßen wir ins Leere. Er ist eine Menge Sätze, die es immer schon gibt. Du siehst hinter seinen Sätzen immer einen Robespierre oder einen Papst turnen. Machst weiß Gott was für einen Sheriff aus ihm. Also Schluß jetzt. Er ist das Alphabet im Zustand der größten Unschuld seit Struwwelpeters Zeiten.[277]

Am Schluss des Stücks tritt der Autor auf, damit setzt Walser eine Tradition fort, die sich bereits bei Tieck (im *Gestiefelten Kater*) und bei Grabbe (in *Scherz, Satire, Ironie und tiefere Bedeutung*) finden lässt, zwei Stücke, die möglicherweise Pate gestanden haben. Kritiker und Autor reagieren aufeinander wie Hund und Katze:

---

275 Vgl. z. B. die Episode mit der Mao-Bibel: Ebd., S. 283 f., mit der Mao zitierenden 2. Schauspielerin S. 297, außerdem deren Tiraden gegen den Spätkapitalismus S. 292 f. und das Auftreten eines fast nackten Mädchens mit einem button »Enteignet Springer« S. 289. Typisch für die Ironie des Stücks ist ein kurzer Dialog über einen Zigarettenautomaten:
»1. SCHAUSPIELERIN: So ein Automat hat auch was Religiöses.
4. SCHAUSPIELER: Vielmehr was Sexuelles.
2. SCHAUSPIELERIN: Er ist ein Repressionsinstrument.
1. SCHAUSPIELER: Mich interessiert der Automat nur noch so. Er war einmal mein Automat (Ebd., S. 294).«

276 Vgl. ebd., S. 284.

277 Ebd., S. 291.

Der Autor trägt ein button: »Ich liebe mich«. Der Autor läßt sich führen, spuckt aber aus, wenn er am Kritiker vorbeikommt. Der Kritiker antwortet mit huldvoller Geste, notiert sich aber etwas in sein Notizbuch. Der Autor sieht es, schießt mit einer Wasserpistole nach dem Kritiker. Der Kritiker wird naß, lächelt und notiert sich wieder etwas.[278]

Aufschlussreich an dieser Regieanweisung ist, dass nicht nur der Kritiker, sondern auch der Autor aufs Korn genommen wird; das kleine Schild (button) illustriert seinen Narzissmus und seine Selbstüberschätzung. Da der Autor das Stück geschrieben hat, das gerade gespielt wird, handelt es sich auch um eine *Selbstparodie* – schließlich ist der reale Autor Martin Walser. Dieses nicht zu unterschätzende, weil die Kritik am Kritiker balancierende Moment wird uns bei *Tod eines Kritikers* wieder begegnen.

Peter Handke

Peter Handkes Äußerungen über Reich-Ranicki sind weniger verspielt als die von Martin Walser. Für den Handke von 1968 ist Reich-Ranicki »der unwichtigste, am wenigsten anregende, dabei am meisten selbstgerechte deutsche Literaturkritiker seit langem«.[279] Dieses Zitat führen Reich-Ranickis Biografen Hage und Schreiber an, die gleich darauf den Bezug zu einem Buch Handkes von 1980 herstellen: *Die Lehre der Sainte-Victoire*. Darin werde der Kritiker als »Wachhund« porträtiert. Hier die entsprechende Stelle in Auszügen:

Der Hund und der Hass

Im Blick auf den Hund sah ich, daß ich gehaßt wurde. – Doch zu sehen war auch die Qual des Tiers, in dem sich gleichsam etwas Verdammtes umtrieb. Es gab am ganzen Leib keinen Teil, der ruhig halten konnte. Nur einmal, wie von mir gelangweilt, hielt er ein, blinzelte heuchlerisch zur Seite, spielte sogar gönnerisch mit seinen Kumpanen (die er ebensogut hätte totbeißen können) – und sprang im nächsten Moment filmreif den Zaun an, so hoch, daß ich tatsächlich zurückwich. Danach stand er still drohend und las aufmerksam und lange in meinem Gesicht, doch einzig nach Zeichen der Angst und der Schwäche. Ich begriff: Er meinte gar nicht mich-im-besonderen, sondern sein Blutdurst war hier auf dem Territorium der Fremdenlegion, wo nur mehr das Kriegsrecht galt, auf jeden dressiert, der, unbewaffnet und ohne Uniform, *bloß war, der er war*. [...] Er, der Wachhund im Gelände; und ich im Gefilde (für das er naturgemäß keine Augen hatte, weil das Wirkliche für ihn einzig sein Sperrgebiet war); und der Stacheldraht zwischen uns, wie im alten Gedicht, wieder als ewiger, vermaledeiter, kalter, schwerer Regen, durch den hindurch ich, geis-

278 Ebd., S. 301.
279 Zitiert nach Hage/Schreiber: Marcel Reich-Ranicki, S. 97.

> tesgegenwärtig und tagträumend zugleich, den Feind betrachtete, wie er in seiner von dem Getto vielleicht noch verstärkten Mordlust jedes Rassenmerkmal verlor und nur noch im Volk der Henker das Prachtexemplar war.[280]

Handke soll, so schreiben die Biografen, den Bezug des Textes zum Kritiker selbst hergestellt haben.[281] Dann muss erstaunen, dass dieser Text keinen Skandal ausgelöst hat. Was Schirrmacher in seinem Offenen Brief zu *Tod eines Kritikers* Walser vorwirft (vgl. Kap. 5.4), erfüllt Handkes Text in gesteigertem Maße. Reich-Ranickis Überleben im Ghetto macht ihn, versteht man den Hund als verhülltes Kritikerporträt, paradoxerweise nicht zum Opfer, sondern zum Täter – weil das Ghetto seine »Mordlust« gestärkt und ihm »jedes Rassemerkmal« genommen habe, so dass er schlimmer als jeder Nazi geworden sei. Hier wird ein Mensch, dessen Familie von Nazis ermordet wurde und der lediglich (was man natürlich kritisieren kann) mit der Feder gegen andere zu Felde gezogen ist, mit den Mördern seiner Familie verglichen und als noch schlimmer eingestuft.

Das wäre die auf Reich-Ranicki bezogene Lektüre. Nun enthält der Text selbst keinen direkten Hinweis darauf, dass der Kritiker gemeint ist. Die indirekten Hinweise (Ghetto-Aufenthalt etc.) allein rechtfertigen die Gleichsetzung nicht, dazu sind sie (zweifellos bewusst) zu vage gehalten. Offenbar scheint Handke primär einen bestimmten Rezensenten-Typus charakterisieren zu wollen, vielleicht sogar den Gegensatz von Autor und Kritiker – hier »der Wachhund im Gelände«, dort der Autor »im Gefilde«. Der Zaun trennt die beiden, er bedeutet einerseits Sicherheit für den Autor, den der Kritiker-Hund (wurde hier Goethe wörtlich genommen?) lediglich wütend anbellen kann, und er demonstriert andererseits die begrenzte Position des Kritikers, dem die unbegrenzte des nach Gutdünken durch die Gefilde wandernden Autors gegenübersteht.

Von allen bisherigen Beispielen ist Handkes Text der radikalste und der schwächste, da seine literaturkritische Aussage nur bei vereindeutigender Lesart ›funktioniert‹, dann aber geschmacklos wird. Der Text ist merkwürdig nebulös, er ermöglicht eine Lesart und alle Lesarten. Anders als bei Walser lässt sich, zumindest aus Sicht des Autors dieser Zeilen (zweifellos eine wichtige Einschränkung), kein ästhetischer

280 Handke: Die Lehre der Sainte-Victoire, S. 45 f.
281 Vgl. Hage/Schreiber: Marcel Reich-Ranicki, S. 98.

Mehrwert erkennen. Die *Lehre der Sainte-Victoire* bietet keine Lehre, die sich für ein Buch über Literaturkritik produktiv verwenden ließe.

4.5 Rezensenten-Dämmerung

»Mittelmaß und Wahn« (1988)

So ist ein bereits erwähnter Essay Hans Magnus Enzensbergers in dem 1988 erschienenen Band *Mittelmaß und Wahn* betitelt. Enzensberger ist der Auffassung, dass es den Kritiker, der einer interessierten Öffentlichkeit etwas zu sagen hat, nicht mehr gibt, auch gar nicht mehr geben kann, weil unserer diversifizierten Zeit eine homogene interessierte Öffentlichkeit fehlt. Enzensberger unterteilt die verbliebenen Kritiker in *Pädagogen* und *Zirkulationsagenten*, also jene, die mit ihrem Urteil andere erziehen wollen, und solche, denen es lediglich um die Vermarktung der eigenen Rezension und damit die Aufwertung ihrer selbst wie des Blattes geht, was sich auf die Vermarktung des Buches auch auswirkt.[282] Den Zirkulationsagenten interessiert »[...] nicht der Text, sondern der Trend, den er aus seinen Eingeweiden liest. Sieger ist, wer den Trend als erster ansagt, Verlierer, wer als letzter wiederholt, was angesagt ist.«[283] Enzensberger klingt hier wie Hauff, nur dass er den Begriff der Mode durch den des Trends ersetzt.

Literatur als »minoritäre Angelegenheit«

Enzensbergers Schlussfolgerung lautet: »Die Literatur aber ist wieder zu dem geworden, was sie von Anfang an war: eine minoritäre Angelegenheit.«[284] Auch wenn Enzensberger dies scheinbar wertneutral feststellt, lässt sich vermuten, dass er damit einen Missstand benennen will. Immerhin handelt es sich um eine paradoxe Formulierung (wie kann die Literatur zu etwas werden, was sie schon immer war, also bereits ist?), der es einen Sinn zuzuschreiben gilt, wenn man sie nicht als unsinnig abtun will. Dann wäre Enzensbergers Ideal ein in der Vergangenheit zumindest kurzzeitig erreichter Zustand der allgemeinen Bedeutung von Literatur. Dem könnte man Joachim Scholls These entgegenhalten: »Alle Klage über die schlechte Gegenwart resultiert aus der Verklärung der besseren Vergangenheit.«[285]

282 Enzensberger: Mittelmaß und Wahn, S. 56 f.
283 Ebd., S. 58.
284 Ebd., S. 60.
285 Baumgart u. a.: Die Kunst des Lesens – Positionen der Literaturkritik, S. 186.

In der Tat haben die bisherigen Beispiele gezeigt, dass sich die Kritik gar nicht so viel geändert hat, wie man vermuten möchte. Als Beleg kann ein weiteres Beispiel dienen.

4.6 Der Autonomiewunsch

»Hat Literatur die Kritik nötig?«

Nahezu parallel mit Enzensberger entstand ein Band, der die preisgekrönte Antwort der Preisfrage der Deutschen Akademie für Sprache und Dichtung aus dem Jahr 1987 enthielt: »Hat Literatur die Kritik nötig?« Preisträger Heinz-Gerd Schmitz unterteilt die Kritiker in drei Gruppen:

- Zensoren,
- Kunstrichter und
- inventive Kritiker.

Zensoren sind für Schmitz jene Rezensenten, die glauben, »[...] im Dienste einer nicht-literarischen Instanz zu stehen, deren Ziele sie zu befördern hat. Hier ist der Autor Agent einer Philosophie, einer Religion, einer Weltanschauung. Die Literaturkritik beurteilt, ob er dieses Geschäft erfolgreich betreibt.«[286] Der Kunstrichter hingegen – eine Bezeichnung mit im historischen Kapitel der vorliegenden Arbeit erläuterter Tradition – geht davon aus, dass »schöne Literatur« generell »gewissen Regeln« folgt, »deren Einhaltung allererst die Entstehung eines Kunstwerks garantiert«.[287] Der inventive Kritiker begreift den Autor, in der Tradition der Genieästhetik des 18. Jahrhunderts, als schöpferischen Menschen, der sich seine eigenen Regeln setzt. Dem »Autonomiepostulat« setzt der inventive Kritiker allerdings eine »Legitimationsstrategie« gegenüber.[288]

Schmitz lässt keinen Zweifel daran, dass dieser Kritikertyp der einzige ist, den er gelten lässt: Die ersten beiden werden in vernichtender Analyse ihrer Position entschärft. Der inventive als der ideale Kritiker bemüht sich darum, etwas im Text aufzufinden, »[...] von dem man mit Recht sagen kann, es sei beispielhaft, weil in ihm ein bisher verborgenes Allgemeines steckt, das zu entdecken, gängige Betrachtungsweisen der Welt und der Dinge revidiert, erweitert oder verändert.«[289]

286 Schmitz: Zensor, Kunstrichter und inventive Kritik, S. 15.
287 Ebd., S. 16.
288 Ebd., S. 17.
289 Ebd., S. 42.

Die philosophische und literarhistorische Herleitung ist mehr als beeindruckend. Schmitz führt damit durch die Hintertür aber doch wieder eine Kunstrichter-Regel ein, die man mit dem Begriff der Originalität bezeichnen könnte. Was Schmitz als Leistung der Kritik herausstellt, lässt sich auch als Leistung der Rezeption jedes einzelnen Lesers bezeichnen, der den Text in seinen Sinnhorizont einordnet, bewertet und so Literatur erst »konstituiert und organisiert«.[290] Zu unterscheiden wären die Ebenen, auf denen dies geschieht, und die Bedeutung für die Kanonisierung der Texte.

4.7 Abriss der Kritik

Kritik auf dem »sogenannten freien Markt«

So betitelte Wolfgang Hilbig seine Frankfurter Poetik-Vorlesungen 1995. Hilbig zitiert zustimmend die Kritiker-Kritiken von Enzensberger und Jurek Becker (der sich hauptsächlich auf die DDR-Kritik und den Umgang der BRD-Kritik mit DDR-Autoren bezog),[291] er geht aber noch über sie hinaus. Folgende Bemerkung ist bewusst allgemein gehalten und nicht nur, aber eben auch auf die Literaturkritik bezogen: »[. . .] es geht auf diesem sogenannten freien Markt am Ende nur noch darum, die Behauptung der einen richtigen Meinung durch die möglichst virtuose Behauptung einer anderen richtigen Meinung auszutricksen.«[292] Die Ironie ist deutlich, tatsächlich ist für Hilbig die »neueste Literaturkritik« vor allem durch einen »Wortschwall« gekennzeichnet – als »Ergebnis einer totalen Verdrängung« sowohl der Bedeutungslosigkeit der Literatur als auch der Literaturkritik:[293]

> Das meiste ihres vollkommen belanglosen und realitätsfremden Gequassels kann man nur noch gespenstisch nennen. Ihr sogenannter Diskurs ist die Simulation par excellence: es ist längst klar, daß es nur noch darum geht, abweichende Varianten einer komplexen Profilneurose gegeneinander auszuspielen, wobei alle so tun, als merkten sie nichts.[294]

Dabei ist die Kritik nicht nur Opfer des allgemeinen Bedeutungsverlusts des Literaturbetriebs, sondern auch Täter. Die deutsche Nach-

290 Ebd., S. 60.
291 Vgl. Becker: Warnung vor dem Schriftsteller.
292 Hilbig: Abriß der Kritik, S. 8.
293 Ebd., S. 11.
294 Ebd., S. 12.

kriegsliteratur sei »unterschätzt« worden, das habe zur allgemeinen »Mißgunst« gegenüber der Literatur beigetragen.[295] Weiterer Posten in der Negativbilanz ist das literaturkritische Engagement des Fernsehens, es hat folgende Konsequenz: »Der Einfluß der Kritik verlagert sich immer mehr auf das Entertainment, mit dem sie in Szene gesetzt wird.«[296]

Das Engagement der Literatur

Hilbig meint einerseits, die Kritik habe nur »die Macht, die der Kritisierte, der Schriftsteller, ihr einräumt«; andererseits stellt er diese Behauptung in den Konjunktiv und fragt nach dem Zusammenhang zwischen dem Selbstmord einer Autorin und dem Umstand, dass sie »zu den in Deutschland ungeliebten Schriftstellern zählte«.[297] Was er einfordert, ist das Engagement der Literatur, die den diffamierten, als »Neurose des Zeitgeists« behandelten »Protest« wieder entdeckt:[298] »[...] die Literatur kann es sein, die der Gesellschaft ihre noch ungelösten Aufgaben stellt.«[299]

In Hilbigs Konzept einer kritischen Literatur wider den Zeitgeist hat die Literaturkritik keinen Platz mehr – jedenfalls nicht in dem Zustand, in dem sie sich zu der Zeit befindet. Nicht viel besser ergeht es den Literaturwissenschaftlern, deren »Verklausulierungen« zeigten, dass sie sich »im strukturalistischen Nirwana« aufhielten.[300] Doch auch hier gibt es Hoffnung, hält man sich an folgenden Satz: »[...] man wird es hoffentlich meinem Tonfall anmerken, daß mir der Untergang fernliegt, daß ich sein Gegenteil für möglich halte, sonst würde ich mich nicht so aufregen.«[301]

4.8 Kritik 2000

Nach wie vor aktuell: Höllerers Typologie des Kritikers

So ist ein Symposium überschrieben, das, mit prominenter Besetzung, im Jahre 2000 am Literarischen Colloquium Berlin stattfand und dessen Beiträge als Beleg für die These gelten können, dass die Literaturkritik eine Katze ist, die sich ständig selbst in den Schwanz beißt. Das »Editorial« des Tagungsbandes zitiert zustimmend Walter

295 Ebd., S. 87.
296 Ebd., S. 51.
297 Ebd., S. 41.
298 Ebd., S. 108.
299 Ebd., S. 110.
300 Ebd., S. 62.
301 Ebd., S. 96.

Höllerers vierzig Jahre alte satirische Typologie des Literaturkritikers, die sich erstaunlich wenig von den bisherigen Typologien unterscheidet. Unterteilt wird in

- den »›*Schade, daß-Typ*‹«, der ein »strahlendes, ideales, nicht geschriebenes Werk zum Vergleich für jedes von ihm kritisierte Werk hernimmt« und vor diesem Hintergrund stets mit dem größten Bedauern befindet, dass der Autor weit unter seinen Möglichkeiten geblieben ist.[302] Als Variante dieses Kritikertyps könnte man den sehen, der stets auf das erste Werk eines Autors verweist und meint, diese Höhe der Qualität sei leider von den weiteren Büchern, eben auch von dem, um das es gerade geht, nicht wieder erreicht worden. So ist es lange Zeit Günter Grass ergangen, der stets an der *Blechtrommel* gemessen wurde, oder Jurek Becker, für den *Jakob der Lügner* als nicht mehr zu erreichender Maßstab galt;
- den »›*Darüber-hinaus*‹-Typ«, der »ewigen Werten« verpflichtet ist, »ein mystisches und ein hymnisches Vokabular« pflegt;[303]
- den »›*Wie-wir-gezeigt-haben*‹-Typ«, der von einem »Schema« ausgeht, also von bestimmten Wertmaßstäben, die »die modische Zuspitzung einer Wissenschaft« bedeuten. Er lässt nur seine Wertmaßstäbe gelten;[304]
- den »›*Echte-Anliegen*‹-Typ, der die Diskrepanzen nicht ausrotten will und sich modern gibt, aber mit seiner Haltung des ›Und-dennoch!‹ alle Widersprüche zu einer ganz unmodernen Harmonie zusammenzwingt.«[305] Dieser Typus hat Züge der beiden vorhergegangenen, er sieht hinter dem Text eine mythische Dimension, doch versucht er sie durch eine klare Argumentation in Worte zu fassen.

Damit sind weniger Typen als Handlungsrollen gemeint – auch Kombinationen sind denkbar. Verbindend ist das Selbstbewusstsein des Kritikers, der sich *über* ein Buch äußert, dem er also überlegen ist. Besser gesagt: Er glaubt es zu sein.

Aus dem humorvollen »Editorial« lässt sich zweierlei schließen: Kritikern stünde etwas Selbstkritik gut zu Gesicht; Kritiker mit Humor sind denkbar. Letzteres gibt Anlass zur Hoffnung.

302 Miller/Stolz u. a.: Editorial, S. 7.
303 Ebd., S. 8.
304 Ebd.
305 Ebd., S. 9. Die originale, ausführliche Typologie lässt sich nachlesen bei Höllerer: Zur literarischen Kritik in Deutschland.

4.9 Zusammenfassung

Abb. 6 Karikatur eines Kritikers

Beförderung der Reflexion über Kritik

Auf die Kritik an ihren Werken haben Autoren mit satirischer Zeichnung von Kritikern reagiert, Literaturkritik ist also selbst Teil der Inhalte von Literatur geworden. Generell lässt sich sagen, dass viele der vorgestellten Kritikersatiren die Anmaßung und den Dogmatismus von Kritikern spiegeln und somit die Reflexion über Kritik befördern. Ausnahmen bestätigen die Regel, dazu kommt eine Grauzone von zwar aus Lesersicht witzigen, aber zweifellos für Betroffene nahe an der Beleidigungsgrenze angesiedelten Darstellungen.

Das Verhältnis von Autoren und Kritikern erscheint, das dürften die letzten beiden Kapitel gezeigt haben, eher als ein Gegeneinander, nicht als ein Miteinander, um das Interesse an der Literatur zu befördern. Dies kann man bedauern, zumindest sollte es Anlass sein, über Gemeinsamkeiten nachzudenken und sich dort entgegenzukommen, wo es die legitimen eigenen Interessen erlauben.

Arbeitsfragen

Was sind Meta-Kritiken?
Skizzieren Sie die Stationen der literarischen Auseinandersetzung mit Literaturkritik!
Welches sind bei Hauff die sechs Klassen der Kritik?
Von wem stammt und was bedeutet der Satz: »The true appreciation of literature is a question of temperament not of teaching«?
In welchen Texten und aufgrund welcher Eigenschaften wird Marcel Reich-Ranicki satirisch dargestellt?
Erläutern Sie den Begriff des »inventiven Kritikers«!
Skizzieren Sie Walter Höllerers satirische Typologie!

5 Streit im Feuilleton

> Im Grunde zeigt das Ganze, diese überhitzte Betriebsamkeit, vor allen Dingen eines: unter welchen Minderwertigkeitskomplexen die deutsche Literatur noch immer leidet, wie masochistisch auch der Betrieb ist und wie vorauseilend sich selbst beschuldigend – es gibt keine Kontinuität des Selbstvertrauens in der deutschen Literaturlandschaft, es gibt immer nur Forderungen und Urteile, Bezichtigungen und Selbstbezichtigungen, als ginge es um Staatsgeschäfte!
>
> *Felicitas Hoppe*[306]

5.1 Kleine Streitkunde

Politische Verfolgung von Autoren

Der Streit um literarische Texte ist so alt wie die Literatur. Hier ist zu unterscheiden zwischen dem Streit von Staatsorganen mit Schriftstellern und dem Streit zwischen Literaturinteressierten. Eine Dokumentation der – meist erfolgreichen – Versuche von Staatsorganen, missliebige Texte zu zensieren oder Autoren aus dem Wege zu räumen, würde viele Bibliotheken füllen. Zahlreiche Schriftsteller wurden verfolgt und mussten ins Exil gehen, beispielsweise Heinrich Heine im 19. und Bertolt Brecht im 20. Jahrhundert. In der DDR wurden missliebige Autoren überwacht und sogar inhaftiert, Erich Loest beispielsweise musste 1957–64 eine Haftstrafe im berüchtigten Bautzener Gefängnis absitzen.

Autoren vor Gericht

Auch in der Bundesrepublik Deutschland gab es Beispiele für Versuche, Texte zu indizieren, man denke beispielsweise an die Reportagen Günter Wallraffs, die viele Jahre lang Gerichte beschäftigten. Doch gilt für Autoren die grundgesetzlich verbriefte Meinungsfreiheit; Probleme ergeben sich, wenn diese mit anderen Gesetzen in Konflikt gerät, etwa wenn es um Verleumdung oder den Schutz Minderjähriger vor gewalttätigen und pornographischen Inhalten geht.

In historischer Perspektive[307] lassen sich zahlreiche Streitigkeiten im Feuilleton ausmachen, beispielsweise über Johann Wolfgang Goe-

---

306 Neuhaus: Interview mit Felicitas Hoppe (im Druck).

307 Vgl. als Hinführung zum Thema und eigene Schwerpunktsetzungen die Beiträge folgender Sammelbände: Worstbrock/Koopmann (Hg.): Formen und Formgeschichte des Streitens: Der Literaturstreit; Schmidt-Dengler/Sonnleitner/Zeyringer (Hg.): Konflikte – Skandale – Dichterfehden in der österreichischen Literatur.

thes *Die Leiden des jungen Werther*, Heinrich Heines *Ludwig Börne. Eine Denkschrift* oder Gerhart Hauptmanns Dramen *Vor Sonnenaufgang* und *Die Weber*, jeweils mit ganz unterschiedlichen Gründen und Absichten. Viele bekannte Texte der Literaturgeschichte sind auch heute noch umstritten, das hängt damit zusammen, dass Literatur nur dann qualitativ überzeugen kann, wenn sie mehrdeutig ist (also verschiedene Interpretationen zulässt) und wenn sie zum Zeitpunkt ihres Erscheinens nicht epigonal, also inhaltlich und formal innovativ ist (zu Kriterien der Bewertung vgl. Kap. 7).

Hier kann kein Abriss der zahlreichen Auseinandersetzungen gegeben, es können lediglich einige Beispiele angeführt werden. Statt nach literarhistorischen Zeiträumen vorzugehen, wurden drei bedeutende Streitigkeiten aus den Jahren 1990–2002 ausgewählt. Die Zeitumstände und einige Erinnerungen an Einzelheiten werden bei vielen Lesern noch (wenn auch in unterschiedlichem Maße) präsent sein, sie können sich dann leichter ein eigenes Urteil bilden.

5.2 Mord im Feuilleton?[308] Der Streit um Christa Wolfs Erzählung *Was bleibt* (1990)

»Juni/Juli 1979/November 1989« lautet die Datierung am Ende von Christa Wolfs im Frühjahr 1990 erschienener Erzählung *Was bleibt*. Der rund 100 Seiten umfassende Text berichtet von der Bespitzelung einer Ich-Erzählerin, einer Schriftstellerin, die mit Verwandten telefoniert, Besuch von einem jungen Mädchen bekommt, das ebenfalls schreibt und inhaftiert war, und die schließlich eine Lesung hält, in der Spitzel und Ordnungskräfte nicht verhindern können, dass kritische Fragen gestellt werden. Die Erzählerin befindet sich im Konflikt mit sich selbst, sie leidet ebenso unter der Bespitzelung wie unter der eigenen Sprachlosigkeit angesichts staatlicher Repressionen. Die autobiografische Dimension des Texts ist offenkundig, allerdings finden sich keine direkten Hinweise darauf. Lediglich die Lokalisierung des Handlungsortes Ost-Berlin und damit der Bezug zur DDR wird hergestellt.[309]

---

308 Vgl. die dem Titel eines Artikels von Jens Jessen entlehnte Zwischenüberschrift in: Anz (Hg.): Es geht nicht um Christa Wolf, S. 91 (zu Jessen vgl. S. 98).

309 Wolf: Was bleibt, vgl. z. B. S. 30.

Seine der Rezeption des Büchleins gewidmete Studie leitet Thomas Anz wie folgt ein:

> Kaum ein Literaturstreit der deutschen Nachkriegsgeschichte hat so viel öffentliche Aufmerksamkeit gefunden wie der, der Anfang Juni 1990 mit scharfen Angriffen auf Christa Wolf und ihre Erzählung *Was bleibt* begann. Im westdeutschen Feuilleton entfacht, beschäftigte er hierzulande bald auch Leitartikel auf den politischen Seiten der großen Zeitungen, und seine Resonanz reichte rasch über die Grenzen Deutschlands und Europas hinaus. In Paris berichtete am 3. August *Le Monde* über die »Polemik um Christa Wolf«, und einen Monat später griff der französische Kulturminister Jack Lang persönlich in die Debatte ein. In London hatte schon am 8. Juli der *Observer* seine Leser über den Streit informiert, und am 24. August erschien in der *New York Times* ein Artikel zum Thema.[310]

Anz ist der Auffassung, dass in diesem Fall die Zeitgeschichte von der literaturkritischen Beurteilung der Erzählung nicht zu trennen ist:

> Die politischen Ereignisse des Jahres 1990 waren so übermächtig, daß unter ihrem Eindruck sowohl in Christa Wolfs am 5. Juni erschienene Erzählung *Was bleibt* als auch in ihre literaturkritischen Verrisse Bedeutungen hineingelesen wurden, die von der Autorin und von ihren Kritikern wohl kaum beabsichtigt waren.[311]

Dabei standen sich, von wenigen Versuchen der Vermittlung abgesehen, zwei Seiten gegenüber:

> Die Angriffe auf die bis dahin auch von der westdeutschen Kritik überwiegend mit größtem Respekt behandelte Autorin sprachen ihr jetzt nicht nur die moralische Integrität, sondern ihrem Werk auch die literarische Qualität ab. In einer Situation, in der viele argwöhnten, daß die Bundesrepublik die DDR, in der sich die Bevölkerung am Ende eigenständig von der totalitären Herrschaft befreit hatte, nicht nur unterstützen, sondern dieses Land mit der Selbstherrlichkeit einer Siegermacht auch kulturell deklassieren, vereinnahmen und um jeden Rest einer eigenständigen Identität bringen werde, in einer derartigen Situation lag es auf der anderen Seite auch nahe, die Disqualifizierung der angesehensten DDR-Schriftstellerin als Versuch zu lesen, die westdeutsche Überlegenheit und die ostdeutsche Minderwertigkeit auch auf dem Gebiet der Literatur zur Schau zu stellen.[312]

---

310 Anz: Es geht nicht um Christa Wolf. Einleitung, S. 7.
311 Ebd., S. 8.
312 Ebd., S. 9.

Das Konzept der subjektiven Authentizität

Christa Wolf war zwei Jahrzehnte lang in Ost- wie Westdeutschland sehr angesehen. Den ostdeutschen Autoren bot sie durch ihr literarisches Konzept der ›subjektiven Authentizität‹ und den kritischen Umgang mit gesellschaftlichen Einschränkungen, denen das Individuum unterworfen wird, wichtige Identifikationsmöglichkeiten. In der geschlossenen DDR-Gesellschaft war es nicht möglich, in Wort oder Schrift direkt Kritik an der Politik der Sozialistischen Einheitspartei Deutschlands (SED) zu üben. Daraus ergab sich eine besondere Bedeutung der Literatur, denn sie hatte die – nicht ungefährliche und durch ein umfangreiches Überwachungssystem reglementierte – Möglichkeit, Kritik zwischen den Zeilen zu verstecken. Viele bekannte Texte der DDR-Literatur lassen sich auch auf einer gesellschaftskritischen Ebene lesen, selbst die Beschreibung der Natur bekam auf politische Verhältnisse übertragbaren zeichenhaften Charakter, etwa bei der Lyrikerin Sarah Kirsch.

Christa Wolf war in den 50er Jahren als junge Literaturkritikerin noch ganz auf der Seite des sozialistischen Realismus, der von Schriftstellern forderte, dass sie mit ihren Texten am Aufbau eines sozialistischen Staates mithelfen sollten. Doch um 1960 änderte sich ihre Einstellung, sie begann die politische Entwicklung ihres Landes zunehmend kritisch zu beurteilen und in ihren Texten darzustellen. Jedoch blieb sie eine überzeugte Sozialistin. Sie maß die Verhältnisse in der DDR an den Grundlagen eines Sozialismus, zu dessen Programm die Selbstverwirklichung des Individuums gehörte – und nicht dessen Versklavung im Namen der Masse.

Diese Ambivalenz führte dazu, dass Christa Wolf in der DDR zwar manchmal bei der Drucklegung ihrer Bücher behindert, aber auch durch Preise geehrt, dass sie von den Lesern im Osten (vor allem aus ihrer Generation) geliebt und von westdeutschen Kritikern als DDR-kritische Schriftstellerin gefeiert wurde.

Reich-Ranicki: Wolf ist »DDR-Staatsdichterin«

Die Kritik an Christa Wolf läutet ein bereits am 12. November 1987 in der *Frankfurter Allgemeinen Zeitung* veröffentlichter Artikel von Marcel Reich-Ranicki ein. Anlass ist die Verleihung des Kleist-Preises an Thomas Brasch, für den Christa Wolf die Laudatio hielt. Reich-Ranicki fährt sofort schweres Geschütz auf. Es handele sich um eine »Schriftstellerin, deren künstlerische und intellektuelle Möglichkeiten eher bescheiden sind«. Dann prägt Reich-Ranicki einen Ausdruck, der später im Literaturstreit seine plakative Wirkung entfalten sollte: »Immer wieder bewährte sie sich als DDR-Staatsdichterin, die man schon zweimal mit dem Nationalpreis ausgezeichnet hat.«[313] Der Kritiker wirft der Autorin vor, den Protest gegen die Ausbürgerung des Liedermachers Wolf Biermann im Jahre 1976 zwar unterzeichnet, dann aber »ihre Unterschrift rasch und in aller Form wieder zurückgezogen« zu haben.[314] Reich-Ranicki konnte vermutlich zu dem Zeitpunkt nicht wissen, dass es sich dabei um ein von der DDR-Staatssicherheit gestreutes Gerücht handelte, mit dem der Autorin geschadet werden sollte,[315] so dass er sich mit der Kolportierung des Gerüchts zum unfreiwilligen Handlanger der Stasi machte. Andererseits könnte man ihm vorwerfen, dass er eine ungeprüfte Behauptung als Tatsache hinstellt und dass er sich auch nach Bekanntwerden der Hintergründe nicht für seine Behauptung öffentlich entschuldigt hat.

In einer am 20. November 1987 in der *Zeit* publizierten Erwiderung verteidigt Volker Hage die Autorin: Sie sei »eine Mächtige unter den Machtlosen«, sie habe ihre Unterschrift unter die Biermann-Petition »bis heute [...] nicht zurückgezogen« und es gebe nur »wenige Autoren wie Christa Wolf, die vom Staat umarmt (bisweilen erdrückt) werden und gleichzeitig den Unangepaßten eine Leitfigur bieten«. Hage rubriziert Wolf unter »Schriftsteller von Rang«.[316]

Mit der Aufnahme von *Was bleibt* kündigte sich ein Muster an, das für die folgenden Auseinandersetzungen über Literatur bis heute konstitutiv werden sollte. Rezensenten erhalten oftmals Druckfahnen oder Vorabexemplare, der Verlag bittet dann darum, die Kritik nicht vor der Auslieferung des Buches zu veröffentlichen. Doch diesmal gingen der Auslieferung die Kritiken voraus:

> Noch bevor Christa Wolfs Erzählung *Was bleibt* im Buchhandel erhältlich war, erschienen in der Zeit vom 1. Juni 1990 und in der FAZ vom 2. Juni 1990, also fast zeitgleich, die Rezensionen Ulrich Greiners und Frank Schirrmachers. Beide nahmen die Erzählung zum Anlaß, die politische Haltung der im Osten wie im Westen hochangesehenen Schriftstellerin einer grundsätzlichen Kritik zu unterziehen.[317]

Greiner liest die Erzählung als autobiografischen Bericht und wirft der Autorin vor, sich zum Opfer stilisieren zu wollen:

313 Reich-Ranicki: Macht Verfolgung kreativ? Zitiert nach ebd., S. 35.

314 Vgl. ebd.

315 Vgl. den Abdruck des Stasi-Protokolls vom 19.9.1978 in: Vinke (Hg.): Akteneinsicht Christa Wolf, S. 286 ff.

316 Hage: Drüben bleiben? Zitiert nach Anz (Hg.): Es geht nicht um Christa Wolf, S. 42 f.

317 Anz (Hg.): Es geht nicht um Christa Wolf. Kapiteleinleitung, S. 45.

> Das ist ja ein Ding: Die Staatsdichterin der DDR soll vom Staatssicherheitsdienst der DDR überwacht worden sein? Christa Wolf, die Nationalpreisträgerin, die prominenteste Autorin ihres Landes, SED-Mitglied bis zum letzten Augenblick, ein Opfer der Stasi? Sie berichtet es uns in ihrer neuen Erzählung. [...] Nun gut. Was will die Dichterin uns damit sagen? Will sie sagen: Die Stasi war so blöde, daß sie sogar eine Staatsdichterin bespitzelt hat? Oder will sie sagen: Sehr her, ihr armen, von der Stasi um Ansehen und Zukunft gebrachten Mitbürger und ehemaligen Genossen, auch ich wurde überwacht, auch ich war ein Opfer, ich bin keine Staatsdichterin, ich bin eine von euch? Das Unglück will es, daß wir inzwischen sehr viel über die Stasi wissen, daß wir sozusagen täglich mehr über diesen monströsen Apparat erfahren, über seine Rolle als Staat im Staat und über die Opfer, manchmal waren es Leichen, über die er hinwegging. Daran gemessen ist die Nachricht, Christa Wolf sei »wochenlang« überwacht worden, einigermaßen komisch.[318]

Auch Greiner verwendet den Begriff

Ebenso wie zweieinhalb Jahre zuvor Reich-Ranicki verwendet Greiner den Ausdruck »Staatsdichterin«, auch in der Bewertung der literarischen Qualität stimmen die beiden überein. Wolfs Stil charakterisiert Greiner unter anderem mit ironischen Ausdrücken wie »dieser angenehme Christa-Wolf-Sound, diese flaue Unverbindlichkeits-Melodie in der apart formulierten Sprache«.[319] Es ist offensichtlich, dass auch Greiner der Autorin ihre politische Wirkungslosigkeit vorwirft. Wolf habe, so Greiner, »die real existierende Bedrohlichkeit [...] ebenso virtuos wie verlogen literarisch immerzu verwertet«.[320]

Den Vorwürfen stellt sich wieder Volker Hage entgegen, und zwar in der selben Ausgabe der *Zeit*, die bei kontrovers beurteilten Texten oder Themen gern zwei Meinungen nebeneinander stellt. Hage verweist darauf, dass man literarische Texte nicht auf ihre politische Wirkung reduzieren kann:

> Doch es wäre klein gedacht von diesem Werk der Christa Wolf, es hieße dessen Rang völlig zu unterschätzen, wollte man die Texte lediglich auf Einblicke ins Getriebe dieses Staates hin lesen. Zu lesen ist ihre Prosa vielmehr im Zusammenhang mit der internationalen Literatur unseres Jahrhunderts [...].[321]

318 Greiner: Mangel an Feingefühl. Zitiert nach ebd., S. 66.
319 Ebd., S. 67.
320 Ebd., S. 70.
321 Hage: Kunstvolle Prosa. Zitiert nach Anz (Hg.): Es geht nicht um Christa Wolf, S. 72.

Damit sind die beiden Positionen vorgegeben, die sich dann in rasender Schnelligkeit in zahlreichen Beiträgen der verschiedenen Medien multiplizieren. Nun stellt sich die Frage, welche dieser beiden Lesarten durch den literarischen Text gedeckt ist?

Der Text sagt etwas anderes

Tatsächlich gehen die meisten Rezensionen kaum auf den Text selbst ein, lediglich das Handlungsgerüst wird skizziert, um dem Leser einen groben Eindruck zu vermitteln, worum es geht. Literarästhetische Gesichtspunkte bleiben – abgesehen von der allgemeinen Frage, ob Wolfs Texte die Qualitätsstandards des jeweiligen Kritikers erfüllen – weitgehend ausgeklammert. Sieht man sich den Text genauer an, dann stellt man schnell fest, dass er bestimmte Merkmale literarischer Texte erfüllt. Konzeptionell handelt es sich um eine personale Ich-Erzählerin, eine subjektive Sicht also. Der Handlungszeitraum deckt lediglich einen Tag ab, dadurch bekommt dieser Tag exemplarischen Charakter für das Leben der Ich-Erzählerin. Sie ist als Identifikationsfigur angelegt, zugleich steht sie in einem sehr kritischen Zwiegespräch mit sich selbst. Sie versucht sich zu beruhigen und demonstriert so ihre Schwäche: »Nur keine Angst«, lautet der erste Satz.[322] Obwohl sie Schriftstellerin ist, ist sie offenbar nicht dazu in der Lage, das auszudrücken, was sie ausdrücken möchte. Am Anfang und am Ende wird die Suche nach einer neuen Sprache thematisiert. Die Unsicherheit: »Würde ich meine Sprache je finden?«, weicht nach den Erlebnissen des Tages der Hoffnung, »eines Tages« werde es so weit sein.[323]

Es gibt eine Kontrastfigur zu der Erzählerin, die deren angepasstes Leben in einem negativen Licht erscheinen lässt. Aufschlussreich ist bereits die Formulierung, mit der sie eingeführt wird: »Ob es nicht auf jeden dieser vielen [Menschen] da unten einzeln ankam, zum Beispiel auf dieses Mädchen [. . .]«, das die Erzählerin aus dem Fenster beobachten kann.[324] Das Mädchen besucht die Erzählerin und entpuppt sich als unschuldiges Opfer des DDR-Staates. Damit fordert Christa Wolf einmal mehr die Rechte des Individuums gegenüber der »Masse«[325] ein. Eine Kontrastfigur zur Erzählerin ist das Mädchen, weil es »nicht zu den Erpreßbaren gehörte«, weil es lieber ins Gefängnis ging, als auf das Artikulieren ihrer Überzeugungen zu verzichten.

322 Vgl. Wolf: Was bleibt, S. 5.
323 Vgl. ebd., S. 108.
324 Vgl. ebd., S. 72 f.
325 Ebd., S. 72.

»›Gefängnis‹ war das Wort, das unsere Verwandtschaft in Frage stellte.«[326] Das Mädchen hat seine Sprache gefunden, die Erzählerin spricht von dem Text, den es sie hat lesen lassen, mit Bewunderung, aber: »Jeder Satz sei wahr. Sie solle es niemandem zeigen. Diese paar Seiten könnten sie wieder ins Gefängnis bringen.«[327] Den höchsten Grad der Steigerung erfährt die Begegnung, wenn das Mädchen mitteilt, dass es keine Kinder haben könne, weil es aufgrund einer Fehldiagnose im Gefängnis »an der Gebärmutter operiert« worden sei.[328] Die Erzählerin hat Kinder haben können, denn sie ist stets Kompromisse eingegangen.

Schon auf der Basis dieser wenigen Überlegungen lässt sich feststellen, dass Christa Wolfs Erzählung bei autobiografischer Lesart keineswegs dazu dienen kann, die Autorin zum Opfer zu stilisieren. Vielmehr würde es sich in dem Fall um eine schonungslose Auseinandersetzung mit der eigenen Unzulänglichkeit handeln. Folgender Satz lädt zu dieser Schlussfolgerung geradezu ein: »Das Mädchen fragte nicht krämerisch: Was bleibt.«[329] So heißt immerhin der dem Leser vorliegende, von Christa Wolf geschriebene Text.

Nicht Selbstverteidigung, sondern Selbstentblößung

Der Text kann daher als eine Selbstentblößung gelesen werden, wie es sie bisher in der Literatur nur selten gegeben hat. Insofern ist selbst Hages folgender Verteidigungsversuch nicht zutreffend: »Wie unbeschwert naiv dagegen die Forderung, da müsse sich nun endlich jemand bekennen, von sich sprechen und Niederlagen offenlegen!«[330] Genau das hat, auf der autobiografischen Ebene, Christa Wolf getan. Balanciert wird die Selbstkritik durch die Hoffnung am Schluss der Erzählung, doch noch zu einer eigenen Sprache zu finden, und durch die – wenn auch hilflos anmutenden – Versuche, das Mädchen und die Zuhörer bei der Lesung, über die zuletzt berichtet wird, in ihrer Kritik am Regime einschließenden Reflexion über ihr Leben zu unterstützen.

Sieht man von der autobiografischen Lesart ab, dann kann die Erzählerin, eine kritische, aber angepasste DDR-Bürgerin, als Stellvertreterin der meisten Intellektuellen der DDR gelesen werden, die folglich dazu aufgerufen werden, sich mit ihrer eigenen Rolle in der DDR nach deren Ende selbstkritisch auseinander zu setzen. Weitere Ebenen

326 Ebd., S. 75.
327 Ebd., S. 76.
328 Vgl. ebd., S. 77.
329 Ebd., S. 78.
330 Hage: Kunstvolle Prosa. Zitiert nach Anz (Hg.): Es geht nicht um Christa Wolf, S. 73.

kämen hinzu, etwa eine sprachphilosophische: Welche Sprache ist dazu in der Lage, die berechtigten Bedürfnisse des Individuums gegenüber der Gruppe zu artikulieren und argumentativ abzusichern? Wie lässt sich Erfahrung überhaupt produktiv, in Worte gefasst, nutzen? Weitere Möglichkeiten, den Text zu lesen, sind denkbar, doch schon diese Beispiele zeigen, dass eine eindimensionale Lesart, eine Verkürzung auf den zeitgeschichtlichen Kontext, verfehlt wäre.

Einerseits sollte man vorsichtig sein, daraus Vorwürfe an die Kontrahenten im Literaturstreit abzuleiten. Viele liefern die Maßstäbe ihrer Bewertung mit. Anderseits müsste man von einer Rezension erwarten können, dass sie sich selbst und damit den Leser nicht bedingungslos auf eine Lesart verpflichtet.

5.3 Verlust oder Gewinn ›kritischer Substanz‹?[331] Der Streit um Günter Grass' Roman *Ein weites Feld* (1995)

Günter Grass war und ist als Schriftsteller bekannt, der sich kritisch zu zeitgeschichtlichen Fragen und Problemen äußert. In den 60er Jahren setzte er sich in Wort und Schrift für den späteren Bundeskanzler Willy Brandt ein, aus seiner SPD-Mitgliedschaft hat er nie ein Geheimnis gemacht, seinen Austritt aus der Partei in den 90er Jahren hat er quasi öffentlich vollzogen. Grass reiste oft in die DDR, kannte und schätzte kritisch eingestellte Intellektuelle, förderte verschiedene Nachwuchsautoren – darunter Hans Joachim Schädlich, dessen Roman *Tallhover* zu einer Vorlage für *Ein weites Feld* werden sollte. Grass ließ die Titelfigur, den ewigen Spitzel, als Hoftaller wieder auferstehen.[332]

Hoftaller ist ein ehemaliger Stasi-Spitzel, dabei zugleich Theo Wuttkes Freund und Feind. An der Figur ist Kritik geübt worden, sie verharmlose die DDR-Staatssicherheit. Dem hat Grass entgegengehalten: »Er wolle mit seinem Roman auch die ›Stasi entdämonisieren‹. Neben Ledermantel und Schlapphut gehörte zu dem teuflischen System auch die Fürsorge, meinte Grass.«[333]

---

331 So ein Begriff, den Oskar Negt in seiner Einleitung zu einer Sammlung von Rezensionen über Grass' Roman verwendet, vgl. Negt (Hg.): Der Fall Fonty, S. 7.

332 Zur Konzeption des Romans und zu seiner Rezeption im Kontext der Zeitumstände vgl. Neuhaus: Literatur und nationale Einheit, S. 437–470.

333 Meldung der Deutschen Presse-Agentur (dpa) vom 5.9.1995, zitiert nach dem Abdruck bei Negt (Hg.): Der Fall Fonty, S. 52.

Grass bemüht sich um historische Tiefe

Wuttke wird als Wiedergänger Theodor Fontanes porträtiert, mit dem er sich identifiziert. Die Lebensdaten sind vergleichbar, nur dass Wuttke alias Fonty seine Erfahrungen nicht im 19., sondern im 20. Jahrhundert machte. Mit der Figur Fonty kann Grass die Geschichte der Wiedervereinigung, um Distanz zu ihr zu schaffen, grotesk verfremden und ihr zugleich historische Tiefe geben – der Roman beginnt mit dem Mauerfall 1989 und schildert die ersten Jahre der 1990 vollzogenen staatlichen Einheit von BRD und DDR. Betont wird die Parallele zur Gründung des Kaiserreichs 1870/71 und zu den nachfolgenden Gründerjahren, doch greifen die historischen Anekdoten und Analogien bis weit ins 18. Jahrhundert zurück, bis in die Zeit des Aufstiegs Preußens zur Weltmacht.

Fontys Familie war wie Deutschland geteilt – doch findet sie nach dem Mauerfall nicht mehr zusammen. Im Gegenteil: Seine im Westen lebenden Söhne bleiben Fonty fremd und er entfremdet sich zunehmend von Frau und Tochter. Nachdem er sich eine Weile, an Hoftallers Seite und mit diesem um sein bisschen Freiraum kämpfend, durchgeschlagen hat, taucht eine Enkelin aus Frankreich auf, späte Frucht eines kurzen, aber leidenschaftlichen Verhältnisses mit einer Französin zur Zeit des Krieges. Fonty macht sich mit Madeleine nach Frankreich davon. Zum Schluss verkündet eine Postkarte, die er an die Erzähler »Wir vom Archiv« (gemeint sind die Mitarbeiter des Fontane-Archivs in Potsdam) geschickt hat:

> Wir lasen: »Mit ein wenig Glück erleben wir uns in kolossal menschenleerer Gegend. La petite [die Kleine] trägt mir auf, das Archiv zu grüßen, ein Wunsch, dem ich gerne nachkomme. Wir gehen oft in die Pilze. Bei stabilem Wetter ist Weitsicht möglich. Übrigens täuschte sich Briest; ich jedenfalls sehe dem Feld ein Ende ab ...«[334]

Mit »Briest« ist der Vater von Effi Briest aus dem gleichnamigen Roman Theodor Fontanes gemeint. Vater Briest führt mehrfach die sprichwörtlich gewordene Rede vom weiten Feld im Munde. Nicht zufällig ziert Fontys Postkarte eine Marianne, also die allegorische Darstellung der französischen Nation; nicht zufällig ist die Tinte, in der die Zeilen geschrieben sind, rot. Das ist eine durch diese Dopplung übertriebene und damit leicht ironische Anspielung auf die Französische Revolution, die auf diese Weise mit der deutschen ›Re-

334 Grass: Ein weites Feld, S. 781.

volution‹ verglichen wird. Die Schlüsse aus diesem Vergleich werden, auch wenn es verschiedene Möglichkeiten des Rückbezugs auf Anspielungen im Text gibt (etwa die Ermordung des Treuhand-Chefs), dem Leser überlassen.

Politische Implikationen des Romans und der Kritik daran

Grass bietet ein Panorama der Nachwendezeit, seine Haltung gegenüber dem Prozess der Wiedervereinigung ist kritisch. Das war vermutlich der Grund, weshalb das Feuilleton mit ihm hart ins Gericht ging – zumindest ist das der wichtigste, am deutlichsten herausgestellte Kritikpunkt, der auch dazu führte, dass sich Politiker zu dem Buch äußerten. Damit verkehrte sich eine tendenziell positive Berichterstattung über das Entstehen des Romans in ihr Gegenteil. Wichtigster Protagonist war wieder einmal Marcel Reich-Ranicki, der sich nach einer Lesung (Grass präsentierte ein Kapitel aus dem noch unveröffentlichten Roman) begeistert gezeigt hatte,[335] aber in einem vom *Spiegel* am 21. August 1995 publizierten offenen Brief mit dem Autor abrechnete. Schon das Titelbild der Ausgabe des Magazins erregte viel Aufsehen:

Abb. 7

Spiegel-Titel zum Grass-Roman

335 Vgl. die dpa-Meldung vom 26.4.1995, abgedruckt in Negt (Hg.): Der Fall Fonty, S. 32 f.

Der Kritiker verreißt das Buch nicht nur, er zerreißt es sogar. Der Grafiker Klaus Staeck nahm dies genau eine Woche später zum Anlass, ein Plakat zu veröffentlichen, mit dem er gegen den Stil des Kritikers polemisierte:[336]

Abb. 8 Reaktion auf den Spiegel-Titel: Poster von Klaus Staeck

Die Frakturschrift und der Untertitel spielen auf die imperialistische Vergangenheit Deutschlands an, also auf Kaiserreich und Nationalsozialismus, genauer: auf den Umgang der damaligen deutschen Obrigkeit mit Literatur. Assoziieren lässt sich vor allem die Bücherverbrennung von 1933. Nun kann man darüber streiten, ob Staecks Vergleich nicht grob beleidigend oder zumindest geschmacklos ist, da die Familie der Person, die er angreift, von den Nazis ermordet wurde. Man könnte freilich die Meinung vertreten, dass Staeck nicht Reich-Ranicki als Person, sondern als Kritiker meint. Doch dürfte jede Analogie mit dem grauenvollen NS-Regime in einem vergleichsweise harmlosen Streit deutlich zu weit gehen. Die beiden Abbildungen visualisieren die Pole und die Radikalität des Streits, der auch vor persönlichen Angriffen (und zwar auf beiden Seiten) nicht zurückschreckte.

336 Vgl. den Abdruck von *Spiegel*-Titel und Plakat in ebd., S. 39 u. 47.

Ein Nebenschauplatz des Streits war die Frage, ob sich die gegen Grass polemisierenden Kritiker nicht eigentlich zum Instrument des Verlags machen ließen, dem es in erster Linie um hohe Auflagen ging. Der Roman wurde erfolgreich ins Gespräch gebracht und plakativ beworben (an der vom Verlag gewählten Bezeichnung »Ein Jahrhundertroman« entzündete sich ebenfalls Kritik). Das Ergebnis war ein Verkaufserfolg, der alle Erwartungen übertraf: »›Der Verriß tut dem Buch gut‹, hieß es übereinstimmend in vielen Buchhandlungen.«[337]

Ein Spektrum von Meinungen

Die Rezensionen zu dem Roman decken das ganze Spektrum der Möglichkeiten ab, von sehr negativ über neutral bis sehr positiv, von literarästhetischer bis – was allerdings dominiert – politischer Urteilsbegründung. Oskar Negt hat aus einer Sammlung von Besprechungen ein dickes Buch gemacht. Hier sollen nur einige Schlaglichter auf die konträren Positionen geworfen werden.

Gustav Seibt liest den Roman als Zeitroman und ist enttäuscht. In der *Frankfurter Allgemeinen Zeitung* vom 19. August 1995 beklagt er sich:

> Im Kern spielt Grass' Buch in Jahren, von denen alle seine Leser eigene Eindrücke haben. Und doch findet sich zu Mauerfall, Währungsreform, Abwicklung und Wiedervereinigung nichts, was über die Meinungen und die Bilder der Medien und der Wortführer in dieser Zeit auch nur im Ansatz hinausreichte.[338]

»Eine Totgeburt, ein Monstrum«

Politisch wie ästhetisch hält Seibt den Roman für misslungen, er verweist besonders auf die angeblich missglückte Adaption des Fontaneschen Stils. Seibts vernichtendes, seine Kritik beschließendes Fazit lautet: »So wurde der Roman ›Ein weites Feld‹, dieses Zeugnis bester Absichten, heroischen Fleißes und der Abwesenheit jeglichen Kunstverstands, eine Totgeburt, ein Monstrum.«[339]

Reich-Ranicki leitet seinen offenen Brief im *Spiegel* vom 21. August 1995, den man besser als Traktat bezeichnen könnte, mit den Worten ein: »Mein lieber Günter Grass«.[340] Der Versicherung, dass

337 Zitat aus einer dpa-Meldung vom 29.8.1995, zitiert nach dem Abdruck in ebd., S. 49.
338 Seibt: Die Uhr schlägt, das Käuzchen ruft. Zitiert nach dem Abdruck in ebd., S. 75.
339 Ebd.
340 Reich-Ranicki: Und es muß gesagt werden ... Zitiert nach dem Abdruck in ebd., S. 79.

er den Schriftsteller »nach wie vor« bewundere,[341] lässt der Kritiker ein harsches Urteil folgen, er hält den Roman für einen »totalen Fehlschlag«.[342] Anders als Seibt ist Reich-Ranicki zwar der Auffassung, Grass habe den Fontane-Ton »gar nicht übel« getroffen[343] (wobei dahin gestellt sei, ob das überhaupt Grass' Absicht war). Seine Kritik bezieht sich vor allem auf die politische Dimension des Romans, genauer: dessen Bewertung des Vereinigungsprozesses: »Sie wissen sehr wohl, daß die DDR ein schrecklicher Staat war, daß hier nichts zu beschönigen ist. Doch Ihr Roman kennt keine Wut und keine Bitterkeit, keinen Zorn und keine Empörung. Ich gebe zu, ich kann das nicht begreifen, es verschlägt mir den Atem.«[344]

»Dieses Buch ist unlesbar«

Iris Radisch versteigt sich in der *Zeit* vom 25. August 1995 zu der Behauptung: »dieses Buch ist unlesbar«.[345] Ganz anders hat Ira Panic die Lektüre empfunden. Auch wenn sie in der *Hamburger Morgenpost* vom 21. August 1995 nicht mit Kritik hinter dem Berg hält, so konstatiert sie doch: »Es ist eine Lust zu lesen.«[346]

»Ein großes Buch«

Der politischen Seite kann, im Gegensatz zu anderen, Wolfgang Ignée in der *Stuttgarter Zeitung* vom 24. August 1995 viel abgewinnen: »Günter Grass hat den vielbesprochenen, langerwarteten Roman der deutschen Einheit geschrieben und überzeugend hingekriegt. [...] Ein großes Buch.«[347]

Der Reigen der gegensätzlichen Meinungen ließe sich fortsetzen. Offenbar haben die Kritiker unterschiedliche Bücher gelesen, der Roman hat bestimmte Erwartungen erfüllt oder nicht erfüllt. Insbesondere die Kommentierung des Vereinigungsprozesses und die Einführung des Fontane-Wiedergängers führen zu kontroversen Reaktionen. Was bleibt, ist die schlichte Feststellung: Da es sie gibt, sind alle Lesarten möglich. Doch setzen einige der stark (vor allem negativ) wertenden Rezensionen ihre eigene, negative Meinung absolut, und die Frage muss erlaubt sein, ob das noch zeitgemäß ist.

---

341 Ebd., S. 80.
342 Ebd.
343 Ebd., S. 84.
344 Ebd., S. 86.
345 Radisch: Die Bitterfelder Sackgasse. Zitiert nach dem Abdruck in ebd., S. 111.
346 Panic: Nicht alles aus Gold, was glänzend klingt. Zitiert nach dem Abdruck in ebd., S. 88.
347 Ignée: Fremde an einem Tisch. Zitiert nach dem Abdruck in ebd., S. 100.

5.4 Am Nullpunkt der Literaturkritik? Der Streit um Martin Walsers Roman *Tod eines Kritikers* (2002)

1999 und 2002 ereigneten sich zwei Literatur-Fehden, in deren Mittelpunkt ein Autor stand – Martin Walser. Um den zweiten Streit soll es vor allem gehen. Er ist aber nicht zu verstehen, wenn man nicht auch die Tradition der satirischen Behandlung Marcel Reich-Ranickis durch Martin Walser in den Blick nimmt.

»Ein schlechter Roman«

Die kritisch-literarische Fehde der beiden hat eine lange Geschichte, sie geht zurück in die 50er Jahre. Reich-Ranicki war bereits mit Walsers Roman *Ehen in Philippsburg* nicht sehr glimpflich umgegangen.[348] 1967 rechnete er am Beispiel des Stücks *Die Zimmerschlacht* summarisch mit dem Dramatiker Walser ab,[349] 1976 sorgte sein Verriss des Romans *Jenseits der Liebe* für großes Aufsehen. »Ein belangloser, ein schlechter, ein miserabler Roman«, heißt es darin, und weiter: »Es lohnt sich nicht, auch nur ein Kapitel, auch nur eine einzige Seite dieses Buches zu lesen.«[350] Es liegt nahe, diesen literaturkritischen Dauerbeschuss zumindest als einen der Auslöser dafür zu sehen, dass Walser einigen seiner Figuren Züge der Kritikerpersönlichkeit gab.

Auf die Reich-Ranicki-Parodie im Stück *Wir werden schon noch handeln* ist an anderer Stelle hingewiesen worden.[351] In diesem Kontext wichtiger ist ein 1993 erschienener Roman, der ein Zwischenstadium der Auseinandersetzung Walsers mit dem Großkritiker (Reich-Ranicki als Typus) markiert und den Streit von 2002 präfiguriert: *Ohne einander*. Hier heißt die Kritikerfigur Willi André König, aus diesem Namen wird später André Ehrl-König, eine bereits nahe liegende Transformation – König wird »in der Branche Erlkönig genannt«.

Walser wehrt sich mit den Mitteln der Parodie

Die Anspielung auf den grausamen Elfenkönig in Goethes numinoser (naturmagischer) Ballade wirkt freilich eher ironisch als ernst gemeint, das zeigt der offensichtliche Kontrast zwischen dem verbal attackierenden Kritiker und dem Kinder mordenden Fabelwesen.

Schirrmachers offener Brief initiierte den Streit

König ist in *Ohne einander* eine wichtige Nebenfigur, aber eben doch nur eine Nebenfigur. Das ändert sich im 2002 erschienenen Roman *Tod eines Kritikers*, dessen Titelfigur André Ehrl-König heißt. Der Roman produzierte einen Skandal, bevor er überhaupt erschienen

348 Vgl. Hage/Schreiber: Marcel Reich-Ranicki, S. 65.
349 Vgl. Reich-Ranicki: Lauter Verrisse, S. 108–112.
350 Zitiert nach Hage/Schreiber: Marcel Reich-Ranicki, S. 92.
351 Vgl. das Kapitel *Kritik der Kritik: Reich-Ranicki-Parodien*.

war. Walsers Hausverlag, der Suhrkamp-Verlag, hatte ihn – wie die anderen Walser-Romane vorher auch – der *Frankfurter Allgemeinen Zeitung* zum Vorabdruck angeboten. Frank Schirrmacher, als Mitherausgeber der Zeitung zuständig für die Kulturberichterstattung, reagierte in einem offenen Brief, in dem er Walser vorwarf, nicht nur Reich-Ranicki persönlich verunglimpft, sondern sogar einen antisemitischen Roman geschrieben zu haben.

Pikant an dem offenen Brief ist, dass Schirrmacher noch wenige Jahre zuvor Walser während der so genannten Walser-Bubis-Debatte öffentlich in Schutz genommen hatte. Daraus war eine Walser-freundliche, 1999 im Suhrkamp-Verlag herausgebrachte Dokumentation hervorgegangen, für die Schirrmacher als Herausgeber verantwortlich zeichnete. Die Walser-Bubis-Debatte war durch eine Rede Walsers am 11.10.1998 in der Frankfurter Paulskirche ausgelöst worden, man hatte dem Schriftsteller damals den Friedenspreis des deutschen Buchhandels verliehen. Ignaz Bubis, seinerzeit Vorsitzender des Zentralrats der Juden in Deutschland, hatte Walser wegen seiner Rede »geistige Brandstiftung« vorgeworfen.[352]

Frank Schirrmacher stellte sich bei dem Streit um die Friedenspreis-Rede noch vor Martin Walser. So attestierte er ihm, »sich nicht abgefunden« zu haben mit dem, was ihn umgibt.[353] Das Verstörende von Walsers Texten sah Schirrmacher als etwas Produktives und hielt Kritikern entgegen: »Martin Walser ist nicht der gute Herbergsvater der Literatur.«[354] Als Schirrmacher wenige Jahre später das Manuskript von *Tod eines Kritikers* las, wünschte er sich offenbar einen herbergsvaterhaften Walser. Am 24.5.2002 unterstellt er dem Autor in seinem offenen Brief über einen Roman, den außer ihm und den Lektoren des Verlags noch niemand kennt:

> Ihr Roman ist eine Exekution. Eine Abrechnung – lassen wir das Versteckspiel mit den fiktiven Namen gleich von Anfang an beiseite! – mit Marcel Reich-Ranicki. Es geht um die Ermordung des Starkritikers. [...] Am Ende die Aufklärung: Der Kritiker ist nicht tot, er hat nur tot gespielt, um sich mit seiner Geliebten zu vergnügen. Dazwischen eine Art Gesamtanalyse des Starkritikers, des literarischen Lebens unter Aufbietung halbverschlüsselter Figuren wie Joachim Kaiser und Siegfried Unseld. In Wahrheit aber: die Beschreibung eines Verhängnisses, das sich in André Ehrl-König alias Marcel Reich-Ranicki über die Literatur in Deutschland legt. [...]

352 Vgl. Schirrmacher (Hg.): Die Walser-Bubis-Debatte, S. 34.
353 Ebd., S. 23.
354 Ebd., S. 19.

Die »Herabsetzungslust«, die »Verneinungskraft«, das Repertoire antisemitischer Klischees ist leider unübersehbar, und wenn »André Ehrl-König zu seinen Vorfahren auch Juden zähle, darunter auch Opfer des Holocaust«, dann ist Ihr »darunter« besonders hervorhebenswert. [...] »Umgebracht zu werden paßt doch nicht zu André Ehrl-König.« Es ist dieser Satz, der mich vollends sprachlos macht. Er ist Ihnen so wichtig, daß er zweimal in dem Roman vorkommt, Auf [sic] dem Hintergrund der Tatsache, daß Marcel Reich-Ranicki der einzige Überlebende seiner Familie ist, halte ich den Satz, der das Getötetwerden oder Überleben zu einer Charaktereigenschaft macht, für ungeheuerlich.[355]

Die Prämissen von Schirrmachers Kritik

Schirrmachers Kritik beruht auf zwei Prämissen:

1. Ehrl-König ist keine literarische Figur, sondern ein schlecht verkleidetes, kritisch gezeichnetes Porträt Marcel Reich-Ranickis, mit dem dieser in der Öffentlichkeit herabgesetzt werden soll;
2. die Charakterisierung Ehrl-Königs ist antisemitisch, sowohl allgemein (in der Verwendung von antisemitischen Klischees) als auch auf Reich-Ranickis Biografie bezogen.

In der Debatte meldeten sich zahlreiche Kritiker und andere öffentlich wirkende Personen zu Wort, die entweder diese Prämissen akzeptierten und in Schirrmachers Schelte einstimmten oder die Prämissen anzweifelten und sich auf die Eigenständigkeit der literarischen Fiktion beriefen.[356] Die Vertreter der Fiktionshypothese bezweifelten die antisemitische Tendenz, indem sie darauf aufmerksam machten, dass die jüdische Vergangenheit Ehrl-Königs vom Roman selbst in Zweifel gezogen werde und auch die anderen, von Schirrmacher angeführten Zitate deutliche, zum Teil kritische Relativierungen erfahren würden.[357] Arno Widmann erklärte den Roman »zu einem der besten Bücher nicht nur von Martin Walser«, es handele sich um »eine fulminante Satire«.[358]

---

355 Frank Schirrmacher: Tod eines Kritikers. Der neue Roman von Martin Walser: Kein Vorabdruck in der F.A.Z. In: *Frankfurter Allgemeine Zeitung* vom 29.5.2002.

356 Viele Beiträge sind abrufbar oder bestellbar über das Innsbrucker Zeitungs-Archiv, *http://www.iza.uibk.ac.at*.

357 Eine differenzierte Auseinandersetzung mit dem Roman als literarischem Text bietet: Heribert Vogt: »Das trägt doch wirklich Züge des Rufmords«. Bei Martin Walser keine Spur von Antisemitismus: RNZ-Gespräch mit den Heidelberger Literaturwissenschaftlern Dieter Borchmeyer und Helmuth Kiesel. In: *Rhein-Neckar-Zeitung* vom 8./9.6.2002.

358 Arno Widmann: Vom Nachttisch geräumt. Vögel, die zuhören. Beitrag vom 5.6.02. Zitiert nach: *http://www.perlentaucher.de/artikel/418.html* (abgerufen am 9.7.02).

Die Gegenmeinung

Walser selbst erläuterte, sein Roman handele von etwas ganz anderem, als ihm unterstellt werde: »Von der Machtausübung im Kulturbetrieb zur Zeit des Fernsehens.«[359] Was vom Buche übrig bleibt, ist eine walsertypische (man denke an Romane wie *Brandung*!), alles umfassende Ironie – Erzähler und Leser, Intellektuelle und Medienschaffende, nicht zuletzt der Mythos.

Walsers Roman antizipiert die Kritik

Walsers *Tod eines Kritikers* versucht, wie das ganze Werk dieses Autors, gesellschaftliche Prozesse durch Kritik oder ironische Überzeichnung transparent zu machen, um gesellschaftliche Rituale und Machtpositionen zu problematisieren. Angesichts der Debatte über den Roman ist zu fragen, ob viele der Äußerungen nicht als Beispiele für Ritualisierung und Behauptung einer Machtposition gelesen werden können. Dann würden sie unfreiwillig das bestätigen, was Walsers Texte kritisch zeigen.[360]

Der Roman diagnostiziert also das Problem, das er hervorruft, das seine Rezeption unfreiwillig bestätigt: »Die Medien sind wahrheitsimmun.«[361] Seine Leistung hat der Roman auch in folgendem Ehrl-König-Satz vorweggenommen:

> Der Ankelage [sic], eine hohe Behörde an der Nase herumgeführt und diversen Schelaumeiern [sic] diverse Fragen gestellt zu haben, sehe er gelassen entgegen, denn: Es war ein längst fälliges Lehrstück über Wahrheit und Lüge im Kulturbetrieb.[362]

Interessanterweise lassen sich hier Analogien zwischen Kritiker und Autor (also Walser) feststellen, interessanterweise folgt dieser, von der vermutbaren Autorposition nicht sehr verschiedenen, Aussage die ironische Bemerkung von Frau Ehrl-König: »Umgebracht zu werden paßt doch nicht zu André Ehrl-König, ich bitte Sie. Und trank uns zu.«[363]

Der Kontext und die ironische Geste des Zuprostens lassen die Aufregung Frank Schirrmachers gerade über diese Stelle im doppelten Sinne komisch erscheinen.

---

359 »Ich bin doch nicht wahnsinnig«: Martin Walser zum Vorwurf antisemitischer Tendenzen. In: *Die Welt* vom 30.5.2002.

360 Zu den von literarischen Qualitätskriterien weitgehend unabhängigen Mechanismen der Bewertung von Walsers Roman vgl. die aufschlussreiche Aufsatzsammlung von Borchmeyer/Kiesel (Hg.): Der Ernstfall.

361 Walser: Tod eines Kritikers, S. 101.

362 Ebd., S. 182.

363 Ebd., S. 183.

Stellen wie die zitierte zeigen, dass es unlogisch wäre zu glauben, dass
1. Ehrl-König vor allem ein *Alter Ego* Reich-Ranickis ist, dem damit
2. Unrecht getan wird.
Deshalb funktioniert im Falle Walsers die von Kritikern häufig gebrauchte Bezeichnung ›Schlüsselroman‹ nicht, wenn sie auf konkrete Personen bezogen wird. Es sei denn, man liest diesen fiktionalen Text wie eine Zeitung und nicht als Schelmenroman, der er eigentlich ist. Ehrl-König steht in der Tradition der klugen Narren und Aufschneider, deshalb beginnt die Erzählung des letzten Teils mit dem Datum des Todestags »von Shakespeare und von Cervantes«.[364] Nicht des Geburtstags, denn die alten Narren sind tot – es leben die neuen.

5.5 Auszüge aus Artikeln und Rezensionen

Zu Christa Wolfs *Was bleibt*

Rezension
Seine Familie kann man sich nicht aussuchen, man bleibt selbst dann ihr Mitglied, wenn man mit ihr bricht, und die Loyalitäten, die sie fordert, sind rational nicht begründbar. Die Paradoxie liegt darin, daß Christa Wolf, wie so viele andere Intellektuelle ihrer Generation, eben dies tat: sie wählte die authentische, bürgerliche Familie ihrer Herkunft gleichsam ab und ersetzte sie durch den Staat und seine bedingungslosen Treueforderungen.
Frank Schirrmacher: »Dem Druck des härteren, strengeren Lebens standhalten«. Auch eine Studie über den autoritären Charakter: Christa Wolfs Aufsätze, Reden und ihre jüngste Erzählung »Was bleibt«. In: Frankfurter Allgemeine Zeitung vom 2. Juni 1990 (und in Anz (Hg.): Es geht nicht um Christa Wolf, S. 77–89, hier S. 81).

Offener Brief
Christa Wolfs Romane, Erzählungen, Essays gehören zu den bedeutendsten und schönsten Werken der gegenwärtigen Weltliteratur. Über den ästhetischen Wert mögen Literaturkritiker, wie üblich, verschiedener Meinung sein, über ihre Äußerungen zu historischen, sozialen und politischen Problemen kann man diskutieren, aber die moralische Integrität von Christa und Gerhard Wolf ist unabstreitbar.
Lew Kopelew: Für Christa Wolf. Ein Brief an die ›Zeit‹, die ›FAZ‹ und die ›Welt‹. In: Tageszeitung vom 14. Juni 1990 (und in Anz (Hg.): Es geht nicht um Christa Wolf, S. 117–121, hier S. 121).

364 Ebd., S. 187.

Kommentar

Man schießt sich auf Christa Wolf ein; ich halte dagegen. [...] Christa Wolf ist nicht vor ihrer Aufgabe als Schriftstellerin in die Knie gegangen. Sie ist dieser Aufgabe im Gegenteil auf grandiose Weise gerecht [ge]worden: indem sie nämlich sehr genau überliefert hat, was solch eine Wartezeit aus den Menschen macht, die sie durchleben und: Was die Menschen aus ihr machen. Sie hat dies auch weitgehend publizieren können (was die berüchtigte Gratwanderung einschließt). [...] Frau Wolf hat nicht das System geschützt, sondern seine Bedrückungen bis zur Grenze des Erträglichen geschildert.

Martin Ahrends: Ach, ihr süßen Wessis. In: Sonntag vom 1. Juli 1990 (und in Anz (Hg.): Es geht nicht um Christa Wolf, S. 135–138, hier S. 137).

Essay

Bis grad eben noch war diese Autorin eine heilige Kuh. Warum berennen diese Ritter des Geistes die umschmeichelte Autorin erst jetzt, wo es ebenfalls nichts mehr kostet? Wie zögerlich, furchtsam und zerrissen Christa Wolf auch immer war, sie machte nie auf Held, und sie durfte deshalb zerrissen, furchtsam und zögerlich sein. Außerdem soll man den Apfelbaum nach seinen Früchten beurteilen und nicht danach, ob er gute Knüller hergibt oder Brennholz für Scheiterhaufen.

Wolf Biermann: Nur wer sich ändert, bleibt sich treu. Der Streit um Christa Wolf, das Ende der DDR, das Elend der Intellektuellen: Das alles ist auch komisch. In: Die Zeit vom 24. August 1990 (und in Anz (Hg.): Es geht nicht um Christa Wolf, S. 139–156, hier S. 140).

Zu Günter Grass' *Ein weites Feld*

Agenturmeldung

Für die erste Lesung aus seinem bisher unveröffentlichten neuen Roman hat der Schriftsteller Günter Grass am Dienstag abend in Frankfurt/Main minutenlangen Beifall des Publikums und des Literaturkritikers Marcel Reich-Ranicki geerntet. Grass las zwei der 47 Kapitel aus dem Buch, das unter dem Titel »Ein weites Feld« im Herbst erscheinen soll. »Es ist, wenn man so will, mein erster Berlin-Roman«, charakterisierte der gebürtige Danziger Grass das Werk vor Beginn der Lesung im großen Saal des Jüdischen Gemeindezentrums, der mit 750 Zuhörern ausverkauft war. Der Roman, laut Reich-Ranicki »noch ein wenig umfangreicher als die ›Blechtrommel‹[«], schlägt einen Bogen über mehr als 100 Jahre deutscher Geschichte.

Viel Beifall für Günter Grass' neuen Roman. dpa-Meldung vom 25.4.1995 (abgedruckt in Negt (Hg.): Der Fall Fonty, S. 31 f.).

Agenturkritik

Grass hat seine eigene »gebotene Art« gefunden, einen Zeitroman zu schreiben, wie Fontane über seinen »Stechlin«-Roman notierte, sein Alterswerk.

Es ist dabei ein ebenso faszinierender wie verwirrender Roman entstanden, wobei Grass versucht, des »Meisters Stil, das Dialogische und die anekdotische Kleinmalerei« in eine moderne Form zu übertragen. Das Buch ist auch eine Hommage an den »Sänger Brandenburg-Preußens« und den »stilbildenden Prosaisten und Schöpfer unsterblicher Romanfiguren«. Faszinierend ist der neue Grass-Roman daher für Fontane-Liebhaber, der sich in dessen Werken gut auskennt und der den kunstvollen Verknüpfungen, Verschachtelungen und Zeitsprüngen mit Genuß folgen kann.

Wilfried Mommert: Deutsche Verstrickungen: »Ein weites Feld« von Günter Grass. dpa-Meldung vom 21.8.1995 (abgedruckt in Negt (Hg.): Der Fall Fonty, S. 37 f.).

Offener Brief

Sie hätten Leitartikelschreiber werden müssen, aber vom Dichter, der Sie ein halbes Leben lang sein wollten, haben Sie nun gar nichts mehr. Sie haben die deutsche Nation düpiert, weil wir alle noch ein großes Buch von Ihnen erwartet hatten. Doch schlecht ist schlecht, und es muß gesagt werden. Hinterher können dann andere mit den Erklärungen und Milderungen kommen.

Werner Fuld (aus der angenommenen Perspektive von Theodor Fontane): »Ich bin nicht Ihr Mann!« Ein unbekannter Brief von Theodor Fontane an Günter Grass zu dessen neuem Roman. In: Die Woche vom 25.8.1995 (abgedruckt in Negt (Hg.): Der Fall Fonty, S. 108–111, hier S. 111).

Leitartikel

Ein Buch, das gelegentlich schwer zu lesen ist, weil es zum Denken zwingt und schon deshalb polarisierend wirkt. Ein Buch aber auch voller Komik, vor allem aber eines, das Salz in die noch längst nicht abgeheilten Wunden der Wiedervereinigung streut. Möglicherweise zu hermetisch, um der »Blechtrommel«-Nachfolger zu sein. Aber darum geht es in der Anti-Grass-Kampagne auch nicht. Hier verkommt Literaturkritik zur politischen Denunziation, hier wird ein Dichter an seiner nationalen Zugehörigkeit gemessen.

Manfred Bissinger: Hinrichtung eines Dichters. In: Die Woche vom 25.8.1995 (abgedruckt in Negt (Hg.): Der Fall Fonty, S. 223 f., hier S. 224).

Zu Martin Walsers *Tod eines Kritikers*

Offener Brief

Ehe Sie, lieber Herr Walser, mit den Begriffen Fiktion, Rollenprosa, Perspektivwechsel antworten – ich bin durchaus im Bilde. Ich bin imstande, das literarische Reden vom nichtliterarischen zu unterscheiden. Man hat mich unterrichtet, wie oft und wo überall in der modernen Literatur Kritiker gemordet werden. Doch die Burgtore des Normativen, der literarischen Tradition und Technik stehen Ihnen als Zuflucht nicht offen. Denn das alles wären ja nur Kategorien für ein »schlechtes« oder ein »gutes«

Buch. Ich aber halte Ihr Buch für ein Dokument des Hasses. Und ich weiß nicht, was ich befremdlicher finden soll: die Zwanghaftigkeit, mit der Sie Ihr Thema durchführen, oder den Versuch, den sogenannten Tabubruch als Travestie und Komödie zu tarnen. Nicht wahr, Sie haben das »Schlagt ihn tot, den Hund, er ist ein Rezensent« nur wörtlich genommen?
Frank Schirrmacher: Tod eines Kritikers. Der neue Roman von Martin Walser: Kein Vorabdruck in der FAZ. In: Frankfurter Allgemeine Zeitung vom 24. Mai 2002.

Interview
DIE WELT: *Was ist denn das Thema Ihres Buches?* **Walser:** Wie es den Autoren geht, wenn über sie Macht ausgeübt wird.
[...]
DIE WELT: *Es gehört zwangsläufig zur Literatur, dass der Autor nicht selbst handelt und selbst spricht, sondern dass er seine Figuren handeln und sprechen lässt.*
Walser: Sicher. Aber der Autor identifiziert sich weiß Gott nicht mit jeder seiner Figuren. Was in einem Roman geschieht und gesagt wird, kann nur danach beurteilt werden, wie es eingebettet ist in die Romanatmosphäre und Prosa. Man kann aus einem Roman nichts verabsolutieren. Dies aber tut Schirrmacher in seinem Artikel unentwegt. Es ist doch verrückt, mir zu unterstellen, ich würde Reich-Ranicki oder den Kritiker in meinem Roman angreifen, weil sie Juden sind. Mir geht es darum, wie so eine Figur wie Reich-Ranicki seine Macht im Literaturbetrieb ge- und missbraucht.
Uwe Wittstock: »Ich bin doch nicht wahnsinnig«. Martin Walser zum Vorwurf antisemitischer Tendenzen. In: Die Welt vom 30. Mai 2002.

Rezension
Walsers »Tod eines Kritikers« ist zunächst ein schlichter Schlüsselroman. Die Titelfigur, der Kritiker, der angeblich – und dann doch nicht – ermordet worden ist, lässt sich für jeden Menschen, der einen Fernseher hat, leicht als eine Karikatur Marcel Reich-Ranickis identifizieren. [...] »Tod eines Kritikers« ist, zweitens, zu Teilen eine Satire, zu Teilen eine Phantasie mit grotesken Zügen.
Elke Schmitter: Der verfolgte Verfolger. In: Der Spiegel 23 (2002).

Kolumne
»Tod eines Kritikers« ist eines der besten Bücher nicht nur von Martin Walser. Es ist nicht damit zu rechnen, dass diesen Sommer noch ein Witzigeres, Böseres und Schöneres erscheint. Jedenfalls nicht von einem deutschen Autor. Vergessen Sie Reich-Ranicki. Er kommt nicht vor. Der Mann heißt André Ehrl-König, kommt aus Frankreich und spricht kein jiddisch, sondern von »Literatür«. Er hat eine Fernsehsendung, er liebt paradoxe Steigerungen und beherrscht den Literaturbetrieb durch die Kunst des Verrisses. Also doch Reich-Ranicki? Er war nicht im Ghetto, er ist kein Jude – nach seinem

[angeblichen] Tode wird überlegt, ob er vielleicht einer gewesen sein könnte –, trägt einen gelben Pullover und fährt einen dicken Wagen. Also nicht Reich-Ranicki. Vor allem aber nicht Reich-Ranicki, weil Walsers André Ehrl-König viel besser ist als die doch eher komische Figur, die Reich-Ranicki heute macht.

Arno Widmann: Vögel, die zuhören. In: perlentaucher.de vom 5. Juni 2002 (http://www.perlentaucher.de/artikel/418.html, abgerufen am 25. März 2003).

5.6 Zusammenfassung

Es fehlt an Reflexion über gegensätzliche Meinungen

Die Beispiele sollten gezeigt haben, dass es in der literaturkritischen Behandlung literarischer Texte zu unüberbrückbaren Gegensätzen kommen kann. Die Gründe hierfür sind vielfältig, lassen sich jedoch alle zurückführen auf persönliche Überzeugungen, also subjektive Sichtweisen. Dass Literatur stets eine subjektive Angelegenheit ist, wird fast gar nicht reflektiert – ein solches Zugeständnis hätte den jeweiligen Streit beendet oder zumindest abgeschwächt.

Ein Streit ist zum Teil Inszenierung

Will man die Beteiligten nicht als Masochisten abqualifizieren, dann scheint in den Streitigkeiten nicht nur negative, sondern auch positive Energie zu walten, einfacher gesagt: Viele der Streitenden genießen bis zu einem gewissen Grad den Streit. Dazu passt die Vermutung, dass solch ein Streit zumindest teilweise inszeniert ist. Der offene Brief Schirrmachers an Walser beispielsweise war ebenso eine kalkulierte Provokation wie Walsers Roman. Planen lässt sich, auch das sollten die Beispiele gezeigt haben, der weitere Verlauf eines Streits allerdings nicht.

Die abschließende Bewertung hängt davon ab, ob man in den Beispielen einen Ausdruck von Streitkultur sehen möchte, die der deutschsprachige Raum anderen Ländern und Literaturen voraus hat, oder ob man eher geneigt ist, die Schärfe der Auseinandersetzungen als Verlust von Kultur zu beklagen. Die vermittelnde Position wäre: Es ist wohl ein bisschen von beidem.

Arbeitsfragen

Worüber handelte und wie verlief der deutsch-deutsche Literaturstreit?
Wer hielt welches Buch für »unlesbar«? Erläutern Sie die Hintergründe!
Welche beiden Positionen standen sich bei der Walser-Bubis-Debatte gegenüber?
Warum erregte der Roman *Tod eines Kritikers* so viel Aufmerksamkeit?
Wie lassen sich die Literaturstreits seit 1990 bewerten?

6 Gattungen der Kritik

> [...] es ist bekannt, daß Rezensionen oft nichts anderes sind als die mehr oder weniger sorgsamen nachträglichen Rationalisierungen eben dieser Geschmäcker, des ersten Eindrucks bei der Weinprobe – Meinungen, nichts als Meinungen. *Jürgen Lodemann*[365]

6.1 Gemeinsamkeiten und Unterschiede

Medienspezifische Literaturkritik

Literaturkritik findet sich in allen Medien, doch sind die Gattungen je nach Medium verschieden. In Zeitungen und Zeitschriften wie im Internet sind Kritiken schriftsprachlich verfasst, im Hörfunk können Texte über Autoren und Bücher verlesen oder Interviews geführt werden. Das Fernsehen zwingt zur mündlichen und zur nonverbalen Kommunikation, dazu kommen verschiedene Techniken mit Bedeutung für die Aussage – die Gestik und Mimik der Sprecher, der Schnitt eines Beitrags, die Bebilderung, die Musik und vieles mehr können Einfluss darauf nehmen, welche Charakterisierung und Bewertung eines Buches oder eines Autors vorgenommen wird. Das Medium Internet bietet dem Leser oft zusätzlich die Möglichkeit, direkt und spontan mit anderen Lesern oder mit dem Kritiker selbst in einen Dialog zu treten.[366]

In Zeitungen und überregionalen Wochenzeitschriften ist der Ort, an dem man Rezensionen und andere Beiträge über Literatur findet, traditionell der *Feuilleton* genannte oder mit »Kultur« überschriebene Teil, der nur bei auflagenstarken Blättern mehrseitig ist. Bei Regionalzeitungen handelt es sich in der Regel um eine oder sogar nur um eine halbe Seite mit entsprechender Überschrift.

Geschichte des Feuilletons

Der Begriff ›Feuilleton‹ kommt aus dem Französischen und heißt soviel wie Blättchen oder Beiblatt. Abbé de Geoffroy verwendete 1800 diese Bezeichnung für ein in sein *Journal des Débats* eingelegtes Beiblatt, das Betrachtungen zu Literatur und Kunst enthielt und sehr erfolgreich war, so dass es wenig später in die eigentliche Zeitung

365 Lodemann: Im Kopf nichts als Bücher?, S. 54.
366 Vgl.: Fasthuber: Literaturkritik im Internet.

integriert, aber durch einen schwarzen Strich vom Hauptteil abgesetzt wurde. Im deutschsprachigen Raum findet sich die Bezeichnung erstmals 1831 im *Nürnberger Correspondenten.*

Speziell für Rezensionen oder Buchvorstellungen gibt es dann noch die so genannten *Literaturbeilagen.* Große Zeitungen und Zeitschriften (etwa die *Frankfurter Allgemeine Zeitung*, die *Süddeutsche Zeitung* oder *Die Zeit*) veröffentlichen sie zu besonderen Anlässen, vor allem zur Eröffnung einer der beiden Buchmessen (im März in Leipzig oder im Oktober in Frankfurt/Main, letztere ist die weitaus größere und bedeutendere) sowie vor Weihnachten, der umsatzträchtigsten Zeit für den Buchhandel.

Kaum jemand liest das Feuilleton

Für die Reputation von Schriftstellern und Verlagen ist die feuilletonistische Buchkritik zweifellos wichtig, auch für die Orientierung der Leser – allerdings sind das im Vergleich nicht sehr viele, denn es handelt sich beim Feuilleton um einen der am wenigsten gelesenen Teile der Zeitung, hier Zahlen aus dem Jahr 1988:

> Der Kulturteil einer durchschnittlichen überregionalen Tageszeitung umfaßt 8–10 % des Gesamtumfanges, davon entfallen ungefähr 10 % auf Beiträge über Literatur. In der Nutzungsanordnung der einzelnen Zeitungssparten kümmert das Feuilleton auf Platz zehn, dem vorletzten Rang, in der Mißachtung der Leser wird es nur noch vom Fortsetzungsroman übertroffen. Das Feuilleton hat unter den Zeitungslesern 18 % regelmäßige Nutzer, 25 % lesen diesen Teil gelegentlich, 27 % selten und 25 % nie.[367]

Einen echten Überblick über die Neuerscheinungen kann man im Feuilleton auch nicht gewinnen, denn die sich in Kritiken ausdrückende Vorauswahl berücksichtigt – quer durch alle Sparten – nur nur einen Bruchteil des Angebots, nach Schätzungen etwa drei Prozent bei einer besonders kulturstarken Zeitung.[368]

Literaturkritik im Internet

Das Internet ist das jüngste Medium, dort hat Literaturkritik inzwischen Fuß gefasst, das Angebot ist vergleichsweise groß. Man kann zwischen Aufbereitung von zuvor gedruckten Beiträgen über Literatur und nur für das Netz geschriebenen Originalbeiträgen unterschei-

367 Machinek: Wozu Literaturkritik?, S. 84.

368 »In der FAZ, der deutschsprachigen Zeitung, in der die mit Abstand meisten Rezensionen erscheinen, wurden in einem Jahr 2153 Buchbesprechungen aus allen Gebieten veröffentlicht. Rechnet man rund 68000 Neuerscheinungen [eine Zahl von Anfang der 1990er Jahre, zehn Jahre später sind es rund 90000] dagegen, so kommt man auf etwa 3 %, die tatsächlich besprochen wurden.« Getschmann: Zwischen Mauerbau und Wiedervereinigung, S. 46.

den. Linklisten und Rezensionen finden sich überall im dezentral organisierten Netz, beispielsweise auf bestimmten Autoren gewidmeten *homepages*, die von den Autoren selbst, von Gesellschaften, die sich einem Autor und seinem Werk widmen, oder von Fans erstellt wurden und gepflegt werden.

Es gibt einige speziell der Literatur gewidmete Internetzeitschriften. Eine Blütenlese aus den deutschsprachigen Feuilletons findet sich bei *perlentaucher.de*, während *literaturkritik.de* jeden Monat um die 60 Rezensionen ins Netz stellt. Die Besprechungen zu belletristischen und wissenschaftlichen Werken sind nach Kategorien unterteilt, jeder der monatlichen Ausgaben gehen Beiträge zu einem Rahmenthema voraus, darunter ist mindestens ein in das Thema einführender Artikel. Dann gibt es noch eine Vielzahl von *print-* und *online-Medien*, die wissenschaftliche Rezensionen enthalten. In der Germanistik sind das beispielsweise *IASL-online* (das Internet-Periodikum des *Internationalen Archivs für Sozialgeschichte der deutschen Literatur*)[369] oder die altehrwürdige, längere und fundierte, mit Fußnoten versehene, nur Rezensionen enthaltende Zeitschrift *Arbitrium*.

Die Abgrenzung von Textsorten ist schwierig

Generell lässt sich sagen, dass eine Unterscheidung von literaturkritischen Textsorten schwierig ist, darüber können auch die Textsorten bezeichnenden Begriffe nicht hinwegtäuschen. Albrecht nennt die folgenden: »Rezension«, »Sammelrezension«, »Nebenformen der Rezension: Anzeige und Referat«, »Essay«, »Feature«, »Interview«, »Autorenporträt«, »Glosse«, »Literaturstreit«, »Mündliche Sofortkritik«, »Bestenlisten, Buchtipps u. a. persönliche Empfehlungen«;[370] außerdem als »medienspezifische Formen und Präsentationsweisen«: »Artikel und Aufsatz«, Kritik in »Rundfunk« und »Fernsehen« (ohne Differenzierung).[371] Daraus ergeben sich zahlreiche Probleme:

- Rezensionen können unterschiedlich lang sein – wo beginnt die Anzeige, wie unterscheidet man zwischen einer halbseitigen und einer fünfseitigen Rezension?

369 Vgl. das Profil: »IASLonline ist eine kostenfreie elektronische Zeitschrift, hervorgegangen aus dem gedruckten *Internationalen Archiv für Sozialgeschichte der deutschen Literatur*. Seit Dezember 1998 steht IASLonline mit Rezensionen, Diskussionsforen und Lektionen zur Netzkunst im Netz. Die Rezensionen werden herausgegeben unter Mitarbeit von Fachreferentinnen und Fachreferenten. Alle Beiträge unterliegen einer Begutachtung.« *http://iasl.uni-muenchen.de* (abgerufen am 26.5.03).

370 Albrecht: Literaturkritik, S. 50–59.

371 Vgl. ebd., S. 59 ff.

- Wo ist der Unterschied zwischen Rezension und Referat, denn auch eine umfangreiche Rezension »bietet eine möglichst genaue Zusammenfassung des Inhalts« und »komprimiert wesentliche Aussagen«?[372]
- Was unterscheidet die Rezension von einem Artikel und diesen von einem Aufsatz, könnten Artikel und Aufsatz nicht auch besonders gründliche Rezensionen sein?
- Wo beginnt das Autorenporträt und endet die Rezension, wo beginnt das Interview und endet die Rezension – wenn der Anlass eine Neuerscheinung ist, um die es eigentlich geht?
- Wird der Autor vorgestellt und interviewt, ist das dann ein Autorenporträt oder ein Interview?
- Sind Rezensionen nicht auch oftmals »Buchtipps« und »persönliche Empfehlungen« des Kritikers?
- Was ist ein Bericht über eine Uraufführung – einfach ein »Artikel«? Ist das nicht zu allgemein? Sollte man nicht auch Aufführungsbesprechungen, also szenische Realisierungen literarischer Texte, als Rezensionen begreifen? Ein vergleichbares Problem gibt es mit Filmbesprechungen, immerhin basieren Filme auf komplexen ›Texten‹, aus einer Kombination von Zeichensystemen (gesprochenes und geschriebenes Wort, Musik, Kameraführung, Schnitt ...).
- Finden sich nicht auch in Hörfunk und Fernsehen unterschiedliche Präsentationsformen analog zu den Printmedien?
- Ist der Essay nicht eher eine literarische Form beziehungsweise ein Porträt, wenn es um den Autor geht, oder eine Rezension, wenn es um ein Buch geht, oder eine Sammelrezension, wenn es um mehrere Bücher geht? Und so weiter, und so fort.

Das Problem der Abgrenzung gab es schon immer, weiß Peter Uwe Hohendahl: »Die literarischen Formen, in denen Literaturkritik historisch aufgetreten ist, u. a. die Rezension, die Glosse, die Polemik, der Essay, der Dialog, die Reportage und schließlich auch die Literaturgeschichte, lassen sich kaum als eine identische Textsorte begreifen.«[373]

---

372 Ebd., S. 53.

373 Hohendahl: Einleitung, S. 2.

Die Textsorten gehen, zu dem Schluss muss man kommen, ineinander über. Beispielsweise hat es in den 90er Jahren mehrere als offene Briefe getarnte polemische Rezensionen gegeben. Viele Artikel, die auf bestimmte Rezensionen reagieren und sich in eine Debatte einschalten, sind eigentlich *Kommentare*, denn sie beziehen sich nicht auf ein Buch, sondern sie bewerten die Diskussion darüber (vgl. auch Kap. 5).

Auch wenn nachfolgend Möglichkeiten von Abgrenzungen vorgestellt werden sollen, lässt sich also mit Brendel/Grobe festhalten: »Es gibt keine festen Regeln, nach denen ein Beitrag für das Feuilleton zu schreiben ist.«[374]

6.2 Klassisch: Rezension, Interview, Reportage

Die Vorstufe zur Rezension

Besonders in kleineren Tageszeitungen ist eine aus Gründen der Geringschätzung in der Forschung entweder nicht genannte oder gescholtene Textsorte beheimatet, die zunächst kurz vorgestellt werden soll, weil sie die Vorstufe zur Rezension darstellt und die Übergänge manchmal fließend sind: die *Buchanzeige*. Zeitungen bedienen sich, das ist der Stein des Anstoßes, gern bei den Verlagen, die ihnen neben Büchern auch begleitende Werbematerialien zuschicken, vorformulierte kurze Texte, die ein Buch charakterisieren und dem geplagten Redakteur, dessen Aufgabe es ist, viele Seiten auf möglichst interessante Weise mit dem ihm zur Verfügung stehenden Material zu füllen, die Arbeit abnehmen. Werbetexte von Verlagen – sofern sie nicht zu selbstbeweihräuchernd geschrieben sind – eignen sich hervorragend als bunte Spaltenfüller, oder man kann einige von ihnen gekürzt hintereinander in eine Spalte oder einen Artikel packen, der schlaglichtartig Neuerscheinungen beleuchtet.

Natürlich kann es auch vorkommen, dass ein Redakteur selbst die wenigen Zeilen verfasst, mit denen er seinen Lesern die Erscheinung eines neuen Buches anzeigt (daher die Bezeichnung der Textsorte); doch ist in dem Fall der Klappen- oder Rückseitentext eine dankbar genutzte Quelle. Die wenigsten auf solche Art vorgestellten Bücher dürften von den Kollegen gelesen worden sein.

374 Brendel/Grobe: Journalistisches Grundwissen, S. 29. Für praxisorientierte Definitionen und praktische Tipps vgl. besonders den Band von Heß (Hg.): Kulturjournalismus.

Pro und Contra der Buchanzeige

Daraus resultiert das Naserümpfen der etablierten Zunftgenossen: Wer ein Buch nicht gelesen hat, kann es nicht guten Gewissens empfehlen! Durch die Übernahme der Verlagstexte macht sich ein Journalist zum Handlanger der Buchindustrie! Nur: Ist das wirklich so? Man sollte nicht vergessen, dass Buchanzeigen lediglich auf Neuerscheinungen hinweisen wollen, mit dem Subtext: Schaut mal her, das könnte interessant sein. Den auswählenden Journalisten liegen in der Regel zahlreiche Prospekte von Verlagen vor und sie weisen auf jene Bücher hin, von denen sie glauben, dass ihre Leser daran ein Interesse haben könnten – auch eine solche Vorauswahl ist eine nicht zu unterschätzende Leistung. Dazu kommt, dass mir – wenn ich mich hier einmal persönlich einbringen darf – eine zugleich neutral und flott geschriebene Buchanzeige wesentlich lieber ist als eine vom hohen Ross geschriebene Rezension, die den Leser gängelt und sich darum bemüht, jedes eigene Urteil der möglicherweise folgenden Eigenlektüre von vornherein unter ein negatives oder positives Vorzeichen zu stellen.

Was ist aber nun eine *Rezension*? Schlagen wir im Lehrbuch nach:

> Kritik und Rezension bewegen sich inhaltlich zwischen Tatsachenbericht und fachlicher, jedoch persönlich-subjektiv gefärbter Betrachtung und Interpretation. In der Regel steht am Beginn der Rezension die Darstellung von Fakten [...]. Anschließend an die eher objektive Schilderung der Fakten folgt die Einordnung, Prüfung und Wertung des Betrachteten. Dabei versucht der Rezensent oder Kritiker, charakteristische Merkmale eines Kunstwerkes bzw. einer künstlerischen Leistung zu fixieren und sie nach Merkmalen des Ausdrucks, des Stils, der Echtheit, der Ethik und Ästhetik zu bewerten. Da vieles künstlerische Schaffen eminent gesellschaftliche Bezüge aufweist, kommt der Kritiker oder Rezensent oft nicht umhin, auch (gesellschafts-)politische Wertungen mit einfließen zu lassen.[375]

Diese Begriffsbestimmung ist in vielerlei Hinsicht problematisch. Wer Fakten am Anfang nennt, läuft Gefahr, seinen Leser zu langweilen;[376] außerdem stehen die Angaben zum Buch in der Regel unter der Rezension. Die benutzten Begriffe »Echtheit«, »Ethik« etc. stammen aus

375 Pürer (Hg.): Praktischer Journalismus in Zeitung, Radio und Fernsehen, S. 187.

376 Vgl. hierzu beispielsweise die Ausführungen von Thomas Anz im Band von Heß (Hg.): Kulturjournalismus, S. 59: »Schon die ersten Sätze sollten den Leser neugierig auf das Kommende machen. Eine provokative These, ein gewitztes Aperçu, ein markantes Zitat kann die Aufmerksamkeit an das Buch und seine Rezension binden.«

der wissenschaftlichen Mottenkiste. Und: Gesellschaftspolitische Wertungen haben in Rezensionen eigentlich nichts zu suchen.

Hilfreicher ist eine ältere, zunächst formale Begriffsbestimmung:

Definition der Rezension

> Die Rezension ist der Kommentar im Kulturteil der Zeitung, soweit er die Beurteilung eines Buches, einer Theateraufführung, eines Films, von Werken der bildenden Kunst etc. betrifft.[377]

Grundlage der *Rezension* sei allerdings »eine sachliche und nüchterne Mitteilung« an die Leser über eine Neuerscheinung oder ein Ereignis. Darauf fußt dann das »Kunst- oder Geschmacksurteil« des Rezensenten. Um ein solches Urteil leisten zu können, muss der Kritiker großen »Sachverstand« mitbringen.[378] Damit sie »produktiv« werden kann, soll die Rezension nach Brendel/Grobe »drei Aufgaben« erfüllen:

> Sie arbeitet für die Kunst, den Künstler und das Publikum. Der Kunst gegenüber nimmt sie ihren Einfluß wahr, indem sie analysiert, wegbereitend für neue künstlerische Entwicklungen zu wirken versucht und ihr zur Publizität verhilft. Dem Künstler soll der Rezensent durch seine Kritiken Berater und Förderer sein, auf jeden Fall Vermittler zum Publikum. Dabei drückt sich die Vermittlerrolle oft in Maklertum aus. Dem Publikum soll durch den Kritiker zunächst ein Kunstwerk in Inhalt und Form vorgestellt werden. Diese Präsentation beinhaltet sowohl seine Einordnung und Beurteilung als auch eine Vorauswahl für den Rezensenten.[379]

Die Vermittlungsrolle führt zu Problemen. So müssen die Experten von ihrem Expertentum abstrahieren, um ein möglichst großes Publikum anzusprechen, aber sie dürfen auch nicht auf ihre aus dem Sachverstand gewonnenen Maßstäbe verzichten, sonst können sie nicht »geschmacks- und meinungsbildend« wirken.[380] An den Stil sind besondere Anforderungen zu stellen, zu leicht gleitet die tendenziell regellose Form ab in »Phrasen und Klischees« oder »eine Wortwahl, die nicht allgemeinverständlich« ist – hier wird zustimmend Martin Walser zitiert.[381]

Rezensionstypen

Nützlich ist die Unterteilung der Rezension in verschiedene Typen, wie sie der Band von Pürer vornimmt. Unterschieden wird nach dem Medium in Buchkritik, Theaterkritik, Musikkritik, Kunstkritik, Film-

---

377 Brendel/Grobe: Journalistisches Grundwissen, S. 57.
378 Vgl. ebd., S. 58.
379 Ebd., S. 59.
380 Vgl. ebd., S. 60.
381 Vgl. ebd., S. 61.

kritik, Hörfunk- und Fernsehkritik.[382] Es gibt eine an der Entstehung und Verbreitung des Bezugsmediums orientierte Entwicklung des Kritik-Typs, dazu kommen die medienspezifischen Grundlagen, die entsprechende Vorkenntnisse des Kritikers voraussetzen.

An solche definitorischen Annäherungsversuche ließen sich zahlreiche Beobachtungen und Problematisierungen knüpfen. Die Entwicklung einer ›kleinen Theorie der idealen Kritik‹ soll aber einem späteren Kapitel vorbehalten bleiben. Kommen wir also zur nächsten Textsorte, dem *Interview.*

Definition des Interviews

»Ein Interview ist ein Gespräch zwischen zwei oder mehreren Personen, das der Erfragung von Informationen und Meinungen dient«,[383] als Teil literaturkritischer Berichterstattung also eine Befragung von Schriftstellern oder, bei Theateraufführungen und Verfilmungen, von Regisseuren, Dramaturgen, Schauspielern. Das Gespräch kann direkt oder auf Hintergründe bezogen sein, beispielsweise die Entstehung.

Nur wenn ein Gespräch tatsächlich in Dialogform in einer Zeitung oder Zeitschrift abgedruckt wird, kann man auch von *Interview* als Textsorte sprechen. Davon zu unterscheiden ist das Interview als Recherchetechnik, von einem klärenden, lediglich Hintergrundwissen für eine Rezension bereitstellenden Telefongespräch mit einem Autor bis zur Umfrage unter Autoren, ein literaturkritisches Thema betreffend, beispielsweise den Poproman oder das Fräuleinwunder als literarische Strömungen um 2000 – vielleicht als Grundlage für einen Artikel. ›Artikel‹ soll hier als Oberbegriff für nachrichtliche, also nicht meinungsbetonte Darstellungsformen verstanden werden, und nicht, auch das wäre möglich, als Sammelbezeichnung für alle kürzeren journalistischen Textsorten, der ›Aufsatz‹ als Bezeichnung für die längeren.

Eine *Reportage* hingegen nutzt die ganze Bandbreite der stilistischen Möglichkeiten im Journalismus, sie berichtet, gibt Aussagen in Monolog- oder Dialogform wieder, sie wertet, sie schildert vor allem ein Geschehen aus erkennbar subjektiver Perspektive (die auch wechseln kann) mit dem Ziel, »die Gefühle des Rezipienten« anzusprechen, »ihn miterleben« zu lassen.[384] Erhard Schütz kommt auf der Basis des Forschungsstandes zu folgender Definition:

382 Vgl. Pürer (Hg.): Praktischer Journalismus in Zeitung, Radio und Fernsehen, S. 189–193.

383 Brendel/Grobe: Journalistisches Grundwissen, S. 61.

384 Vgl. ebd., S. 69.

Definition der Reportage

> Die Reportage ist ein Genre mit primär informierender Funktion, in dem sich aber im Laufe ihrer Entwicklung entscheidend ästhetische Formelemente durchgesetzt haben. Charakteristisch ist, daß das subjektive Erleben des Autors dabei als wesentliches Mittel der Darstellung hervorgehoben wird.[385]

Die »Vielgestaltigkeit« der Reportage[386] und der betont subjektive Zugang zum Thema unterscheidet die Reportage ganz grundsätzlich vom oftmals erhobenen Anspruch der Rezension, ein auf objektiver Beobachtung gegründetes Urteil zu sprechen. Das Beispiel der Reportage macht außerdem deutlich, dass der mit Rezensionen verbundene Anspruch grundsätzlich verfehlt ist; oder, um es mit Fontanes Figur Dubslav von Stechlin zu sagen: »Unanfechtbare Wahrheiten gibt es überhaupt nicht, und wenn es welche gibt, so sind sie langweilig.«[387]

Eine Reportage über den Inhalt eines neuen Buches ist nicht möglich, wohl aber über die Präsentation eines neuen Buches oder eine Lesung daraus, oder über eine Lesereise, oder über den Schreibprozess eines Autors, der – das wäre der aktuelle Aufhänger – gerade ein neues Buch veröffentlicht hat.

6.3 Feature und Talkshow: Literaturkritik in Hörfunk und Fernsehen

Hier sollen die Begriffe Feature und Talkshow als Äquivalente von Reportage und Interview im Hörfunk und Fernsehen gebraucht werden, auch wenn es Interviews in Hörfunk oder Fernsehen gibt und man im Magazinjournalismus oft von Feature statt von Reportage spricht. Gegenüber der diffusen Praxis handelt es sich also um den Versuch einer Vereinheitlichung für eigene Zwecke, der sich dabei auf den Begriffsgebrauch verschiedener Handbücher stützen kann.[388]

385 Schütz: Literarische Reportage, S. 1. Vgl. auch die Gattungstypologie von Siegel: Die Reportage.

386 Kunze: Wesen und Bedeutung der Reportage, S. 117. Vgl. auch Haller: Die Reportage.

387 Fontane: Der Stechlin, S. 10.

388 Vgl. Zindel/Rein (Hg.): Das Radio-Feature, darin bes. den Überblick über die Entwicklung des Hörfunk-Features von Lindemann/Bauernfeind: Die Wirklichkeit in den Griff bekommen; vgl. außerdem Hülsebus-Wagner: Feature und Radio-Essay. Ein Gegenbeispiel ist der Band von Pürer (Hg.): Praktischer Journalismus in Zeitung, Radio und Fernsehen, S. 151 ff.

Brendel/Grobe sehen »Feature« allgemein als »Modewort für die unterschiedlichsten medialen Produkte« und als Form, die »vor allem dazu dienen« soll, »Nachrichten und Berichte besser verkaufen zu können«.[389] Die Präsentation literaturkritischer Inhalte in Form eines *Features* passt daher gut zu den stärker der Unterhaltung verpflichteten Massenmedien Rundfunk und Fernsehen. Sendungen über ein neues Buch, eine Lesereise oder einen runden Schriftstellergeburtstag werden mit Musik, O-Tönen (Original-Tönen von Interviewpartnern, ein Begriff des Rundfunks), Ausschnitten aus Interviews, beschreibenden Passagen, kurzen historischen Rückblicken etc. angereichert. Solche Beiträge finden sich, je nach aktuellem Bezug, in zahlreichen Sendungen, besonders häufig in dem Magazin *Kulturzeit* des Senders *Arte*.

Die Talkshow

Interviews mit Schriftstellern in ihrer ›reinen‹ Dialogform sind eher selten, wesentlich dynamischer lässt sich ein Gespräch in Form einer *Talkshow* gestalten – zwei oder mehr Literaturkenner setzen sich zusammen und reden über Neuerscheinungen, Trends oder andere verwandte Themen. Das bekannteste Beispiel für Literaturkritik als Talkshow war und ist die bereits mehrfach angesprochene, von Marcel Reich-Ranicki moderierte, wegen ihrer hohen Einschaltquoten die Literaturkritik der 1990er Jahre (und die Diskussion darüber) dominierende Sendung *Das literarische Quartett*, ein Ableger der Kultursendung *Aspekte* des Zweiten Deutschen Fernsehens. Franz Loquai hat daraus *Das literarische Schafott* gemacht; hinter diesem Titel verbirgt sich ein kundiger kurzer Überblick über Literaturkritik im Fernsehen um 1995.[390] Abgesehen davon hat sich die Forschung bisher mit seh- und hörbarer Kritik kaum auseinander gesetzt. Das mag auch daran liegen, dass Literaturkritik in den audiovisuellen, quotenhungrigen Medien ein randständiges Dasein fristet.

Vom Kaffeehaus zum Quartett

Talkshows über Literatur haben bereits eine längere Geschichte. Marcel Reich-Ranicki moderierte von 1964 an zusammen mit dem bekannten Literaturwissenschaftler Hans Mayer die Rundfunk-Sendung *Das literarische Kaffeehaus*. Einige der Live-Sendungen, die bis 1967 liefen, wurden sogar für das Fernsehen aufgezeichnet. 1988 begann Reich-Ranicki mit seiner Moderation des *Literarischen Quartetts*, das bis 2001 lief und dem bisher keine Literaturshow den Rang

389 Brendel/Grobe: Journalistisches Grundwissen, S. 72.
390 Zu den genauen Angaben vgl. das Literaturverzeichnis dieses Bandes.

ablaufen konnte. Auch das *Reich-Ranicki-Solo* nicht, mit dem der Kritiker 2002 vor die Kamera trat. Im Dezember desselben Jahres wurde die Sendung nach nur neun Folgen eingestellt.[391]

Der Beitrag des Bayerischen Fernsehens zur Literaturkritik heißt *LeseZeichen* und existiert seit 1984, davor gab es, seit Anfang der 70er Jahre, eine Sendung *Bücher beim Wort genommen*. Im Samstagabendprogramm des Hessischen Fernsehens läuft seit Jahren sehr erfolgreich die Sendung *bücher, bücher* mit Gert Scobel als Moderator. Seit Februar 2003 gibt es, als Kooperationsprojekt mehrerer Anstalten, in der ARD eine Büchersendung, *Druckfrisch* mit Denis Scheck:

> Allein in Deutschland erscheinen jedes Jahr 90.000 neue Bücher. Ganz schön schwer, hier den Überblick zu behalten. »Druckfrisch«, das neue Büchermagazin im Ersten, hilft bei der Orientierung im Bücherdschungel. Moderator Denis Scheck besucht Schriftsteller und stellt Neuerscheinungen vor. Er lobt und lästert über die aktuellen Bestseller, spricht Empfehlungen aus, sagt aber auch, welche Bücher reine Zeitverschwendung sind. Belletristik, Krimis, Sachbücher, Biografien oder Kochbücher – nichts ist vor ihm sicher. »Druckfrisch« präsentiert sich im temporeichen Reportage-Format, das Regisseur Andreas Ammer schräg und unkonventionell ins Bild setzt.[392]

Der Sendezeitpunkt am Sonntagabend kurz vor Mitternacht ist freilich alles andere als günstig.

Am 29. April 2003 begann das ZDF mit einer neuen Sendung, *Lesen!* genannt, für die Elke Heidenreich, selbst Autorin, gewonnen werden konnte. Ihr erster Gast war Talkmaster Harald Schmidt, der zweite (am 10. Juni) Marcel Reich-Ranicki, der dritte (am 16. September) Bundesaußenminister Joschka Fischer. Man darf gespannt sein, ob mit populären Gästen an den Erfolg des *Quartetts* angeknüpft werden kann. Wie viele andere Sendungen, etwa politischer Natur (vom legendären *Frühschoppen* bis zu *Sabine Christiansen*, beides in der ARD), lebte das *Quartett* von dem kontroversen Meinungsaustausch der Experten. *Lesen!* hingegen ist in keiner Weise kontrovers, denn der kritische Akt vollzieht sich vor der Sendung. Heidenreich und ihr Gast erstellen eine Positivliste zu empfehlender Bücher, die ex cathedra, unterstützt durch kleine Filmeinspielungen, dem im Veranstaltungs-

---

391 Vgl. *http://www.literaturkritik.de/reich-ranicki/content_themen_literaturkritik.html* (abgerufen am 7.2.03).

392 *http://www.daserste.de/druckfrisch/wirueberuns.asp* (abgerufen am 26.5.03).

saal anwesenden Publikum wie den Zuschauern vorgestellt werden, wobei diese Vorstellung stark inhaltsbezogen und mit persönlichen Bemerkungen durchsetzt ist. Das Konzept ist klar auf ein Publikum zugeschnitten, das in der Fülle der Neuerscheinungen keine eigene Orientierung findet. Somit gehört *Lesen!* nicht in die Kategorie der Talkshows, sondern der ebenfalls sehr beliebten Ratgeber-Sendungen.

Es existieren weitere Literatursendungen,[393] darunter *Bestenliste – Das Literaturmagazin* auf 3sat. Die Sendung fußt auf einer altehrwürdigen und quicklebendigen Textsorte, die nun vorgestellt werden soll.

6.4 Kurz und bündig: Die Bestenliste

Die kürzeste Form der Kritik ist die *Bestenliste* oder die *Kritikerliste.* Hier dominiert die Orientierungsfunktion, für interessierte Leser werden – aus empirischer Erhebung oder aus Sicht eines Kritikergremiums – Neuerscheinungen ausgesucht. Auch wenn die beiden Begriffe oftmals synonym verwendet werden: Die Bestenliste stellt, basierend auf Erhebungen bei Buchhandlungen, die meist verkauften Titel zusammen. Die Kritikerliste hingegen versammelt Empfehlungen, sie versteht sich als Korrektiv zum *mainstream.*

Die SWR-Bestenliste begann 1975

Die bekannteste und renommierteste Kritikerliste ist die des Südwestrundfunks (ein Sender der ARD), die SWR-Bestenliste. Wie ihr ›Erfinder‹ Jürgen Lodemann erzählt, wurde sie im März 1975 aus der Taufe gehoben. Ziel sei es zunächst gewesen, eine Schneise durch die »ständig wachsenden Bücher-Massen« zu schlagen.[394] Es habe bereits Bestseller-Listen gegeben, doch sei es üblich gewesen, bei Umfragen jene Titel zu nennen, die von den Buchhändlern gern auf einer solchen Liste gesehen wurden. So sei die Idee entstanden, Rezensenten nach jenen Titeln zu fragen, »die es *verdient* hätten, Erfolg zu haben«.[395] »Die Liste will gute Texte im Hier- und Jetzt-Gebrodel benennen und empfehlen, auch und gerade im Lärm der Kommerz-Medien [. . .].«[396]

393 Zu weiteren Sendungen als den genannten vgl. die Übersicht zum Thema »Literatur im Fernsehen« unter *http://www.fragmentum.de/Medien/tv.htm* (abgerufen am 26.5.03).

394 Lodemann: Im Kopf nichts als Bücher?, S. 127.

395 Ebd., S. 139.

396 Ebd., S. 143.

Mit 15 befragten Rezensenten habe man angefangen, »heute sind es 37«.[397] Jeder konnte zehn Titel nennen und ihnen Punkte von eins bis zehn geben, das arithmetische Mittel entschied über die endgültige Platzierung. Es handele sich um »die größte Jury im deutschsprachigen Literaturbetrieb. Und funktioniert. Beängstigend gut.«[398]

Die Zusammensetzung der Jury hatte von Anfang an entscheidende Bedeutung für die Titelauswahl, auch wenn »Ausgewogenheit« angestrebt wurde, ein Beispiel: »[...] die reaktionäre Zeitung ›Die Welt‹ hatte ebenso ihre Vertreter in der Listen-Jury wie der ›Spiegel‹, auch die ›FAZ‹ war von Anfang an unübersehbar mit im Spiel, der Einfluß der letzteren schon allein daran ablesbar, daß die Karriere der Ulla-Hahn-Gedichte auf den Bestenlisten unaufhaltsam schien, jedenfalls anfangs.«[399] Die breite Beteiligung hatte einen positiven Nebeneffekt, der die SWR-Bestenliste erst zum Star machte: »Fast alle großen Feuilletons veröffentlichten die Resultate der monatlichen Umfrage, schon deswegen, weil schließlich fast jede Kulturredaktion am Zustandekommen beteiligt war [...].«[400]

Um Verfestigungen vorzubeugen, wurde das Kriterium eingeführt, »daß ein Titel nicht öfter als dreimal auf die Liste darf«.[401] Seit 1978 wird ein »Preis der SWR-Bestenliste« für einen der im abgelaufenen Jahr besonders geschätzten Titel vergeben. Zu den bisherigen Preisträgern gehören beispielsweise, um fünf herauszugreifen, Peter Weiss (1981), Oskar Pastior (1983), Brigitte Kronauer (1987), Urs Widmer (1992) und Peter Rühmkorf (1996).

6.5 Ordensverleihung: Vergabe von Preisen und Stipendien

Kritiker als Jurymitglieder

Die Bewertungen von Literaturkritikern können direkte Auswirkungen auf den Lebenslauf von Autoren haben, besonders dann, wenn sie auf die Vergabe von *Preisen* Einfluss nehmen. Das bekannteste Beispiel ist der Ingeborg-Bachmann-Preis, der seit 1977 in der österreichischen Stadt Klagenfurt im Rahmen der Klagenfurter »Tage der deutschsprachigen Literatur« vergeben wird. Die Jury setzt sich aus

397 Ebd., S. 139.
398 Ebd., S. 129.
399 Ebd., S. 132.
400 Ebd., S. 133.
401 Ebd., S. 136.

Vertretern verschiedener Professionen des Literaturbetriebs zusammen, vor allem aus Autoren und Kritikern (die oftmals zugleich Germanisten sind). Als Motor der Veranstaltung von 1977 bis zu seinem Ausscheiden aus der Jury im Jahre 1986 galt Marcel Reich-Ranicki:

> In den ersten zehn Jahren wurde laut Statut die Auswahl der Autoren (und auch der Juroren) von je einem Vertreter der Landeshauptstadt Klagenfurt und des ORF-Studios Kärnten, als den beiden Veranstaltern, und vom gewählten Sprecher der Jury gemeinsam getroffen. Die Praxis sah allerdings so aus, daß Reich-Ranicki als Sprecher der Jury sowohl bei der Auswahl der Juroren wie auch bei der Auswahl der Autoren eine dominante Rolle spielte und den überwiegenden Teil der Teilnehmer mehr oder minder im Alleingang bestimmte. Erst seit 1987, nachdem Marcel Reich-Ranicki sich zurückgezogen hat, ist es üblich, daß die Nominierung der Teilnehmer durch die Jury erfolgt. Jedes der elf (seit 1997: sieben) Jurymitglieder schlägt zwei Autoren oder Autorinnen vor, die dann von den Veranstaltern zur Teilnahme eingeladen werden, woraus sich auch die fixe Teilnehmerzahl von zweiundzwanzig (seit 1997: sechzehn) ergibt.[402]

Der Ingeborg-Bachmann-Preis ist in erster Linie ein Nachwuchspreis, es werden in der Regel junge Autoren nach Klagenfurt eingeladen, was für sie bedeutet, dass sie Kontakte zu Lektoren der großen Verlage knüpfen können. So werden Verträge für Bücher geschlossen, die oftmals eine langfristige Zusammenarbeit begründen.

Das nicht weniger renommierte Gegenstück zum Ingeborg-Bachmann-Preis ist der 1923 erstmals verliehene Büchner-Preis, den Autoren von der Deutschen Akademie für Sprache und Dichtung in Darmstadt für herausragende Leistungen bekommen, in der Regel sind es bekannte Persönlichkeiten des Literaturbetriebs, die Liste der Namen liest sich wie ein *Who's-who* der deutschsprachigen Gegenwartsliteratur. Vertreten sind u. a. Hans Magnus Enzensberger (Preis 1963), Günter Grass (1965), Christa Wolf (1980), Martin Walser (1981). Den Büchner-Preis könnte man auch als Nobel-Preis für deutschsprachige Literatur bezeichnen. In der Vergangenheit kam es dennoch immer wieder zu Überraschungen, etwa bei der Vergabe an den seinerzeit noch nicht sehr bekannten Lyriker Durs Grünbein (1995).[403] Auch wenn der Anteil der Autoren in der Jury überwiegt,

402 Amann: Der Ingeborg-Bachmann-Preis, S. 161.

403 Vgl. *http://www.deutscheakademie.de/PREISE/buechner.html* (abgerufen am 5.2.03). Für eine Sammlung von elf Preisreden von Ernst Jandl bis Adolf Muschg vgl. Deutsche Akademie für Sprache und Dichtung (Hg.): Büchner-Preis-Reden 1984–1994.

so waren doch z. B. 1990–2002 die Germanisten und Kritiker Peter von Matt und Harald Hartung vertreten.[404]

Die Bedeutung von Stipendien

Auch Stipendien können die literarische Karriere befördern. Die vielleicht wichtigste Einrichtung für Nachwuchsautoren ist das Literarische Colloquium Berlin (LCB), das mit seinen Veranstaltungen zugleich Treff zahlreicher Akteure im Literaturbetrieb ist:

> Die im Zusammenhang mit dem LCB vergebenen Stipendien sind im weitesten Sinne als Talentförderung zu verstehen. Die *Aufenthaltsstipendien des Berliner Senats* bringen junge deutschsprachige Autorinnen und Autoren nach Berlin. Die Autorenwerkstatt Prosa – der ein eigener Bereich gewidmet ist – und das *Stipendium für das erste Buch* bieten die Möglichkeit, in professionellem Rahmen am eigenen Text zu arbeiten. Die Einladung mittel- und osteuropäischer Schriftsteller ermöglicht ein Stipendienprogramm der Stiftung Preußische Seehandlung.[405]

Die Lesungen der Stipendiaten werden oftmals von Lektoren bekannter Verlage besucht – auch hier haben viele Schriftstellerkarrieren ihren Anfang genommen oder wurden zumindest vorangetrieben. Zu den Stipendiaten gehörten u. a. Rainald Goetz (1985), Thomas Hettche (1989), Marcel Beyer (1992), Ulrike Draesner (1995) und Leander Scholz (1999).[406]

Die im deutschsprachigen Raum vergebenen Preise und Stipendien sind zahlreich, die Vergabemodalitäten höchst unterschiedlich, ebenso der von sehr direkt bis kaum wahrzunehmend reichende Einfluss der Kritik. Generell und abgesehen von personellen Verflechtungen, die es hier wie überall gibt, lässt sich sagen, dass sich besonders junge Autoren schwer tun, die von der Kritik nicht ausreichend wahrgenommen werden. Kritiken in großen Tages- und Wochenzeitungen, vor allem positive, wirken als Empfehlung oder Bestätigung literarischer Leistung, was insbesondere bei Jurys – als Indikator für die Richtigkeit ihrer Entscheidung – einen hohen Stellenwert hat; die Jurys werden ihrerseits durch Berichterstattung der Medien auf potenzielle Preisträger aufmerksam. So entsteht eine Wechselwirkung von Preisen und Stipendien einerseits, literaturkritischer Beachtung andererseits.

---

404 Vgl. *http://www.deutscheakademie.de/PREISE/Dotierung&Jury.html* (abgerufen am 5.2.03).

405 Vgl. *http://www.lcb.de/autoren.html* (abgerufen am 5.2.03).

406 Vgl. ebd.

6.6 Zusammenfassung

Gattungsvielfalt

Die Gattungen der Kritik sind vielfältig, der Kritiker ist – anders als ein Berichterstatter – nicht festgelegt auf bestimmte Regeln. Diesen großen Spielraum gewinnt Kritik aus ihrer Meinungsbezogenheit, auch wenn sie sich als objektiv und verallgemeinerbar geriert. Der künstlerische Gegenstand – Literatur, Theater, Film, Musik, bildende Kunst – lässt keine andere Möglichkeit zu. Artikel 5 Absatz 3 des Grundgesetzes sagt es kurz und bündig: »Kunst und Wissenschaft, Forschung und Lehre sind frei.«[407] Ob diese Freiheit optimal genutzt wird, sei dahingestellt. Die Prozesse, die zu literaturkritischen Urteilen führen, wären daraufhin kritisch zu untersuchen.

Es dürfte deutlich geworden sein, dass es die Literatur-, Film-, Kunst- und sonstige Kritik schwer hat, im aktuellen gesellschaftlichen Diskurs gegen andere Bereiche zu bestehen. Zu diskutieren wäre, ob und inwieweit sich dies durch Ändern der ungeschriebenen, oft unhinterfragt tradierten Diskursregeln ändern ließe, beispielsweise durch eine größere Beteiligung von Lesern in Form von Umfragen und Leserbriefen oder durch eine Relativierung des Kanons. Was das ist, wird im nächsten Kapitel diskutiert.

Arbeitsfragen

Wer war Abbé de Geoffroy?
Welche Internetzeitschriften für Literaturkritik können Sie nennen?
Welche Textsorten der Literaturkritik gibt es, wie lassen sie sich voneinander abgrenzen?
Welche Buchsendungen gibt es im Fernsehen?
Was sind Bestenlisten und Kritikerlisten?
Nennen Sie einige Literaturpreise und Fördermöglichkeiten für Autoren!

407 Grundgesetz für die Bundesrepublik Deutschland, S. 14.

7 Wertungsmodelle

Ein Buch ist eine Maschine zum Denken, aber es braucht deshalb nicht gerade die Funktion des Blasebalgs oder der Lokomotive zu übernehmen.
I. A. Richards[408]

7.1 Was ist ein Kanon, warum wird gewertet?

Es ist schon mehrfach angesprochen worden, dass es – aus Tradition und Selbstverständnis – eine Aufgabe der Literaturkritik ist, literarische Texte zu bewerten, einerseits um sie Lesern zu empfehlen oder Leser vor ihnen zu warnen, andererseits um zu prüfen, ob diese Texte bestimmten literarischen Standards genügen, ob sie – wie es gern vereinfacht gesagt wird – gut sind.

Wenn Texte diesen Standards genügen, die entweder auf Konventionen basieren oder subjektiv sind, dann werden sie möglicherweise Teil eines *Kanons*. Der Begriff hat eine weitere und eine engere Bedeutung, hier die entsprechenden Definitionen des *Reallexikons der deutschen Literaturwissenschaft:*

Definition des Kanons

Allgemein: »Zusammenstellung als exemplarisch ausgezeichneter und daher für besonders erinnerungswürdig gehaltener Texte; ein auf einem bestimmten Gebiet als verbindlich geltendes Textcorpus.«

Speziell: »In der Literaturwissenschaft der Bestand an literarischen Texten, deren Kenntnis zu einer bestimmten Zeit im Rahmen einer Nation oder eines Kulturkreises als obligatorisch für den Ausweis von (literarischer) Bildung galt [. . .].«[409]

»Maßstab«

Das aus dem Griechischen stammende Wort bedeutete ursprünglich soviel wie ›Maßstab‹, bezeichnete Zusammenstellungen von Regeln und »ging dann auf die Auswahl der alt- und neutestamentlichen Schriften über, die von der Kirche als Grundlagen des christlichen Glaubens anerkannt wurden«. Seit der 2. Hälfte des 18. Jahrhunderts

408 Richards: Prinzipien der Literaturkritik, S. 39.
409 Rosenberg: Kanon, S. 224.

wird der Begriff im genannten Sinn für eine begrenzte Zahl zentraler literarischer Texte gebraucht.[410]

Seither hat der Begriff verschiedene Wandlungen durchgemacht. Der *Bildungskanon*, über den sich das im 18. Jahrhundert entstandene und im 19. erstarkte Bürgertum zumindest zum Teil definierte (zentral war dafür vor allem die Verehrung der Werke Goethes und Schillers), hat im 20. Jahrhundert zunehmend seine Gültigkeit verloren. Gründe gibt es viele, darunter die Entstehung der modernen Massenmedien, die Ausdifferenzierung der Berufe und Schichten, die Auswirkungen der Kriege und anderer historischer Zäsuren.

Die Auffassung von der *Funktion von Literatur* hat sich also gewandelt. Einer der ersten, die den unausgesprochen elitären Vorstellungen von ›hoher‹ Literatur und ihrer Wissenschaft entgegengetreten sind, war ein Schriftsteller und Professor für Literatur an der University of Cambridge mit Namen C.S. Lewis:

> Manchmal klingt es so, als bedeute das Lesen von »volkstümlicher« Literatur moralische Verworfenheit. Ich finde das in der Erfahrung nicht bestätigt. Ich glaube, daß zu diesen »vielen« Leute gehören, die einigen der wenigen an seelischer Gesundheit, sittlicher Tugend, praktischer Vernunft und allgemeiner Anpassungsfähigkeit gleich oder überlegen sind. Und wir alle wissen sehr wohl, daß zu uns, den Literarischen, ein nicht geringer Teil der Unwissenden, Ungeschliffenen, Verkümmerten, Verschrobenen und Rohen gehört. Mit der vorschnellen und unterschiedslosen *apartheid* derer, die das übersehen, dürfen wir nichts zu tun haben.[411]

Dennoch gibt es bis heute *Kanones*, bekanntes Beispiel ist der Schulkanon: die Zusammenstellung der Bücher, die ein Schüler im Deutschunterricht lesen sollte. *Kanonisierung* entsteht nicht von selbst, sondern durch Handeln. Es gilt darüber zu entscheiden, welche Bücher bleiben (sollen). Davon lässt sich die Frage der *literarischen Wertung* nicht trennen, also die Frage nach den Maßstäben zur Bewertung literarischer Qualität und der Anwendung dieser Maßstäbe.

In der Wissenschaft ist das Thema lange Zeit nur ein Randthema gewesen, Wissenschaftler haben es Autoren und Kritikern überlassen, sich über den Wert literarischer Texte zu streiten und ihren Kanonisierungsgrad (vorläufig) festzulegen. Jedenfalls explizit, implizit ist freilich jede Monographie, jeder Sammelband, jeder Aufsatz und je-

---

410 Vgl. ebd.
411 Lewis: Über das Lesen von Büchern, S. 13.

der Lexikonartikel über einen Autor oder ein Werk bereits ein Beitrag zur Kanonisierung. Man hat, um es zugespitzt zu formulieren, permanent Kanonisierung betrieben, aber kaum reflektiert. Wenn denn doch, dann in der Regel unter dem Einfluss politischer Rahmenbedingungen, in der pervertiertesten Form im Nationalsozialismus. Das aber hat nichts mehr mit Kanonisierung oder Wertung und nur noch etwas mit Zensur oder Ideologie zu tun. An diesem nur grob skizzierten Zustand änderte sich erst etwas nach dem 2. Weltkrieg.

Müller-Seidels Studie zur literarischen Wertung

Viel gescholten und dennoch wichtig ist Walter Müller-Seidels *Probleme der literarischen Wertung*. Kritisiert worden ist dieses Buch, weil es End- und Höhepunkt einer Wertungslehre darstellt, die sich bis zu dem Zeitpunkt, vor allem unter dem Einfluss der so genannten Werkimmanenz in den 50er Jahren, entwickelt hat; doch genau darin liegt auch seine zu würdigende Leistung.

Man sollte Müller-Seidel nicht an Maßstäben messen, die er selbst explizit nicht angelegt wissen will. Er reflektiert seinen Zugang im Vorwort: »Es werden keine abschließenden Forschungsergebnisse geboten, keine Lehre, die man lernt [...].« Die »Beweiskraft« einer solchen »geisteswissenschaftlichen Untersuchung« – damit setzt er sich von den empirischen Wissenschaften ab – sei »ohnehin begrenzt, wenn es sie gibt«.[412]

Damit hebt sich Müller-Seidel geradezu wohltuend von vielen Wissenschaftlern ab, die sich später mit dem Thema beschäftigen und Dogmen aufstellen werden. Die heutige Vielfalt literaturtheoretischer Zugänge, die sich scheinbar ausschließen, die in der Summe aber die Kreativität von literarischer Sprache reflektieren, sollte solche Dogmen eigentlich diskreditieren.

Die Diskussion über die literaturkritische Bewertung literarischer Texte reflektiert die Vielfalt literaturwissenschaftlicher Diskussion im Kleinen. In der Vielzahl der seit dem 17. Jahrhundert für die deutschsprachige Literatur diskutierten Maßstäbe lässt sich nicht der Stein der Weisen finden, diese Lehre kann bereits aus den vorhergehenden Kapiteln gezogen werden und für die »Probleme der literarischen Wertung« sensibilisieren.

Man wird daher auch heute noch viel von dem unterschreiben können, was Müller-Seidel in seinem Vorwort zur 2. Auflage von 1969 ausführt: »Literarische Wertung ist Urteilsbildung im Umgang mit

412 Müller-Seidel: Probleme der literarischen Wertung, S. IX.

Literatur. [...] Im positiven Sinn können sie [die Urteile] als Vorbedingungen geschichtlichen Verstehens aufgefaßt werden. [...] In negativer Hinsicht stellen sie Verhärtungen und Verfestigungen dar, die in Ideologie übergehen.«[413] Daraus leitet er die Forderung ab, »[...] daß man Theorie und Praxis seiner wissenschaftlichen Tätigkeit immer erneut auf ihre unaufgehellten Voraussetzungen befragt und überprüft.«[414] Dies ergibt sich bereits aus dem Gegenstand: »Große Kunst ist in sich unerschöpflich. Keine noch so sorgfältige Deutung kann eine abschließende Deutung sein.«[415]

Lektüre und Wertung gehören zusammen

Müller-Seidel geht auf den wertenden Umgang mit Texten allgemein ein und formuliert die Überzeugung, dass Lektüre und Wertung stets zusammen gehören: »Die Urteile mögen vorläufig oder voreilig sein, sie mögen sich aus der eigenwilligen Subjektivität des Lesers verstehen und mit Allgemeingültigkeit nicht das mindeste zu tun haben – genug, daß es Urteile sind, die in der Stille formuliert oder im privaten Kreis ausgesprochen werden.«[416] Damit nimmt Müller-Seidel bereits eine engere Praxis des Wertens in den Blick, nicht Wertungshandeln, wie es sich beispielsweise im Kauf eines Buches dokumentiert, oder Wertung, die im Kopf während oder nach der Lektüre stattfindet. Dass er auch mit diesem weiteren Kontext vertraut ist, zeigt er später, wenn er von »indirekter Wertung« spricht, etwa wenn »wir uns als Interpreten für ganz bestimmte Dichtungen entscheiden«.[417] Das gilt ebenso gut ex negativo: »Eine indirekte Wertung liegt auch im negativen Fall der minderwertigen Literatur vor, die wir mit einer Interpretation gar nicht erst auszeichnen, sondern auf sich beruhen lassen.«[418]

Müller-Seidel hält es dennoch für möglich und nötig, auch einen als minderwertig eingestuften Text zu interpretieren – wenn es ein anders geleitetes Erkenntnisinteresse gibt, im vorliegenden Kontext dieses: »In Abwandlung eines bekannten Wortes von Emil Staiger müssen wir auch begreifen, was uns nicht ergreift.«[419] Dem wird sich eine seit den 70er Jahren zunehmend ausdifferenzierte Trivialliteratur- und Kitschforschung widmen.

413 Ebd., S. XVI.
414 Ebd., S. XVII.
415 Ebd., S. 20.
416 Ebd., S. 1.
417 Ebd., S. 20.
418 Ebd., S. 21.
419 Ebd., S. 23.

Maßstäbe sind relativ

Für die literaturwissenschaftliche Tätigkeit wünscht sich Müller-Seidel das Abschiednehmen von »weithin unreflektierten Maßstäbe[n]«.[420] Reflektierten Maßstäben ist aber die eigene Relativität – um es mit einem heute geläufigen Ausdruck zu sagen – immer eingeschrieben.[421] Das gilt in besonderem Maße für literaturkritische Urteile:

> Die Literaturkritik hat es in mehrfacher Hinsicht mit anderen »Zeitverhältnissen« zu tun, schon auf Grund der Umstände, die sich aus der »Forderung des Tages« ergeben. Die unmittelbare Reaktion wird nicht selten von dem außerhalb der Wissenschaft tätigen Kritiker verlangt; und wenn sie sich hin und wieder als »vergänglicher« erweist, so ist damit nicht unbedingt eine Wertminderung erwiesen.[422]

Um sich Maßstäben für die literarische Wertung zu nähern, eröffnet Müller-Seidel fünf »Fragenkreise«: »Die Probleme des Öffentlichen«, »Die Probleme des Höheren«, »Die Probleme des Ganzen«, »Die Probleme des Wahren«, »Die Probleme des Menschlichen«. Müller-Seidels Ausführungen an zahlreichen Textbeispielen sind stets reflektiert und, auf die Texte bezogen, interessant, er kommt zu zahlreichen Einzelergebnissen. Freilich ist nicht zu leugnen, dass die gewählten und dann ausdifferenzierten Maßstäbe so allgemein gehalten sind, dass eine weitergehende Operationalisierung schwer fällt. Festhalten lässt sich vielleicht, dass die Maßstäbe an die klassische Ästhetik anknüpfen, indem sie die Eigengesetzlichkeit des »literarischen Kunstwerks« (so die Bezeichnung im Titel des berühmten Einführungsbuchs von Wolfgang Kayser) mit der Forderung nach einer Funktion von Literatur im Kontext ihrer Produktion und Rezeption verbinden.

7.2 Wertung mit System

Die Studie von Heydebrand/Winko

Seit der Studie von Müller-Seidel hat es zahlreiche Publikationen zum Thema gegeben, doch der erste umfassende Systematisierungsversuch ist erst 1996 erschienen. *Einführung in die Wertung von Literatur* heißt das Buch von Renate von Heydebrand und Simone Winko. »Optionen des Wertens« wollen die Autorinnen zur Disposition stellen,[423]

420 Ebd., S. 29.
421 Vgl. S. 32 f.
422 Ebd., S. 35.

das Werten wird als Spektrum von Möglichkeiten und im Grundsatz als subjektiv gesehen. Dabei wird unterschieden zwischen einem weiten und einem engeren Literaturbegriff. Der weite bezeichnet »die Gesamtheit des Geschriebenen bzw. Gedruckten überhaupt«,[424] der engere die Texte, die »den Gegenstand der Literaturwissenschaft bilden. Sie werden aus der Gesamtheit alles Geschriebenen und Gedruckten ausgegrenzt durch die Merkmale der ›Literarizität‹, ›Poetizität‹ und/oder ›Ästhetizität‹«.[425] Vor allem handelt es sich dabei um »fiktionale Literatur«,[426] also um Texte, die nicht versuchen, die außersprachliche Wirklichkeit direkt abzubilden.

Der Begriff der Ästhetik wird in autonom-ästhetisch und heteronom-ästhetisch unterschieden, je nachdem, ob es um formale Eigenschaften des Textes oder seine Funktionen »in Hinsicht auf bestimmte Zwecke« geht.[427] Das gilt nicht nur für den Rezensenten, sondern für alle Leser, wobei die Autorinnen unterstellen, dass die meisten Leser Literatur ›identifikatorisch‹ rezipieren und in erster Linie unterhalten werden wollen.[428] Wichtig ist jedenfalls, dass Rezensenten wie Leser den Text auf eine für sie charakteristische Weise und somit ganz unterschiedlich lesen können.

Auf den einen wirkt eine Erzählung von Kafka deprimierend, auf den anderen produktiv als Anstoß zur Reflexion und Veränderung. Texte existieren (von ihrer Materialität einmal abgesehen) nur in der Rezeption, deshalb könnte man überspitzt sagen, dass es ebenso viele Textvarianten gibt wie Leser.[429]

Sehr schematisch geht es zu, wenn das Merkmal Zweckbestimmtheit für die Literatur bis zur Aufklärung als wichtigstes festgeschrieben und der Literatur seit der Aufklärung bescheinigt wird, nun formale Werte akzentuiert zu haben: »Die Rezeption literarischer Texte nach autonomieästhetischen Vorgaben gilt als die angemessene, also positiv einzustufende; Gegenteiliges gilt für die ›heteronome‹ Verarbeitung.«[430]

423 Vgl. Heydebrand/Winko: Einführung in die Wertung von Literatur, S. 14.
424 Ebd., S. 22.
425 Ebd., S. 23.
426 Ebd., S. 24.
427 Vgl. ebd., S. 29 f.
428 Vgl. ebd., S. 102.
429 Vgl. Neuhaus: Im Namen des Lesers. Kafkas *Das Urteil* aus rezeptionsästhetischer Sicht.
430 Heydebrand/Winko: Einführung in die Wertung von Literatur, S. 32 f.

Autonome und heteronome Verarbeitung

Aber das wird faktisch einige Seiten weiter eingeschränkt: »Nur ein Teil der Wertungen [im Sozialsystem Literatur] richten [sic] sich auf die Texte selbst.«[431] Deshalb unterscheiden die Autorinnen zwei Werttypen: »Axiologische Werte« genannte Wertmaßstäbe und »attributive Werte«, die in einer bestimmten Wertungssituation an einen bestimmten Text gebunden sind.[432]

Beide Werttypen sind von dem Wertenden abhängig. Jeder dürfte, in unterschiedlicher Mischung, subjektive und intersubjektiv verstehbare Wertvorstellungen besitzen. Das hat einen einfachen Grund. Jeder Mensch ist ein Unikat, er hat individuelle Erfahrungen gemacht, die kein anderer gemacht hat, er ist in einer Weise sozialisiert worden, die einmalig ist. Zugleich teilt er aber auch Erfahrungen mit anderen Menschen, mit den Angehörigen der Gesellschaft, in der er lebt – durch Schule, Ausbildung, Medien werden sie ihm vermittelt. Das könnte man nun weiter ausdifferenzieren, aber es genügt, um zu verstehen, warum es Gemeinsamkeiten und Unterschiede auch bei den Wertvorstellungen gibt, die ein Text erfüllen sollte.

Zentrale Werte

Das Schema, in dem von Heydebrand und Winko eine »Typologie axiologischer Werte« zusammengefasst haben, nimmt zwei Seiten ein.[433] Darunter befinden sich präzise, auf der terminologischen Höhe der Zeit befindliche Begriffe wie *Polyvalenz/Offenheit*, aber auch der alte und viel zu abstrakte Wert der Schönheit, den die Autorinnen immerhin durch weitere Unterteilung transparent zu machen versuchen. Zur Schönheit lassen sich *Stimmigkeit* (der einzelnen Teile des Textganzen), *Komplexität* und *sprachliche Gestaltung* zählen. Schönheit ist demnach ein formaler Wert, Originalität ein relationaler – weil er vom Vergleich mit anderen Texten abhängig ist. Nun könnte man argumentieren, dass auch Schönheit vom Vergleich mit anderen Texten abhängig ist – doch liegt es in der Natur der Sache, dass Schemata schematisch und Differenzierungen nur begrenzt möglich sind. Originalität bzw. Innovation ist deshalb so wichtig, weil ein Autor, will er Anerkennung vor Kritikeraugen finden, grundsätzlich gefordert ist, nicht das zu wiederholen, was seine Kollegen schon einmal gemacht haben.

Das ganze Schema kann hier weder vorgestellt noch diskutiert werden, nur vielleicht noch drei Werte, die dem Autor dieser Zeilen aus eigener Leseerfahrung wichtig erscheinen:

---

431 Ebd., S. 37.
432 Vgl. ebd., S. 43.
433 Vgl. ebd., S. 114 f.

Reflexion

Selbstreferenz

- »Erkenntnisbedeutsamkeit«, also Anregung zur *Reflexion*;
- *Selbstreferenz*, ein Wert, der den vorhergehenden ergänzt. Der Text thematisiert sich selbst als Text, er verweist auf sein Gemachtsein. Ein einfaches Beispiel ist das Komödien-Motiv des Stücks im Stück, man denke an Ludwig Tiecks *Der gestiefelte Kater*, eine Komödie, in der die Theateraufführung eines Märchens gezeigt wird, oder an Bertolt Brechts Konzeption des Epischen Theaters, das durch Illusionsdurchbrechung den Zuschauer zum Nachdenken über das bringen will, was er sieht.

Leselust

- *Leselust*, also sinnliche Befriedigung beim Lesen, wobei unterschiedliche Lüste vorkommen, die von der Lust an der reflexionslosen Unterhaltung bis zur Lust an der Reflexion über das Gelesene reichen.[434]

Wertungen erfüllen Funktionen

Ganz wichtig ist außerdem, dass Wertungen bestimmte *Funktionen* für die Wertenden erfüllen. Von Heydebrand und Winko unterscheiden drei: Orientierung in der Umwelt, Anpassung an die Umwelt und Selbstbehauptung.[435] Wenn man das so akzeptiert, dann wird es sich vermutlich jedes Mal um eine unterschiedliche Mischung dieser Funktionen handeln. Die eigene Meinung ohne Rücksicht auf Verluste zu vertreten kann sich kaum jemand leisten, ein gewisser Grad an Anpassung ist notwendig. Die Orientierungsfunktion bezeichnet den Wunsch, etwas zu verstehen, indem man es in den eigenen Sinnhorizont einordnet.

Dem steht eine Entwicklung gegenüber, die von Wissenschaftlern wie Kritikern mal beklagt und mal begrüßt wird: »Der Meinungspluralismus, den wir heute in fast allen gesellschaftlichen Bereichen finden, manifestiert sich im Sozialsystem Literatur unter anderem als Wertungspluralismus, der einen Konsens erschwert.«[436] Mit anderen Worten: Der Zwang, bestimmte Bücher kennen und lesen zu müssen, um mitreden zu können, ist heute wesentlich weniger ausgeprägt als vor Jahrzehnten. Man darf sich zu Vorlieben und Abneigungen bekennen. Ob das nun gleich bedeutet, wie manche Wissenschaftler meinen, dass es überhaupt keinen Konsens mehr gibt, sei dahingestellt.[437] Man kann an der Rezeption bestimmter Bücher sehen, dass

434 Für die unterschiedlichen Ausprägungen vgl. Anz: Literatur und Lust.
435 Vgl. Heydebrand/Winko: Einführung in die Wertung von Literatur, S. 54.
436 Ebd., S. 108.
437 Vgl. z. B. Eibl: Textkörper und Textbedeutung.

es noch viele professionelle Leser gibt, die sich mit ihnen beschäftigen, oder dass es zumindest eine größere Gruppe gibt, die einen graduellen Konsens erzielt bzw. anstrebt.[438]

Wertungen verfolgen Absichten

Von Heydebrand und Winko gehen auch auf die sprachlichen Besonderheiten von Rezensionen ein. Wertungen sind demnach weniger eine konkrete Aussage als vielmehr eine damit verbundene Absicht.[439] Wenn jemand schreibt: »Dieses Buch ist ein schlechtes Buch«, dann wird er die Absicht verfolgen, den Leser zu warnen und ihn zu bewegen, das Buch nicht zu kaufen oder zu lesen.

Was lässt sich aus all dem lernen? Wer wertet, sollte sich darüber klar sein, dass er bestimmte Wertmaßstäbe hat, die auf bestimmten Voraussetzungen beruhen – über diese Wertmaßstäbe nachzudenken kann auch nicht-professionellen Lesern nicht schaden. Ein Kritiker sollte zu einer solchen Reflexion nicht nur in der Lage sein, er sollte auch »die Voraussetzungen« seiner »Wertungspraxis möglichst weitgehend offenlegen«.[440] Dabei muss dann nicht zwangsläufig gelten, was von Heydebrand/Winko als historisch gewachsenen Konsens bezeichnen: dass eine Wertung »idealtypisch« ist, die »den vom Werk als strukturierter Ganzheit intendierten Werten gerecht zu werden sucht«.[441] Wenn jemand davon abweicht, aber offen legt, weshalb er dies tut – sollte man ihm daraus einen Vorwurf machen? »Mir gefällt dieses Buch nicht, weil es mich deprimiert«, ist als subjektive Auffassung erkennbar und bedeutet nicht, dass es allen Lesern so gehen muss. In der literaturkritischen Praxis ist der Grat zwischen subjektiver Meinungsbezogenheit und intersubjektiver Nachvollziehbarkeit schmal.

438 Kap. 5 liefert Beispiele für dieses Bemühen. Ungeachtet der unterschiedlichen Bewertung der Texte ist allein die Tatsache, dass sie so umfassend besprochen und sogar umkämpft werden, ein Beleg für ihre (natürlich immer relative) Bedeutung.

439 Heydebrand/Winko: Einführung in die Wertung von Literatur, S. 61.

440 Ebd., S. 107.

441 Ebd., S. 186.

7.3 Wertung und Kanon

Keine umfassende Theorie

Eine umfassende Theorie zur Bewertung von literarischen Texten gibt es nicht, es kann sie auch nicht geben.[442] Der historische Überblick hat gezeigt, dass die Qualität eines Texts nicht nur von ihm selbst abhängt, sondern auch von der Zeit, in der er beurteilt wird, und von den mehr oder weniger individuellen Vorstellungen einzelner Kritiker oder Wissenschaftler.

Die Berücksichtigung des Faktors Zeit gibt dem Geschäft des Kritisierens eine zusätzliche Dynamik. Kritiker stehen nicht nur unter dem Druck, möglichst schnell ein Urteil abzugeben, das auf dem aktuellen Markt der Kritiken bestehen kann. Es ist davon auszugehen, dass die Mehrzahl der Kritiker bemüht ist, sich nicht zu blamieren. Wenn sie ein Buch verreißen, das nach zehn Jahren zur unumfochtenen Schullektüre geworden ist, dann könnte man das als peinlich bezeichnen. Außerdem dürfte zur allgemeinen Kritikermotivation gehören, für besonders qualitätvoll gehaltene Titel dauerhaft den Lesern zu empfehlen, also in der Frage, was in zehn, 50 oder 100 Jahren gelesen wird, ein Wörtchen mitzureden.

Damit sind wir beim Problem des literarhistorischen Kanons, der die Zahl literarischer Texte aller Zeiten umfasst, die als besonders lesenswert gelten. Es liegt auf der Hand, dass die Bewertung literarischer Texte und der Kanon in einem ganz engen Zusammenhang stehen.

Instanzen der Wertung

Denken wir daran zurück, wer an der Beurteilung von Literatur beteiligt ist, dann ist da ist nicht nur der Kritiker:

Autor

- Schon der Autor hat, wenn er schreibt, bestimmte Qualitätsmaßstäbe, denen er genügen möchte.

Lektor

- Der Lektor des Verlags, der das Manuskript des Autors auf den Tisch bekommt, urteilt nach bestimmten Maßstäben, die in der Regel stärker als beim Autor den Aspekt der Verkaufbarkeit berücksichtigen. Manche Verlage machen schlecht verkäufliche Bücher, um ihr Renommee, also ihr symbolisches Kapital zu stärken, doch das ist eher die Ausnahme. Neben dem Lektor sind viele Verlags-

---

442 Das Spektrum der Möglichkeiten Ende der 90er Jahre versammelt der Band von Heydebrand (Hg.): Kanon – Macht – Kultur, vgl. darin bes. den Beitrag von Anz: Einführung. (Auch der o. g. Beitrag von Eibl ist in dem Band erschienen.) Als Einführung und Überblick konzipiert ist der 2002 erschienene Band von Arnold/Korte (Hg.): Literarische Kanonbildung.

mitarbeiter mehr oder weniger stark an den Entscheidungsprozessen beteiligt, etwa an der Frage, wie stark der Titel (also das Buch) beworben wird.

Leser

– Der Leser kauft Bücher nach bestimmten Maßstäben, wobei der Unterhaltungswert hier oftmals eine größere Rolle spielt als die Frage, ob es sich um ein bleibendes literarisches Werk handelt.

Kritiker

– Jetzt oder noch vor den ersten Lesern, also vor der Auslieferung des Titels an die Buchhandlungen, tritt der Kritiker auf den Plan, er wählt aus den Programmankündigungen der Verlage (in der Regel handelt es sich um Frühjahrs- und Herbstprogramme) die Bücher aus, die er besprechen will.

Schule

– Lehrer an Schulen und Hochschulen können nach ihren Qualitätsmaßstäben auswählen, welche Texte sie lesen (lassen). Dadurch steigt nicht nur der Bekanntheitsgrad der Texte. Schon die Tatsache, dass ein Text an Schulen und Hochschulen gelesen wird, schreibt ihm Qualität zu. Das klingt nach einem Zirkelschluss – und ist oft auch einer. Begründet ist er einzig in der nicht immer berechtigten Annahme, dass Leute, die Literatur studiert haben, mehr davon verstehen als Otto Durchschnittsleser. Allerdings spielen bei der Auswahl der Texte auch Kriterien eine Rolle, die mit der literarischen Qualität wenig zu tun haben, bei Schullektüren beispielsweise: wie geeignet der Inhalt ist und in welcher Altersstufe der Text verstanden werden kann; an der Hochschule: welche Bedeutung ein Text für ein bestimmtes Thema hat, dem die Vorlesung oder das Seminar gewidmet ist.

Hochschule

– Es sind meist Hochschullehrer, die über literarische Texte forschen und ihnen durch die Forschungstätigkeit so etwas wie ein Adelsprädikat verleihen. Ausnahmen bestätigen die Regel, beispielsweise wird eine Arbeit über Kitsch in der Literatur nicht dazu führen, dass die darin behandelten, als kitschig bezeichneten Texte nun plötzlich als qualitätvoll gelten. Doch sind Literaturwissenschaftler in der Regel anderen Phänomenen als dem Kitsch auf der Spur und die als besonderes Qualitätsmerkmal geltende Komplexität eines Textes, seine Offenheit für verschiedene Deutungsansätze, führt zu einer verstärkten Behandlung in wissenschaftlichen Arbeiten. Der zweite Kanonisierungsgrad ist, dass diese Texte in Lexika und Literaturgeschichten eingehen. Weil das bedeutet, dass sie sich längerfristig positiv aus der Masse der Publikationen herausheben, gelten sie nun als zeitlos wertvoll.

Literaturwissenschaft

- Lange Zeit tendierten Literaturwissenschaftler dazu, auf Nummer sicher zu gehen. Sie beschäftigten sich vorrangig mit älteren Texten, bei denen man sicher sein konnte, dass sie bestimmte Qualitätsmerkmale aufweisen und zum Kanon gehören. Das deutet auf einen Zirkel, den es auch heute noch gibt: Texte werden besonders kanonisiert, weil sie als besonders kanonisiert gelten. Umgekehrt geht das auch: Texte gelten als wenig qualitätvoll, weil sie schon lange in diesem Ruf stehen. Wenn man diesen Prozess der Kanonisierung oder Dekanonisierung zurückverfolgt, kann sich ergeben, dass die ursprünglichen Gründe für die Auf- oder Abwertung eigentlich gar nicht mehr gegeben sind.[443]

Es zeigt sich: Literatur bewerten, ob für den Tag oder für die Ewigkeit, ist ein schwieriges Geschäft. Es wird zugleich vereinfacht und verkompliziert durch ein angesprochenes Merkmal von Literatur, das man mit Überzeitlichkeit benennen kann. Es war auch von Komplexität die Rede. Das sind zwei unterschiedliche paar Stiefel, doch haben sie gemeinsam, dass ein Text zu verschiedenen Zeiten von verschiedenen Leuten mit Gewinn gelesen werden kann. Das ist die Grundvoraussetzung für dauerhafte Qualität und damit Kanonisierung. Insofern können zumindest Eintagsfliegen sofort identifiziert und aus dem Bereich der ernst zu nehmenden Literatur ausgeschlossen werden, beispielsweise mit Hilfe von *ghostwritern* angefertigte, auflagenstarke Titel wie *Nichts als die Wahrheit* von Medienstar Dieter Bohlen (mit Hilfe von Katja Kessler) oder *Ich hab's allen gezeigt* von Fußballspieler Stefan Effenberg. Solche Bücher können dennoch in feuilletonistischen Kontexten interessant sein, etwa wenn es um neue Trends, Rezeptionsverhalten und soziologische oder psychologische Fragestellungen geht.

Literarische Texte sind deutungsoffen

In der Regel wird die Fähigkeit zur Kanonisierbarkeit von Literatur mit dem Begriff *Polyvalenz* bedacht, auf Deutsch *Mehrdeutigkeit*. Wenn man nicht von der Sprache, sondern von der Bedeutung her kommt, könnte man auch von der *Interpretierbarkeit* oder *Deutungsoffenheit* reden. Ein anderer, gern verwendeter Begriff lautet *Mehrfachcodierung*: Die Wörter sind so gewählt, dass in ihrer Zusammenstellung als Text verschiedene *Lesarten* angeboten werden. Fontanes *Effi Briest* beispielsweise lässt sich lesen als Studie über: die Problema-

443 Vgl. beispielhaft: Neuhaus: Das Spiel mit dem Leser.

tik gesellschaftlicher Normen; die Problematik der Geschlechterverhältnisse; die Probleme sozialer Schichtung ... Oder als: hochartifizielles symbolisches Verweisungssystem; formales und sprachliches Experiment; psychologische Studie ... Literarische Texte sind demnach das Gegenteil von dem, was ein Zeitungsbericht sein möchte, sie sind *uneindeutig*, legen sich nicht auf eine Bedeutung fest.

Nun könnte man sagen: Wenn dies das entscheidende Kriterium ist, dann muss man nur gucken, welche Texte offen für verschiedene Deutungen sind. Das erste Problem dabei ist, dass es sich nicht um das einzige Kriterium (oder, wie gezeigt, Kriterienbündel) zur Beurteilung von Literatur handelt. Das zweite Problem besteht darin, dass die Bestimmung von Deutungsoffenheit wieder bestimmten Kriterien unterworfen sein muss, die aber dann letztlich subjektiv bleiben müssen. Wenn man verschiedene Möglichkeiten hat, einen Text zu erklären, dann hat man auch verschiedene Möglichkeiten, ihn zu bewerten. Ist Martin Walsers Roman *Tod eines Kritikers* von 2002 ein Roman, der antisemitische Klischees verwendet und bestätigt, dann müsste man wohl zu dem Schluss kommen, dass es sich um ein schlechtes Buch handelt. Vielleicht aber haben wir es mit einem Roman zu tun (wie Walser und einige seiner Verteidiger meinen), der nicht antisemitisch ist, weil die Klischees ironisch gebrochen werden, oder der vielleicht sogar antisemitische Klischees bei Lesern aufruft, um den latenten Antisemitismus dieser Leser deutlich zu machen – dann könnte man *Tod eines Kritikers* als gutes Buch bezeichnen. Kurz gesagt: Gut und schlecht sind Zuschreibungen, die auf Voraussetzungen beruhen.

7.4 Wertung im Diskurs

Literaturkritik als Machtdiskurs

Es ist schon mehrfach angesprochen worden und gilt mittlerweile als Binsenweisheit, dass Literaturkritik ein Subsystem, also ein Teil des Sozialsystems Literatur ist und damit Prozesscharakter hat. Grundlagen von Literaturkritik sind die Sozialisation der Teilnehmer des Subsystems, die Rahmenbedingungen, denen das Subsystem, das Literatursystem und dessen System-Umwelt(en) unterliegen, die Kommunikation zwischen den einzelnen Teilnehmern wie zwischen den Subsystemen und Systemen ... Das klingt alles ganz wunderbar strukturiert. Doch ist die Frage, ob es das Wesentliche erfasst, ob es die

Möglichkeit bietet, mehr als die Rahmenbedingungen der Entstehung von Werturteilen zu beschreiben. Auch angesichts der zahlreichen kontroversen Debatten im Feuilleton könnte es lohnender sein, Literaturkritik als Teil eines (Macht-)Diskurses in Augenschein zu nehmen, der bestimmten Regeln unterliegt, wie Rainer Moritz weiß:

> Die Satire darf alles. Die Literatur – vor allem, wenn sie darauf schielt, die Weihen des Feuilletons zu erhalten – tut sich damit schwerer. Nicht alles, was der schnöde Alltag bereithält, ist literarisch gleichermaßen satisfaktionsfähig. Bis heute will es das schöngeistige Kunstverständnis, das Zahnarztgattinnen (das ist natürlich stellvertretend und nicht persönlich gemeint) in Volkshochschulzirkeln zur Schau tragen, dass sich edel anzusehende Dinge besser zur poetischen Darstellung eignen als niedrige und deformierte Objekte, die leichtfertig gebrochen werden, Panther, die im Käfig traben, oder Falter, die zu langsamem Flug anheben – das vor allem sind dem gemeinen Verstande würdige literarische Anlässe, während Reißverschlüsse, Dosenchampignons (II. Wahl) oder Lambrusco-Flaschen von vornherein in der Strafklasse schmoren. Philosophen und Literaturtheoretiker jedweder Couleur haben sich immer wieder um die Ästhetik des Hässlichen und Marginalen bemüht, doch wenig Einfluss auf Volkes Stimme ausgeübt.[444]

Idealistische Ästhetik contra Ästhetik der literarischen Moderne

Damit sind zwei Literaturauffassungen benannt, die laut Moritz, Verlagschef des traditionsreichen Hauses Hoffmann & Campe, gegeneinander stehen – die aus der Weimarer Klassik hervorgegangene idealistische Ästhetik und die Ästhetik der literarischen Moderne, wobei erstere sich Literaturinteressierte allgemein zu eigen machen, während letztere Sache einer Elite aus Autoren und Literaturtheoretikern ist. Damit wäre die Literatur nicht nur, analog zur Musik, nach U- und E-Literatur einteilbar, sondern die ›ernsthafte‹ Literatur weiter unterteilbar in anspruchsvolle Beiträge einer Ästhetik des Hässlichen einerseits, epigonale Texte einer überkommenen idealistischen Ästhetik andererseits.

Habermas contra Foucault

Ob das stimmt, sei dahingestellt und ist vielleicht auch gar nicht feststellbar. Die pointiert vorgetragene These illustriert jedenfalls, dass sich im Diskurs über Literatur verschiedene Diskursebenen überlagern, sie können sogar teilweise gegenläufig sein. Je nachdem, welchen Diskursbegriff man nun zugrunde legt, kann man die Kommunikations- und Handlungsabläufe als Ausdruck eines lebendigen,

444 Moritz: Das Buch zum Buch, S. 20 f.

in der Tradition der Aufklärung stehenden Austauschs über Literatur ansehen (das wäre dann der Diskursbegriff von Jürgen Habermas), oder aber als Spitze eines Eisbergs, als Symptom für ein umfassendes Regelsystem, dem die Literatur unterworfen ist und das trotz gegenläufiger Tendenzen eine gemeinsame Struktur aufweist. In Anlehnung an den Diskursbegriff von Michel Foucault (vgl. das Kapitel zur Geschichte der Literaturkritik) könnte man die Auffassung vertreten, dass es im Diskurs über Literatur vor allem um Macht geht, also darum, als Diskursteilnehmer durch Anpassung an die Struktur und ihre vorsichtige Modifizierung seine eigene Position im Diskurs zu stärken.

Die Konkurrenz der Medien

In dem Fall hätte eine Rezension oder ein anderer literaturkritischer Artikel neben den üblichen Funktionen der Information, der Bewertung/Einordnung und der Unterhaltung eine zusätzliche, auf den Kritiker bezogene Funktion – die eigene Machtposition im literaturkritischen Diskurs zu stärken und auszubauen. Dabei lassen sich Teildiskurse unterscheiden. Der Rezensent der *Frankfurter Allgemeinen Zeitung* oder der *Zeit* konkurriert mit den mehr oder weniger etablierten Kollegen anderer großer Zeitungen und Zeitschriften, er dürfte sich kaum für die Auffassungen der Lehrer des Bertolt-Brecht-Gymnasiums in Augsburg interessieren. Wenn aber ein Deutschlehrer dieses Gymnasiums für eine Augsburger Zeitung eine Kritik schreibt, dann wird diesem Lehrer die Meinung der Kollegen alles andere als gleichgültig sein.

Es ist ganz selbstverständlich und legitim, dass Kritiker auch an ihre eigene Position im Literaturbetrieb denken, es dürfte sich sogar um eine unverzichtbare Motivation für ihre Arbeit handeln. Allerdings sollte diese Funktion nicht die anderen überlagern. In dem Fall wäre die Kritik ein Mittel der Selbstdarstellung, ihr Gegenstand würde zweitrangig. So ließe sich erklären, weshalb die Sendung *Das Literarische Quartett* immer mehr Kredit beim Fachpublikum verlor und dennoch vergleichsweise hohe Einschaltquoten erzielen konnte. Die vorgestellten Bücher waren zunehmend weniger interessant als die verbalen, teilweise stark ritualisierten Schaukämpfe der Teilnehmer. Teil des Problems ist, dass das Fernsehen wie kein anderes Medium auf Personalisierung und Repräsentanz angewiesen ist.

An diesem Beispiel lässt sich auch zeigen, wie unterschiedlich die Ausprägungen von Diskursmacht sein können. Marcel Reich-Ranickis Autorität ruht auf seinen engen Kontakten zu vielen Angehörigen des Literaturbetriebs, u. a. gewonnen durch die renommierte *Frankfurter Anthologie*, und auf seiner Beliebtheit beim Publikum. Der negative Pol ist die Geringschätzung zahlreicher Fachkollegen und Wissenschaftler, sie kann ihm angesichts seines Erfolgs aber (noch) nicht gefährlich werden (wie sich dies in 20 oder 50 Jahren darstellt, kann man wohl nicht vorhersagen). Andere Kritiker wie Reinhard Baumgart oder Volker Hage haben sich, durch einen geringen Grad an Selbstinszenierung und einen hohen Grad an Engagement für ihren Gegenstand, über Jahrzehnte hinweg das Ansehen fast aller Fachkollegen erarbeitet, ohne dabei ausgesprochen bekannt zu werden. Wieder andere wie Sigrid Löffler und Ulrich Greiner bemühen sich um einen dritten Weg, den man vielleicht in seiner Ambition als ›Popularisierung von Kritik ohne Verlust an fachlicher Substanz‹ beschreiben könnte.

Solche Einschätzungen sind freilich subjektiv, genaue Daten fehlen; es wäre an der Zeit, stärker das Selbstverständnis und die Wirkungen von Literaturkritik wissenschaftlich zu erforschen und auf solider Basis entsprechende Theorien zu entwickeln.

7.5 Zusammenfassung

Literaturkritik ist (versuchte) Kanonisierung

Literaturkritik ist von der Frage der Kriterien zur Bewertung von Literatur, diese wiederum ist von der Frage der Kanonzugehörigkeit nicht zu trennen. Jede Literaturkritik ist, schon in der Auswahl eines bestimmten Texts, ein Akt von Kanonisierung oder Dekanonisierung – wobei zugestanden werden muss, dass auch ein Verriss zur Kanonisierung beitragen kann. Zugespitzt gesagt: In Literaturkritik und Literaturwissenschaft gibt es keinen Diskurs jenseits des Kanondiskurses, selbst das Verschweigen eines Buches entscheidet mit über seinen Stellenwert in der zeitgenössischen Literatur und später in der Literaturgeschichte.

Risiko und Gratifikation des Kritikers

Literaturkritik bleibt dabei naturgemäß stark auf die zeitgenössische Literatur bezogen. Das Risiko des Kritikers ist, dass er ein Urteil fällen kann, das keinen Bestand hat und hinterher als Ausweis seiner Inkompetenz gelesen wird; seine Chance liegt darin, den Kanon der zeitgenössischen Literatur mit zu bestimmen und rückblickend feststellen zu können, dass er zur Karriere eines Buches beigetragen oder sie mit verhindert hat. Es findet dabei etwas statt, das man als Rückkopplung oder als Gratifikation des Kritikers bezeichnen könnte – die Motive des Schreibens von Kritiken sind also immer auch auf den Kritiker selbst bezogen.

Die zahlreichen, teils durch individuelle Vorlieben geprägten Teilnehmer am Diskurs, die komplizierten Verflechtungen wirtschaftlichen und symbolischen Kapitals (mit symbolischem Kapital ist das Ansehen eines Autors oder Kritikers gemeint) weisen sowohl auf die Vorläufigkeit als auch auf die potenzielle Bedeutung jeder Kritik und damit auf die Verantwortung jedes literaturkritischen Urteils.

Arbeitsfragen

Was ist ein Kanon, welche Kanones kann man unterscheiden?
Was versteht man unter literarischer Wertung?
Wie unterscheiden sich autonom-ästhetische und heteronom-ästhetische Kriterien der Literaturbewertung?
Nennen und erläutern Sie zentrale Werte!
Welche Funktionen hat die Bewertung von Literatur?
Was versteht man unter »Wertungspluralismus«?

8 Kleine Theorie der idealen Kritik

Wenn Sie es nicht selbst längst vermutet haben, so haben Sie spätestens hier gelernt, daß die Literaturkritik ein Bastard zwischen dem literarischen Schreiben, der Wissenschaft und dem Journalismus ist.

Eva Menasse[445]

Es gibt keine normierte Kritikerausbildung

Wer Bäcker werden will, muss erst eine Lehre absolvieren, nach der Gesellenprüfung dann vielleicht, wenn er sich selbstständig machen und seinerseits Bäcker ausbilden will, die Meisterschule. Journalist dagegen kann jeder werden, Literaturkritiker auch, es muss nur jemand bereit sein, die betreffende Person zu beschäftigen und die Artikel oder Rezensionen zu veröffentlichen. Das liegt an der unterschiedlichen Ware, um die es geht. Brote kann man zuhause für den Eigenbedarf backen, doch wenn man sie kauft, möchte man sicher sein, dass die Folgen des Verzehrs nicht ein zweiwöchiger Krankenhausaufenthalt sind.

Es liegt im allgemeinen Interesse, dass Bäcker zu Bäckern ausgebildet werden. Würde man aber Vorschriften erlassen, nach denen journalistische Beiträge zu verfassen sind, und dazu gehören auch Kritiken, dann wäre das ein Eingriff in die im Grundgesetz (Artikel 5) garantierte Meinungsfreiheit. Wenn nicht jeder seine Meinung frei sagen und auch veröffentlichen dürfte, stünde die Demokratie auf wackligen Füßen. Das zarte Pflänzchen Demokratie hat es ohnehin nicht leicht.

Die Qualität auf dem Nachrichtenmarkt regelt der Wettbewerb. Rezensionen gehören dazu, weil sie in periodisch erscheinenden Publikationen zu finden sind, in Zeitungen, Zeitschriften, in Radio- und Fernsehsendungen. Der Gesetzgeber hat für journalistische Texte allgemein zwar mit dem für alle Bürger geltenden Zivil- und Strafrecht Grenzen gezogen, so darf man beispielsweise niemanden beleidigen oder verleumden, auch ist – je nach Bekanntheitsgrad der betreffen-

445 Menasse: Der Kritiker als Geigenbauer oder Von der Qual, Literatur zu kritisieren, S. 123.

den Person – in Veröffentlichungen die Privatsphäre zu wahren. Wer bekannter ist, darf und muss damit rechnen, dass das so genannte öffentliche Interesse eine weitergehende Berichterstattung rechtfertigt.

Eine fließende Grenze verläuft zwischen den Textsorten. Literaturkritiken sind meinungsbezogene Artikel wie Kommentare. Meinungsbezogen heißt – es handelt sich um die subjektive Auffassung des Schreibenden. Schon durch die Wahl der Textsorte Rezension (oder verwandter Textsorten) wird nicht der Anspruch erhoben, Tatsachen wiederzugeben.

Es treten von Beginn und erster Blüte der Literaturkritik im 18. Jahrhundert an immer wieder Konflikte auf zwischen denen, die schreiben, und denen, über die geschrieben wird, den Autoren also. Bei jedem so genannten Literaturstreit verläuft der Schützengraben auch noch durch das Lager der Kritiker. Dann wird scharf geschossen und man bekommt in der Hitze des Gefechts den Eindruck, dass es nicht viele Meinungsäußerungen, sondern viele Versuche gibt, Meinungen als Tatsachen zu verkaufen und gegen Andersdenkende durchzusetzen.

Ethische Grundsätze für Kritiker?

Das kann für den außenstehenden Beobachter unterhaltsam, für die Betroffenen aber sehr schmerzhaft sein. Martin Hielscher, Lektor des C.H. Beck-Verlags, formulierte bei einer Veranstaltung im Januar 2003 im Literaturhaus Innsbruck, an der auch der Schriftsteller Uwe Timm teilnahm, dass Kritiker sich oftmals nicht darüber klar sein würden, dass es nicht nur um ein Buch, sondern immer auch um einen Menschen geht, der das Buch geschrieben hat. Man könnte also fragen, ob es nicht zumindest einige ethische Grundsätze für Kritiker geben sollte. Notwendig wären spezielle Selbstverpflichtungen neben denen, die im Journalismus üblich sind. Die Selbstkontrolle durch den Presserat, an den sich jeder Bürger wenden kann,[446] greift bei stark meinungsbetonten Artikeln nur bedingt. Kritiker bekannter Presseorgane könnten sich zusammensetzen, um Richtlinien zu entwickeln und deren Einhaltung anzumahnen.

Dazu müsste aber erst einmal die Frage geklärt werden, was die Kriterien sind, nach denen Kritiker Bücher beurteilen. Ein so bekann-

446 Der 1956 gegründete Presserat (Postfach 1447, 53004 Bonn) besteht aus jeweils zehn Journalisten und Verlegern, er kann beispielsweise Presseorgane medienwirksam rügen und so zur Rechenschaft ziehen. Vgl. Meyn: Massenmedien in Deutschland, S. 72–76, hier S. 72.

ter Vertreter seiner Zunft wie Ulrich Greiner hat formuliert: »Mich verfolgt die Frage: Mein Herr, wo sind Ihre Maßstäbe? Nicht, daß es darauf keine Antwort gäbe. Irgendeinen Maßstab hat schließlich jeder. Was mir jedoch wenig gefällt, ist die Tatsache, daß es für alle diese Maßstäbe keinen Maßstab gibt.«[447] Die Frage nach den Maßstäben oder Kriterien leitet über zur Frage nach der Leistung von Literaturkritik überhaupt. Weshalb beurteilen mehr oder weniger erwachsene Menschen mehr oder weniger erfundene Geschichten?

Funktionen einer gelungenen Literaturkritik

Nachfolgend möchte ich versuchen, die bisherige Diskussion über mögliche Maßstäbe zusammenzufassen und eine eigene Position dazu zu entwickeln:

Grundlegend und durchaus anerkannt ist die

Orientierung

- *Orientierungsfunktion*
  von Literaturkritiken. Anfang des 3. Jahrtausends erscheinen in deutscher Sprache jährlich rund 90000 Bücher. Niemand kann von sich behaupten, einen Überblick zu haben. Literaturkritiken leisten eine Vorauswahl und geben zumindest auf einem kleinen Gebiet einen winzigen Einblick in die aktuelle Produktion. Damit erfüllen sie eine wichtige Funktion, die in der Kommunikationswissenschaft mit dem Begriff des »Gate-keepers« bezeichnet wird.[448]
  Das leitet über zur

Information

- *Informationsfunktion,*
  denn Kritiken wollen oder sollen ihre Leser über ein Buch (oder mehrere bei einer Sammelrezension) informieren, ihnen mitteilen, wovon das Buch handelt und wie es sein Thema behandelt. Das leitet über zur zuerst angesprochenen, schon im Begriff Literaturkritik hervorgehobenen

Kritik

- *Kritikfunktion,*
  denn Kritiken sollen das Buch kritisch bewerten, damit der Leser genauer einschätzen kann, ob es sich für ihn unabhängig vom Informationsgehalt lohnt, es selber zu lesen. Damit haben Kritiken zwangsläufig eine gewisse Macht über das Buch. Verdammen sie es in Grund und Boden, kann es natürlich sein, dass Leser sich dadurch erst recht angeregt fühlen, das Buch zu lesen. Die Regel dürfte aber eher das Gegenteil sein – man ist froh, sich nicht selber die Mühe der Lektüre gemacht zu haben.

447 Greiner: Die verlorene Unschuld, S. 49.
448 Vgl. Noelle-Neumann/Schulz/Wilke: Publizistik, Massenkommunikation, S. 233.

Die Kritikfunktion enthält also das größte Problempotenzial, deshalb lag auf ihr der Schwerpunkt der bisherigen Ausführungen. Es sollte dabei deutlich geworden sein, wie wichtig es für die Kritikfunktion ist, dass der Kritiker sich fragt, welche Maßstäbe er zugrunde legt und welches Publikum das Buch im Auge hat, also welchen Maßstab das Buch selbst mitliefert. Offensichtlich ist, dass es unfair wäre, einen historischen Roman dafür zu schelten, dass er kein Gedichtband ist. Subtiler wäre die Unterscheidung nach Adressaten – will der historische Roman einfach nur unterhalten, nach Identifikation suchenden Lesern einige schöne Stunden in einer anderen Welt bereiten, oder zielt er auf die Verewigung in Literaturgeschichten?

Selbstreflexion der Kritik

Werner Irro geht sogar noch etwas weiter und verlangt von einer gelungen Kritik ein selbstreflexives Moment:

> Kritiker, die sich darum bemühen, Literatur als offene Arbeit, als offenes System zu zeigen, versuchen in der Regel, die Konstruktion ihrer Besprechungen erkennbar und kritisierbar zu gestalten. Ein Kritiker schreibt eine Rezension, und zugleich zeigt er, was er für eine [sic] Leser ist. [...] Zeitungsleser sollen einbezogen werden in eine Diskussion über Literatur, die von interessierten Lesern geführt wird; sie sollen nicht zu bloßen Zuhörern einer Literaturvorlesung werden müssen.[449]

Literaturkritik sollte die Offenheit des Texts berücksichtigen

Literaturkritik ist zweifellos dann verfehlt und richtet sich selbst, wenn sie mehrfach codierte (also mehrere Lesarten ermöglichende) Texte auf eine Lesart festlegt und die Existenz anderer Lesarten leugnet, obwohl es Leser gibt, die zu solchen ›verbotenen‹ Lesarten kommen. Der Kritiker benötigt, will er seinen professionellen Umgang mit Texten unter Beweis stellen (nur dann kann er als Autorität gelten), eine große Sensibilität für Deutungspotenziale. Das ist, wie in anderen Professionen, eine teilweise bereits vorhandene, auszubauende Fähigkeit und teilweise Ergebnis einer Schulung, die in umfassender Lektürekenntnis und im (Selbst-)Studium von Zugangsmöglichkeiten zur Literatur wurzelt.[450] Dabei sollte sich der Kritiker nicht selbst zu ernst nehmen, es sollte ihm um seinen Gegenstand und nicht (nach Pierre Bourdieu)[451] um das symbolische Kapital gehen, das er mög-

449 Irro: Kritik und Literatur, S. 49.

450 Vgl. bereits die Forderung Conradys: »Sein Urteilsvermögen vermag der Kritiker nur auszubilden, Maßstäbe nur zu gewinnen, wenn er die Literatur vieler Völker und vieler Zeiten studiert.« Conrady: Einführung in die Neuere deutsche Literaturwissenschaft, S. 68.

451 Vgl. Bourdieu: Die Regeln der Kunst.

licherweise akkumulieren möchte, also um den Erfolg und das Ansehen als Rezensent, das er möglicherweise sogar mit Hilfe einer bestimmten Strategie zu verwirklichen sucht. Man wird kaum bestreiten können, dass es Kritikerpersönlichkeiten gibt, die in erster Linie sich selbst inszenieren. Die zunehmende Medialisierung der Literaturkritik, die Bevormundung des Zuschauers durch die Omnipotenz eines ins beste Licht gesetzten Literaturexperten von Fernsehgnaden ist eine relativ neue Gefahr für die Sozialisation zum mündigen Leser, wobei die Chancen medialer Ausdifferenzierung im intelligenten Werben für das Buch und in der produktiven Koexistenz der Medien liegen.

Mit Blick auf die Funktionalisierung von Literatur durch ihre Kritiker sei noch einmal auf Roland Barthes zurückverwiesen:

> Jeder Versuch, aus dem Material der Sprache literarischer Werke eine zweite Sprache zu schaffen, eröffnet allerdings einen Weg voller unkontrollierbarer Relais, das unendliche Spiel der Spiegel, und diese Aussicht ist verdächtig. Solange die traditionelle Funktion der Kritik darin bestand, Urteile zu fällen, konnte sie nicht anders als konformistisch sein, nämlich konform mit den Interessen der Richter.[452]

Eine Literaturkritik, die sich als diskursive »Polizei« (Roland Barthes) versteht,[453] verfehlt nicht nur ihre Möglichkeiten, für das Lesen qualitätvoller Literatur zu werben. Darüber hinaus schreibt sie den *Status quo* einer Literaturauffassung fest, die dadurch automatisch und sofort veraltet – Literatur ist und bleibt Teil eines unendlichen Prozesses. Eine Kritikerpolizei torpediert die reflexionsfördernde, also die wichtigste Funktion von Literatur (ein tautologischer Satz, denn qualitätvolle Literatur und Reflexion gehören untrennbar zusammen).

Die vierte Funktion

Zuletzt ist eine Funktion von Kritik anzusprechen, die gern in der Diskussion vergessen wird, obwohl sie in vielen Medien eine zentrale Rolle spielt: die

Unterhaltung

- *Unterhaltungsfunktion.*
  Sie lässt sich aus der Geschichte des Kulturjournalismus, spezieller aus der des Feuilletons herleiten, in den letzten Jahrzehnten aber auch ganz grundsätzlich aus der Zugehörigkeit zum Journalismus. Journalistische Texte heutiger Prägung sollen ihre Leser nicht langweilen. Für Artikel über Literatur gilt das in besonderem Maße,

452 Barthes: Kritik und Wahrheit, S. 24.
453 Vgl. ebd.

zumal die Grenze zwischen Literatur und Kritik oftmals fließend ist.[454]

Literaturkritiken sollen Interesse wecken

Große Kritikerpersönlichkeiten waren selbst glänzende Stilisten oder sogar Schriftsteller, Lessing und Fontane beispielsweise; sie haben Kritiken genutzt, um Poetiken zu entwerfen. Gotthold Ephraim Lessings *Hamburgische Dramaturgie*, eine der einflussreichsten Dramenpoetiken deutscher Sprache, ist eine Sammlung von Theaterkritiken, die zuerst in einer Zeitschrift erschienen sind.

Neben den persönlichen Anspruch des Kritikers tritt die Notwendigkeit, die Kritik im Medium bestmöglich zu verkaufen. Leser, Hörer oder Zuschauer sollen nicht nach dem ersten Satz umblättern, umschalten oder abschalten, sondern gebannt weiterlesen, zuhören oder zuschauen.

Über die Gewichtung und Ausprägung der benannten Funktionen herrscht seit Entstehung einer bürgerlichen Öffentlichkeit Uneinigkeit. In diesem Buch sollte skizzenhaft deutlich geworden sein, welche Entwicklung die Literaturkritik genommen hat. Aus den verschiedenen Auffassungen lassen sich die Funktionen von Literaturkritik destillieren, auch wenn die Gewichtung Teil der individuellen Ausprägung sein wird.

Der Vorteil einer Aufteilung in Funktionen liegt auf der Hand: Sie berücksichtigt die divergierenden Interessen der Kritiker, Verleger, Autoren und Leser. Ein Konsensmodell also, das kein Maulkorberlass ist, da es jeden Schärfegrad an Kritik ermöglicht und nur darum bittet, über den Gegenstand Buch die am Literaturprozess beteiligten Menschen und ihr Recht auf ihr eigenes ›Urteil‹ nicht zu vergessen.[455]

Der empathiefähige Kritiker

Das Modell des Kritikers als Richter oder als Anwalt wäre dann zu modifizieren. Hans Mayer hat das 18. Jahrhundert als Epoche »der *richterlichen* Gewalt« in der Literaturkritik bezeichnet und zutreffend von der Notwendigkeit einer »Gewaltenteilung« gesprochen.[456] Der Kritiker sollte nicht nur parteinehmender Anwalt oder selbstherrlicher Urteilsfinder, sondern ein Richter sein, der in sich den Anwalt, den Ankläger und den Angeklagten zu Wort kommen lässt. Dazu

454 Vgl. Neuhaus: Vom Sinn und Unsinn der Literaturkritik.

455 Diese zwischenmenschliche Basis der Kritik wurde mehrfach thematisiert und eingefordert (vgl. z. B. Hinck: Kommunikationsweisen gegenwärtiger Literaturkritik, S. 106), dennoch gibt es immer wieder spektakuläre Fälle, in denen solche Überlegungen keine Rolle spielen (vgl. Kap. 5).

456 Vgl. Mayer: Einleitung, S. 26.

muss man keine multiple Persönlichkeit sein, es genügt, wenn man das besitzt, was man ganz banal als Einfühlungsvermögen, etwas wissenschaftlicher als Empathie bezeichnen kann. Die Fähigkeit zur Empathie zeichnet jeden guten Leser aus. Von ihm unterscheidet sich der Kritiker als professioneller Leser nur in der Fähigkeit, den auf der Basis seines Sachverstandes reflektierten Eindruck in wohlgesetzte Worte zu gießen.

9 Wo kann man Literaturkritik studieren?

Hauptberufliche Literaturkritiker wie Marcel Reich-Ranicki gibt es nicht viele. Von der Literaturkritik kann man, sofern man keine Stelle als Redakteur im Feuilleton oder in einer Kulturredaktion hat, nur als Star, als finanziell unabhängiger oder als an Entbehrungen gewöhnter Mensch leben. Darüber sollte sich jeder klar sein, der haupt- oder freiberuflich literaturkritisch tätig sein will.

Viele Kritiker sind Wissenschaftler

Viele freiberuflich tätige Kritiker sind Professoren für Literaturwissenschaft, Wulf Segebrecht oder Dieter Borchmeyer beispielsweise. Das heißt aber nicht, dass man mit dem Beginn der Rezensionstätigkeit warten sollte, bis man Professor ist – auch die älteren Kollegen an den Universitäten haben in jungen Jahren begonnen, in der Regel während des Studiums, teilweise bereits zur Zeit des Abiturs. Tipps für Anfänger gibt beispielsweise der *Verband der deutschen Kritiker e. V.* auf seiner Homepage *http://www.junge-kritiker.de/grundmann.htm*. Schüler ab 15 Jahren können sich dort sogar für einen Kritikerpreis bewerben. Eine hervorhebenswerte Einzelinitiative ist eine 1986/87 gegründete, seither in einer Auflage von 1000 Exemplaren in Bamberg erscheinende Zeitschrift für Literaturkritik, die *RezenSöhnchen* heißt und von Studierenden der Universität Bamberg erstellt wird. Das *RezenSöhnchen* hat sogar eine eigene Homepage: *http://www.forum-buchkritik.de*.

Kontakte knüpfen

Es empfiehlt sich generell, Kontakte zur Heimatzeitung oder zu Zeitungen rund um den Studienort zu knüpfen, vielleicht gibt es Möglichkeiten, dort ein Praktikum zu machen oder als Freiberufler Kritiken zu platzieren, entweder durch Vorschlag (»das würde ich gern rezensieren!«) oder Abnahme zur Rezension bestimmter Exemplare. Dabei sollte das Zielpublikum der Zeitung nicht vergessen werden. Lokalzeitungen richten sich nicht in erster Linie an Akademiker, dort wird eine

Besprechung eines neuen Wanderführers, mit dem sich das nahe gelegene Erholungsgebiet erschließen lässt, willkommener sein. Wenn man Glück hat, gibt es einige Schriftsteller, die im Ort oder nahebei wohnen, deren Bücher man besprechen, über deren Lesungen man berichten oder die man vielleicht gar interviewen darf. Gute Möglichkeiten, hilfreiche Kontakte zu knüpfen, bieten literarische Vereine und Gesellschaften, Literaturhäuser oder sonstige Veranstaltungsorte.

Die meisten Literaturkritiker sind durch ein Germanistikstudium zu ihrem Beruf gekommen, die wenigsten – wie Reich-Ranicki, der von den Nazis am Studium gehindert wurde – sind Autodidakten. Früher konnte man Germanistik lediglich mit dem Berufsziel Lehrer oder Hochschullehrer (ursprüngliches Ziel des Magisterstudiums) studieren; wer weder das eine noch das andere werden wollte, hätte oftmals, also wenn nicht gerade spezifische Fächer gesucht wurden (etwa ein naturwissenschaftliches Studium für die Arbeit als Wissenschaftsredakteur), genauso gut einen Studienabschluss in Anglistik, Geographie oder Geschichte machen können, also in anderen geisteswissenschaftlichen Fächern, die nicht direkt für eine berufliche Tätigkeit außerhalb pädagogischer Anstalten qualifizieren.

In den letzten Jahrzehnten hat sich die Situation geändert, der ›klassische‹ Magister-Studiengang ist auf dem Rückzug. Durch die Einführung der gestuften Studienabschlüsse Bachelor (in der Regel 3 Jahre) und Master (2 Jahre) soll stärker differenziert werden zwischen denen, die ein generelles Studium als Eintrittskarte fürs Berufsleben benötigen, und jenen, die nach höheren akademischen Weihen streben oder solche für bestimmte berufliche Laufbahnen benötigen. Andernorts wird das übliche Germanistikprogramm durch Praxisanteile ergänzt, die von den Absolventen später in ihren Bewerbungen als zusätzliche Qualifikationen herausgestellt werden können. Dabei sind unterschiedliche Wege gegangen worden, einige sollen hier kurz vorgestellt werden.

Praxisorientierte Studiengänge

An der Otto-Friedrich-Universität im nordbayerischen Bamberg (96045 Bamberg) gibt es seit der Wiederbegründung der Universität Ende der 70er Jahre einen Diplom-Studiengang, wahlweise mit dem Schwerpunkt Journalistik, Deutsch als Fremdsprache oder Literaturvermittlung. Wer Literaturvermittlung studiert, muss spätestens bei der Anmeldung zum Vordiplom nach dem 4. Semester insgesamt acht Wochen Praktika bei Buchhandlungen oder Verlagen vorweisen können.

Der Besuch üblicher germanistischer, insbesondere literaturwissenschaftlicher Veranstaltungen wird ergänzt durch Übungen zum Buchhandel und Verlagswesen bzw. deren Geschichte, die von Leuten aus der Praxis gehalten werden, darunter Lektoren renommierter Verlage. Das 9. Semester ist für die Diplom-Arbeit vorgesehen, sie kann, muss aber nicht im Schwerpunkt geschrieben werden. Ein Schwerpunkt-Thema wäre etwa das Erforschen des Bestseller-Phänomens an konkreten Beispielen. Informationen zum Studium in Bamberg gibt es über die Homepage der Universität (*http://www.uni-bamberg.de*).

Medienwissenschaft

An der Universität Marburg gibt es ein das klassische Germanistikstudium ergänzendes und erweiterndes Angebot, für das allerdings Beschränkungen gelten:

> Angesichts der großen Nachfrage und der begrenzten Ausbildungskapazität ist das neue Magister-Hauptfach »Medienwissenschaft« seit Wintersemester 2001/02 im Rahmen einer Numerus-Clausus-Regelung zulassungsbeschränkt. Unterlagen für die Bewerbung werden ausschließlich über das Studentensekretariat der Philipps-Universität (Biegenstr.10, 35032 Marburg) zugesandt. Die Bewerbung muss bis spätestens *15. Juli* beim Studentensekretariat (Biegenstr.10, 35032 Marburg), erfolgen.[457]

Medienwissenschaft kann auch als »Magister-Nebenfach« und »Freies Wahlpflichtfach« studiert werden. Die eher theoretische Ausrichtung des Fachs (»Schwerpunkte in Forschung und Lehre: Film und Fernsehen: Geschichte, Ästhetik, Theorie«[458]) wird durch praxisorientierte Veranstaltungen im Studienschwerpunkt »Literaturvermittlung in den Medien« balanciert. Ein paar Kostproben von Übungstiteln im Sommersemester 2003: »Verlagsarbeit von A bis Z«, »Wissenschaftsprogramme in Publikumsverlagen«, »Strategien im Kulturjournalismus«. Der Schwerpunkt ist eng verbunden mit dem Internetportal *literaturkritik.de*:

literaturkritik.de

> »Literaturvermittlung in den Medien« (LVM) heißt ein Studienschwerpunkt im Fach Deutsche Sprache und Literatur, der seit dem Wintersemester 1999/2000 an der Philipps-Universität Marburg vom Institut für Neuere Deutsche Literatur und Medien angeboten wird. Er vermittelt Qualifikationen, die den Zugang zur Berufspraxis vor allem in Bereichen des Verlagswesens und des Kulturjournalismus erleichtern sollen. In institutioneller, personeller und räumlicher Verbindung mit dem Studien-

457 Vgl. *http://www.uni-marburg.de/fb09* (abgerufen am 19.5.03).
458 Vgl. ebd., auch das dort befindliche Kurzporträt.

schwerpunkt sind Anfang 1999 das Rezensionsforum literaturkritik.de, im Sommer 1999 die Buchhandlung Kultur-Wissenschaft.de und im Sommer 2000 der Verlag LiteraturWissenschaft.de gegründet worden.[459]

An der Leopold-Franzens-Universität Innsbruck (A-6020 Innsbruck) nennt sich die zuständige Organisationseinheit »Institut für deutsche Sprache, Literatur und Literaturkritik«. Das Diplom-Studium Deutsche Philologie soll nicht nur allgemeines literarhistorisches und -methodisches Wissen vermitteln, es bietet auch Veranstaltungen mit praxisorientierter Ausrichtung, etwa zur Literaturkritik oder zum Buchmarkt. Zu dem Studienangebot heißt es insgesamt:

> Im Bereich »Neuere deutsche Literatur« werden Lehrveranstaltungen (Vorlesungen, Seminare, Proseminare) mit literaturgeschichtlichen, monographischen, themenspezifischen und motivgeschichtlichen Fragestellungen angeboten, die die Literatur des 18. Jahrhunderts ebenso wie die deutschsprachige Gegenwartsliteratur berücksichtigen. Hervorzuheben sind in diesem Zusammenhang vor allem auch Lehrveranstaltungen, die Methodenfragen der Literaturwissenschaft, Probleme der Literaturgeschichtsschreibung und der Editionsphilologie, Intertextualitäts- und Rezeptionsforschung – insbesonders die Alltagsrezeption – sowie die feministische Literaturwissenschaft betreffen oder durch die Zusammenarbeit mehrerer Universitätsinstitute interdisziplinären Charakter haben.[460]

Das Innsbrucker Zeitungsarchiv

Dem Institut ist das *Innsbrucker Zeitungsarchiv* (IZA) angegliedert, das Artikel und Aufsätze in Zeitungen und Zeitschriften über international bekannte Autoren sammelt und – soweit Lizenzen zur Verfügung stehen – sogar im Internet als *download* zur Verfügung stellt.[461] Nicht-*downloadbare* oder über die Datenbank recherchierbare Texte können gegen Gebühr beim IZA angefordert werden.[462] Informationen zum Studium in Innsbruck wieder über die Homepage der Universität (*http://www.uibk.ac.at*).

Auch an der Universität Bielefeld lässt sich das Studium teilweise praxisorientiert gestalten. In der Studienordnung für den Magisterstudiengang Literaturwissenschaft wird der entsprechende Schwerpunkt wie folgt beschrieben:

---

459 Vgl. *http://www.literaturkritik.de/portal_info.html* (abgerufen am 26.5.03).

460 Vgl. *http://germanistik.uibk.ac.at/germ/lehre/lehre.html* (abgerufen am 19.5.03).

461 Vgl. *http://iza.uibk.ac.at* (abgerufen am 19.5.03).

462 Institut für Deutsche Sprache, Literatur und Literaturkritik, Universität Innsbruck, Innrain 52, A-6020 Innsbruck, E-mail: iza@uibk.ac.at, Tel.: +43 512 507-4145 – Fax: +43 512 507-2881.

> *Mediengeschichte, Medienästhetik und Literaturkritik:* Gegenstand dieses Studiengebiets ist die grundsätzliche Medialität von Literatur, die Ästhetik der verschiedenen Medien, die Geschichte und Theorie der Medien. Dies schließt Fragen nach dem systematischen und historischen Zusammenhang zwischen Literatur und Rundfunk, Literatur und Fernsehen, Literatur und Film, Literatur und Multimedia ein. Außerdem befaßt sich dieses Studiengebiet mit Theorie und Praxis der Literaturkritik, auch in ihrem medialen Zusammenhang, mit editionsphilologischen Fragen, mit Fragen der Buchkunde und des literarischen Marktes.[463]

Im Laufe des Studiums kann Literaturkritik zum Schwerpunktteilfach gewählt werden.

An zahlreichen anderen Universitäten gibt es mehr oder weniger regelmäßig Angebote zur Literaturkritik, allerdings keine Verankerung in Studiengängen und den sie beschreibenden Ordnungen. Einen Überblick über die Angebote kann man sich als Abiturient in der Berufsberatung beim Arbeitsamt verschaffen – oder im Internet. Zur Germanistik gibt es verschiedene Linklisten. Bekannt ist die so genannte »Erlanger Liste«, die nicht nur über »Institute und Institutionen« informiert, sondern z. B. auch über netzbasierte Epochendarstellungen, Textsammlungen und Literaturmagazine.[464] Auf einige grundlegende Homepages verweisend und daher sehr übersichtlich: die »Links« der »Kritischen Ausgabe« der *Zeitschrift für Germanistik und Literatur.*[465] Bei speziellen Wünschen lohnt sich auch immer die Eingabe von Stichworten in die Suchmaschine *google.*[466]

Wer sich für Literaturkritik interessiert, wird immer Möglichkeiten finden, sich damit zu beschäftigen. Zunächst sollte man natürlich die Augen offen halten, welche Angebote es an der eigenen Universität gibt, vielleicht auch in einem anderen Fach, etwa in der Anglistik. Dann kann ein Blick über den universitären Tellerrand nicht schaden: So bot z. B. die Akademie des Deutschen Buchhandels in München im Mai 2003 ein Seminar »Literaturkritik« mit Jens Jessen als Referenten und folgendem Inhalt an: »Das Seminar vermittelt einen Überblick über Medien, Funktionen und Theorie der Literaturkritik. Dis-

463 Vgl. *http://www.lili.uni-bielefeld.de/~seiler/ordnungen/litwiss.html* (abgerufen am 19.5.03).
464 Vgl. *http://www.phil.uni-erlangen.de/~p2gerlw/ressourc/liste.html* (abgerufen am 28.5.03).
465 Vgl. *http://www.kritische-ausgabe.de/links.html* (abgerufen am 28.5.03).
466 Vgl. *http://www.google.de* (abgerufen am 28.5.03).

kutiert werden die verschiedenen Aufgaben der Literaturkritik im heutigen Feuilleton und Formen des engagierten und angemessenen Schreibens von Rezensionen.«[467]

Learning by doing

Schließlich gilt das Prinzip ›learning by doing‹, das man auf zweierlei Weise befolgen kann:

1. Man tut sich mit Gleichgesinnten zusammen und gründet einen Gesprächskreis, eine Gruppe, die über vorher verabredete Neuerscheinungen spricht, die vielleicht sogar eine literaturkritische Zeitschrift aus der Taufe hebt, wie dies beispielsweise mit dem vorgestellten *RezenSöhnchen* geschehen ist.
2. Man erkundigt sich (am besten in Person, nicht durch Brief oder E-Mail) bei den Zeitungen und Zeitschriften vor Ort oder im Umkreis, ob es dort Möglichkeiten gibt, Kritiken unterzubringen. Manchmal haben sogar kostenlos verteilte Wochenblätter einen kleinen Literaturteil, in dem freilich eher populäre Bücher vorgestellt werden. Größere Regionalzeitungen haben meist eine in gewissen Abständen erscheinende Literaturseite, oder sie bringen Rezensionen im Kulturteil unter.

Es kann auch nicht schaden, mit den Dozenten der Universität zu sprechen und sie anzuregen, mal ein literaturkritisches Seminar anzubieten. Das kann von der Diskussion wichtiger Neuerscheinungen über den historischen Abriss bis zur schwerpunktmäßigen Beschäftigung mit Klassikern der Literaturkritik wie Lessing reichen.

467 Siehe auch www.buchakademie.de.

10 Literatur

10.1 Primärliteratur

Arnim, Achim von u. Clemens Brentano (Hg.): Des Knaben Wunderhorn. Vollständige Ausgabe nach der Erstausgabe von 1806/08. 3 Bde. München 1984 (dtv klassik).

Becker, Jurek: Warnung vor dem Schriftsteller. Drei Vorlesungen in Frankfurt. Frankfurt/Main 1990 (edition suhrkamp 1601).

Benjamin, Walter: Gesammelte Schriften. Unter Mitw. von Theodor W. Adorno und Gershom Sholem hg. von Rolf Tiedemann u. Hermann Schweppenhäuser. 6 Bde. Frankfurt/Main 1985.

Brecht, Bertolt: Schriften. Jubiläumsausg. zum 100. Geb. 6 Bde. Frankfurt/Main 1997.

Brentano, Clemens: Sämtliche Werke und Briefe. Historisch-kritische Ausgabe. Veranstaltet vom Freien Deutschen Hochstift. Hg. von Jürgen Behrens u. a. Band 9.3. Stuttgart u. a. 1978.

Ende, Michael: Der satanarchäolügenialkolöllische Wunschpunsch. Mit Bildern von Regina Kehn. Stuttgart u. a. 2000 [Erstausgabe 1989].

Enzensberger, Hans Magnus: Mittelmaß und Wahn. Gesammelte Zerstreuungen. 4. Aufl. Frankfurt/Main 1989.

Fontane, Theodor: Aufsätze und Aufzeichnungen: Aufsätze zur Literatur. Hg. von Jürgen Kolbe. Frankfurt/Main u. a. 1979 (Werke und Schriften 28).

–: Der Stechlin. Roman. München 1969 (Taschenbuchausgabe in 15 Bänden, 13).

Goethe, Johann Wolfgang von: Werke. Hamburger Ausgabe in 14 Bänden. München 1998.

–: Werke. Herausgegeben im Auftrage der Großherzogin Sophie von Sachsen. 43. Bd. München 1987 (Nachdruck der Weimarer Ausgabe, I. Abt., 38. Bd.).

Gottsched, Johann Christoph: Schriften zur Literatur. Hg. von Horst Steinmetz. Stuttgart 1998 (RUB 9361).

Grass, Günter: Ein weites Feld. Roman. Göttingen 1995.

Handke, Peter: Die Lehre der Sainte-Victoire. Frankfurt/Main 1996 (suhrkamp taschenbuch 2616).

Hauff, Wilhelm: Werke. Hg. v. Hermann Engelhard. 2 Bde. Essen 1981 (Sonderausgabe u. unveränderte Neuaufl. der Ausgabe der I. G. Cotta'schen Verlagsbuchhandlung).

Herder, Johann Gottfried: Von Ähnlichkeit der Mittlern englischen und deutschen Dichtkunst nebst verschiedenem, das daraus folget. In: Mayer (Hg.): Deutsche Literaturkritik. Band 1: Von Lessing bis Hegel (1730–1830), S. 282–295.

–: Vorrede zu den »Volksliedern nebst untermischten andern Stücken, zweiter Teil«. In: Mayer (Hg.): Deutsche Literaturkritik. Band 1: Von Lessing bis Hegel (1730–1830), S. 296–315.

Hilbig, Wolfgang: Abriß der Kritik. Frankfurter Poetikvorlesungen. Frankfurt/Main 1995 (Collection S. Fischer 83).

Kerr, Alfred: Werke in Einzelbänden. Hg. von Hermann Haarmann u. Günther Rühle. 4 Bde. Berlin 1991.

Lewis, Clive Staples: Über das Lesen von Büchern. Literaturkritik ganz anders. Freiburg u. a. 1966 (Herder-Bücherei 250).

Mayer, Hans (Hg.): Deutsche Literaturkritik. 4 Bde. Frankfurt/Main 1978.

Meckel, Christoph: Das bucklicht Männlein. Ein altes Lied in Bild und Schrift gesetzt, versehen mit einer Einleitung und mit einer Erinnerung von Walter Benjamin. Frankfurt/Main 1981.

Opitz, Martin: Buch von der Deutschen Poeterey (1624). Hg. von Cornelius Sommer. Bibliogr. erg. Ausg. Stuttgart 1991 (RUB 8397).

Schiller, Friedrich: Sämtliche Werke. 8., durchges. Aufl. Darmstadt 1987 (Lizenzausg. des Hanser-Verlags).

Schlegel, August Wilhelm: Einleitung zu den »Vorlesungen über schöne Literatur und Kunst«. In: Mayer (Hg.): Deutsche Literaturkritik. Band 1: Von Lessing bis Hegel (1730–1830), S. 609–668.

Timm, Uwe: Erzählen und kein Ende. Versuche zu einer Ästhetik des Alltags. Köln 1993.

Walser, Martin: Gesammelte Stücke. Frankfurt/Main 1971 (suhrkamp taschenbuch 6).

–: Halbzeit. Roman. Frankfurt/Main 1981 (suhrkamp taschenbuch 684/Die Anselm Kristlein Trilogie 1).

–: Ohne einander. Roman. Frankfurt/Main 1993.

–: Tod eines Kritikers. Roman. Frankfurt/Main 2002.

Wilde, Oscar: Die Märchen. Aus dem Englischen von Susanne Luber. Zürich 1999.

–: The Artist as Critic. Critical Writings of Oscar Wilde. Edited by Richard Ellmann. Chicago 1982 (Phoenix edition).

Wolf, Christa: Was bleibt. Erzählung. Ungek. Ausg. München 1994.

10.2 Forschungsliteratur

Albrecht, Wolfgang: Literaturkritik. Stuttgart u. Weimar 2001 (Sammlung Metzler 338).

Amann, Klaus: Der Ingeborg-Bachmann-Preis. Notizen eines Jurors. In: Schmidt-Dengler u. Streitler (Hg.): Literaturkritik. Theorie und Praxis, S. 151–172.

Anz, Thomas: Einführung. In: Heydebrand (Hg.): Kanon – Macht – Kultur, S. 3–8.

– (Hg.): Es geht nicht um Christa Wolf. Der Literaturstreit im vereinigten Deutschland. Frankfurt/Main 1995 (Fischer-Taschenbuch 12575).

–: Literatur und Lust. Glück und Unglück beim Lesen. München 1998.

–: Literaturkritisches Argumentationsverhalten. Ansätze zu einer Analyse am Beispiel des Streits um Peter Handke und Botho Strauß. In: Barner (Hg.): Literaturkritik – Anspruch und Wirklichkeit, S. 415–430.

Arnold, Heinz Ludwig (Hg.): Über Literaturkritik. München 1988 (Heft 100).

Arnold, Heinz Ludwig, in Zusammenarbeit mit Hermann Korte (Hg.): Literarische Kanonbildung. München 2002 (Sonderband text + kritik).

Barner, Wilfried (Hg.): Literaturkritik – Anspruch und Wirklichkeit. DFG-Symposion 1989. Stuttgart 1990 (Germanistische Symposien-Berichtsbände 12).

Barthes, Roland: Kritik und Wahrheit. Frankfurt/Main 1967 (edition suhrkamp 218).

Baumgart, Reinhard u. a.: Die Kunst des Lesens – Positionen der Literaturkritik. Podiumsdiskussion mit Reinhard Baumgart, Helmut Böttiger, Sigrid Löffler, Jörg Magenau, Joachim Scholl, Gustav Seibt (6. Februar 2002). Moderation: Norbert Miller und Dieter Stolz. In: Miller/Stolz (Hg.): Positionen der Literaturkritik, S. 159–203.

Berghahn, Klaus L.: Von der klassizistischen zur klassischen Literaturkritik 1730–1806. In: Hohendahl (Hg.): Geschichte der deutschen Literaturkritik (1730–1980), S. 10–75.

Blatnik, Meike: Literaturkritik heute. Eine Bestandsaufnahme. In: Miller/Stolz (Hg.): Positionen der Literaturkritik, S. 25–38.

Blöbaum, Bernd u. Stefan Neuhaus (Hg.): Literatur und Journalismus. Theorie, Kontexte, Fallstudien. Opladen 2003.

Blöcker, Günter: Selbstkritik der Kritik. In: Görtz/Ueding (Hg.): Gründlich verstehen, S. 11–16.

Borchmeyer, Dieter: Martin Walser und die Öffentlichkeit. Von einem neuerdings erhobenen unvornehmen Ton im Umgang mit einem Schriftsteller. Frankfurt/Main 2001 (edition suhrkamp 2259).

Borchmeyer, Dieter u. Helmuth Kiesel (Hg.): Der Ernstfall. Martin Walsers *Tod eines Kritikers*. Hamburg 2003.

Bourdieu, Pierre: Die Regeln der Kunst. Genese und Struktur des literarischen Feldes. Übers. v. Bernd Schwibs u. Achim Russer. Frankfurt/Main 2001 (suhrkamp taschenbuch wissenschaft 1539).

Braun, Michael: Denker ohne festen Wohnsitz in der sekundären Welt. Über alte und neue Legitimationsprobleme der Literaturkritik. In: Miller/Stolz (Hg.): Positionen der Literaturkritik, S. 87–98.

Brendel, Detlef u. Bernd E. Grobe: Journalistisches Grundwissen. Darstellung der Formen und Mittel journalistischer Arbeit und Einführung in die Anwendung empirischer Daten in den Massenmedien. München 1976 (UTB 565).

Conrady, Karl Otto: Einführung in die Neuere deutsche Literaturwissenschaft. Mit Beiträgen von Horst Rüdiger und Peter Szondi und Textbeispielen zur Geschichte der deutschen Philologie. Reinbek 1966 (rowohlts deutsche enzyklopädie).

Cramer, Sibylle: Die Sprache der Kritik zwischen Gefühl und Argument. In: Görtz/Ueding (Hg.): Gründlich verstehen, S. 17–28.

Czernin, Franz Josef: Marcel Reich-Ranicki. Eine Kritik. Göttingen 1995.

Daemmrich, Horst S.: Literaturkritik in Theorie und Praxis. München 1974 (UTB 311).

Drews, Jörg: Über den Einfluß von Buchkritiken in Zeitungen auf den Verkauf belletristischer Titel in den achtziger Jahren. In: Barner (Hg.): Literaturkritik – Anspruch und Wirklichkeit, S. 460–473.

Egyptien, Jürgen: Der Melancholiker als Kritiker. Ein Kapitel aus der Ästhetik der Verzweiflung. In: Schmitz u. a.: Hat Literatur die Kritik nötig?, S. 69–114.

Eibl, Karl: Textkörper und Textbedeutung. Über die Aggregatzustände von Literatur, mit einigen Beispielen aus der Geschichte des Faust-Stoffes. In: Heydebrand (Hg.): Kanon Macht Kultur, S. 60–77.

Eschering, Ursula: Empfindsame Indianer. In: Miller/Stolz (Hg.): Positionen der Literaturkritik, S. 22 ff.

Fasthuber, Sebastian: Literaturkritik im Internet. Eine Bestandsaufnahme. Mit einer komparatistischen Fallstudie zur Rezeption von Thomas Pynchons *Mason & Dixon*. Univ. Diss. Wien 2002.

Fetz, Bernhard: Von ästhetischen Kramläden zum Kartell der Langeweile. Friedrich Schlegels Bedeutung für die aktuelle Literaturkritik. In: Schmidt-Dengler u. Streitler

(Hg.): Literaturkritik. Theorie und Praxis, S. 41–56.

Foucault, Michel: Die Ordnung des Diskurses. Aus dem Französischen von Walter Seitter. Mit einem Essay von Ralf Konersmann. 7. Aufl. Frankfurt/Main 2000 (Fischer Wissenschaft).

Fuchs, Tilla u. Elise Clement: »Qu'est-ce que la critique?« Literaturkritik in Frankreich. In: Miller/Stolz (Hg.): Positionen der Literaturkritik, S. 39–71.

Getschmann, Dirk: Zwischen Mauerbau und Wiedervereinigung. Tendenzen der deutschsprachigen journalistischen Literaturkritik. Metakritik und Praxis. Würzburg 1992 (Epistemata: Reihe Literaturwissenschaft 89).

Görtz, Franz Josef: Geisterstimmen aus der Provinz. Über die Literaturkritik auf dem flachen Land. In: Görtz/Ueding (Hg.): Gründlich verstehen, S. 40–48.

Görtz, Franz Josef u. Gert Ueding (Hg.): Gründlich verstehen. Literaturkritik heute. Frankfurt/Main 1985 (Suhrkamp-Taschenbuch 1152).

Görtz, Franz Josef u. Gert Ueding: Vorwort. In: Dies. (Hg.): Gründlich verstehen, S. 9 f.

Graf, Günter: Literaturkritik und ihre Didaktik. Modellanalysen zur Wertungspraxis. München 1981.

Grawe, Christian: »Une saison en enfer«: Die erste Saison der freien Bühne und Fontanes Kritiken. In: Ders.: »Der Zauber steckt immer im Detail«: Studien zu Theodor Fontane und seinem Werk 1976–2002. Dunedin (Neuseeland) 2002 (Otago German Studies 16), S. 172–189.

Greiner, Ulrich: Die verlorene Unschuld. In: Görtz/Ueding (Hg.): Gründlich verstehen, S. 49–53.

Grundgesetz für die Bundesrepublik Deutschland. Textausgabe. Stand: Juli 1998. Bonn 1998.

Habermas, Jürgen: Strukturwandel der Öffentlichkeit. Untersuchungen zu einer Kategorie der bürgerlichen Gesellschaft. Mit einem Vorwort zur Neuaufl. 1990. 6. Aufl. Frankfurt/Main 1999 (stw 891).

Hage, Volker: Literatur am Montag. Kriterien der Kritik und redaktionelle Praxis – Rede vor Literaturstudenten. In: Miller/Stolz (Hg.): Positionen der Literaturkritik, S. 146–158.

Hage, Volker u. Mathias Schreiber: Marcel Reich-Ranicki. Köln 1995.

Haller, Michael: Die Reportage. Ein Handbuch für Journalisten. Mit Beiträgen von Barbara Bürer u. a. 2., überarb. Aufl. München 1990 (Reihe praktischer Journalismus).

Hamm, Peter: Ich bin kein Literaturkritiker. In: Görtz/Ueding (Hg.): Gründlich verstehen, S. 54–61.

Hauptmeier, Helmut u. Siegfried J. Schmidt: Einführung in die empirische Literaturwissenschaft. Braunschweig u. Wiesbaden 1985.

Heß, Dieter (Hg.): Kulturjournalismus. Ein Handbuch für Ausbildung und Praxis. München u. Leipzig 1992 (List journalistische Praxis).

Heydebrand, Renate von (Hg.): Kanon Macht Kultur. Theoretische, historische und soziale Aspekte ästhetischer Kanonbildungen. Stuttgart u. Weimar 1998 (Germanistische Symposien-Berichtsbände 19).

Heydebrand, Renate von u. Simone Winko: Einführung in die Wertung von Literatur. Systematik – Geschichte – Legitimation. Paderborn u. a. 1996 (UTB 1953).

Hinck, Walter: Germanistik als Literaturkritik. Zur Gegenwartsliteratur. Frankfurt/Main 1983 (suhrkamp taschenbuch 885).

–: Kommunikationsweisen gegenwärtiger Literaturkritik. In: Barner (Hg.): Literaturkritik – Anspruch und Wirklichkeit, S. 98–107.

Hinderer, Walter: Elemente der Literaturkritik. Acht Versuche. Kronberg/Ts. 1976.

Höllerer, Walter: Zur literarischen Kritik in

Deutschland. In: Sprache im technischen Zeitalter 2 (1962), S. 153–164.

Hohendahl, Peter Uwe (Hg.): Einleitung. In: Ders. (Hg.): Geschichte der deutschen Literaturkritik (1730–1980), S. 1–9.

–: Geschichte der deutschen Literaturkritik (1730–1980). Mit Beiträgen von Klaus L. Berghahn u. a. Stuttgart 1985.

Hülsebus-Wagner, Christa: Feature und Radio-Essay. Hörfunkformen von Autoren der Gruppe 47 und ihres Umkreises. Aachen 1983 (CoBRa Medien 1).

Jaumann, Herbert: Literaturkritik. In: Harald Fricke u. a. (Hg.): Reallexikon der deutschen Literaturwissenschaft. Neubearbeitung des Reallexikons der deutschen Literaturgeschichte. Band II: H–O. Berlin u. New York 2000, S. 463–468.

Irro, Werner: Kritik und Literatur. Zur Praxis gegenwärtiger Literaturkritik. Würzburg 1986.

Jens, Walter (Hg.): Literatur und Kritik. Aus Anlaß des 60. Geburtstages von Marcel Reich-Ranicki. Stuttgart 1980.

–: Seine großen Kollegen. Deutsche Kritiker: von Marcel Reich-Ranicki betrachtet. In: Görtz/Ueding (Hg.): Gründlich verstehen, S. 93–102.

Kaiser, Joachim: Mürrische Nacht-Gedanken zum Thema »Kritik«. In: Görtz/Ueding (Hg.): Gründlich verstehen, S. 103–108.

Kayser, Wolfgang: Das sprachliche Kunstwerk. Eine Einführung in die Literaturwissenschaft. 19. Aufl. Bern u. München 1983.

Kiesel, Helmuth u. Paul Münch: Gesellschaft und Literatur im 18. Jahrhundert. Voraussetzungen und Entstehung des literarischen Markts in Deutschland. München 1977 (Beck'sche Elementarbücher).

Klauser, Rita: Die Fachsprache der Literaturkritik. Dargestellt an den Textsorten Essay und Rezension. Frankfurt/Main u. a. 1992 (Leipziger Fachsprachen-Studien 3).

Klein, Michael: Literaturkritik und Literaturwissenschaft. Abermaliges Plädoyer für ein komplementäres Verständnis der beiden Institutionen aus gegebenem Anlass. In: Mitteilungen aus dem Brenner-Archiv 21 (2002), S. 89–98.

Köhler, Andrea u. Rainer Moritz (Hg.): Maulhelden und Königskinder. Zur Debatte über die deutschsprachige Gegenwartsliteratur. Leipzig 1998 (Reclam-Bibliothek 1620).

Kunze, Reiner: Wesen und Bedeutung der Reportage. Berlin (Ost) 1960 (Beiträge zur Gegenwartsliteratur 17).

Ladenthin, Volker: Der Kritiker als Monster. Kleine Notizen über die Funktion der literarischen Kinder- und Jugendbuchkritik. In: Beiträge Jugendliteratur und Medien 55, H. 3 (2003), S. 194 ff.

Leonhardt, Rudolf Walter: Argumente für und gegen Literaturkritik. In: Jens (Hg.): Literatur und Kritik, S. 114–119.

Lessing, Gotthold Ephraim: Hamburgische Dramaturgie. Hg. und komm. von Klaus L. Berghahn. Stuttgart 1999 (RUB 7738).

Lindemann, Klaus u. Wolfgang Bauernfeind: Die Wirklichkeit in den Griff bekommen. Eine kurze Geschichte des deutschen Features. In: Zindel/Rein (Hg.): Das Radio-Feature, S. 25–33.

Löffler, Sigrid: Die versalzene Suppe und deren Köche. Über das Verhältnis von Literatur, Kritik und Öffentlichkeit. In: Schmidt-Dengler u. Streitler (Hg.): Literaturkritik. Theorie und Praxis, S. 27–39.

Lodemann, Jürgen: Im Kopf nichts als Bücher? Warum und wie die Südwestfunk-Bestenliste gemacht wird. In: Schmidt-Dengler u. Streitler (Hg.): Literaturkritik. Theorie und Praxis, S. 127–144.

Loquai, Franz: Das literarische Schafott. Über Literaturkritik im Fernsehen. Eggingen 1995 (Parerga 15).

Lüdke, Martin: Als Dienstbote scheint das Schmuddelkind eher ungeeignet. Fast zwanzig rhapsodische Vor-, An-, Neben- und Hauptsätze zum gegenwärtigen Stand der Literaturkritik. In: Miller/Stolz

(Hg.): Positionen der Literaturkritik, S. 99–115.

–: Die neue Bescheidenheit der Literaturkritik. In: Miller/Stolz (Hg.): Positionen der Literaturkritik, S. 15 f.

Machinek, Angelika: Wozu Literaturkritik? Empirische und innerbetriebliche Bedeutung von Rezensionen. In: Arnold (Hg.): Über Literaturkritik, S. 82–88.

Mayer, Hans: Einleitung. In: Ders. (Hg.): Deutsche Literaturkritik. Band 1: Von Lessing bis Hegel (1730–1830). Frankfurt/Main 1978, S. 9–41.

Mecklenburg, Norbert: Kritisches Interpretieren. Untersuchungen zur Theorie der Literaturkritik. München 1972 (sammlung dialog 63).

Menasse, Eva: Der Kritiker als Geigenbauer oder Von der Qual, Literatur zu kritisieren. In: Miller/Stolz (Hg.): Positionen der Literaturkritik, S. 121–134.

Meyn, Hermann: Massenmedien in Deutschland. Unter Mitarbeit von Hanni Chill. Konstanz 1999.

Miller, Norbert, Dieter Stolz u. a.: Editorial. In: Miller/Stolz (Hg.): Positionen der Literaturkritik, S. 6–14.

Miller, Norbert u. Dieter Stolz (Hg.): Positionen der Literaturkritik. Köln (Sonderheft der Zeitschrift Sprache im technischen Zeitalter).

Moritz, Rainer: Das Buch zum Buch. Ein ABC der Leselust. München u. Wien 2002.

Moser, Tillmann: Literaturkritik als Hexenjagd. Ulla Berkéwicz und ihr Roman *Engel sind schwarz und weiß*. Eine Streitschrift. München 1994 (Serie Piper 1918).

Müller-Seidel, Walter: Probleme der literarischen Wertung. Über die Wissenschaftlichkeit eines unwissenschaftlichen Themas. 2., durchges. Aufl. Stuttgart 1969.

Negt, Oskar (Hg.): Der Fall Fonty. *Ein weites Feld* von Günter Grass im Spiegel der Kritik. Göttingen 1996 (Steidl-Taschenbuch 71).

Neuhaus, Stefan: Das Spiel mit dem Leser. Wilhelm Hauff: Werk und Wirkung. Göttingen 2002.

–: Im Namen des Lesers. Kafkas *Das Urteil* aus rezeptionsästhetischer Sicht. In: Oliver Jahraus u. Stefan Neuhaus (Hg.): Kafkas *Urteil* und die Literaturtheorie. Zehn Modellanalysen. Stuttgart 2002 (RUB 17636), S. 78–100.

–: Interview mit Felicitas Hoppe. In: Deutsche Bücher (erscheint 2004).

–: Literatur und nationale Einheit in Deutschland. Tübingen u. Basel 2002.

–: Vom Sinn und Unsinn der Literaturkritik. Mit einigen grundsätzlichen Überlegungen zum Verhältnis von Literatur und Journalismus. In: Blöbaum/Neuhaus (Hg.): Literatur und Journalismus, S. 53–72.

–: Von Texten, Menschen und Medien. Die Literaturwissenschaft und ihr Gegenstand. In: Blöbaum/Neuhaus (Hg.): Literatur und Journalismus, S. 11–21.

Neukirchen, Monika: Die Geburt der Kritik aus dem Geiste des Gesprächs. In: Schmitz u. a.: Hat Literatur die Kritik nötig?, S. 115–160.

Noelle-Neumann, Elisabeth, Winfried Schulz u. Jürgen Wilke: Publizistik, Massenkommunikation. Frankfurt/Main 1989 (Das Fischer-Lexikon).

Pürer, Heinz (Hg.): Praktischer Journalismus in Zeitung, Radio und Fernsehen. 2., überarb. u. erw. Aufl. Konstanz 1996 (Reihe Praktischer Journalismus 9).

Reich-Ranicki, Marcel: Die Anwälte der Literatur. Stuttgart 1994.

–: Ein Gegner der Meinungsfreiheit. In: Marcel Reich-Ranicki (Hg.): Frankfurter Anthologie. Gedichte und Interpretationen. Bd. 14. Frankfurt/Main 1991, S. 30 ff.

–: Lauter Verrisse. Mit einem einleitenden Essay. Erw. Neuausg. Stuttgart 1984.

Richards, Ivor Armstrong: Prinzipien der Literaturkritik. Eingeleitet und aus dem Englischen von Jürgen Schlaeger. Frankfurt/Main 1972 (Theorie).

Rollka, Bodo: Vom Elend der Literaturkritik. Buchwerbung und Buchbesprechungen in der »Welt am Sonntag«. Berlin 1975.

Scharioth, Barbara u. Joachim Schmidt (Hg.): Zwischen allen Stühlen. Zur Situation der Kinder- und Jugendbuchkritik. Tutzing 1990 (Tutzinger Studien 1990/2).

Schirrmacher, Frank (Hg.): Die Walser-Bubis-Debatte. Eine Dokumentation. Frankfurt/Main 1999.

Schmidt-Dengler, Wendelin: Literaturwissenschaft und Literaturkritik. In: Schmidt-Dengler u. Streitler (Hg.): Literaturkritik. Theorie und Praxis, S. 11–25.

Schmidt-Dengler, Wendelin u. Nicole Katja Streitler: Ist die Literaturkritik eine aussterbende Art? Ein paar Bemerkungen im voraus. In: Dies. (Hg.): Literaturkritik. Theorie und Praxis, S. 7 ff.

– (Hg.): Literaturkritik. Theorie und Praxis. Innsbruck u. Wien 1999 (Schriftenreihe Literatur des Instituts für Österreichkunde 7).

Schmidt-Dengler, Wendelin, Johann Sonnleitner u. Klaus Zeyringer (Hg.): Konflikte – Skandale – Dichterfehden in der österreichischen Literatur. Berlin 1995 (Philologische Studien und Quellen 137).

Schmitz, Heinz-Gerd: Zensor, Kunstrichter und inventive Kritik. In: Schmitz u. a.: Hat Literatur die Kritik nötig?, S. 9–67.

Schmitz, Heinz-Gerd u. a.: Hat Literatur die Kritik nötig? Antworten auf die Preisfrage der Deutschen Akademie für Sprache und Dichtung vom Jahr 1987. Frankfurt/Main 1989.

Schönfeldt, Sybil Gräfin: Kritik der Kritik. Zum Beispiel: Der Deutsche Jugendliteraturpreis. In: Scharioth/Schmidt (Hg.): Zwischen allen Stühlen, S. 32–43.

Schütz, Erhard (Hg.): Literarische Reportage. Ein Arbeitsbuch. Frankfurt/Main u. a. 1979 (Texte und Materialien zum Literaturunterricht).

Sieburg, Friedrich: Lob des Lesers. Stuttgart 1958.

Siegel, Christian: Die Reportage. Stuttgart 1978 (Sammlung Metzler 164).

Ueding, Gert: Literatur mit beschränkter Haftung? Über die Misere der Kinder- und Jugendbuch-Kritik. In: Scharioth/Schmidt (Hg.): Zwischen allen Stühlen, S. 17–31.

Vinke, Hermann (Hg.): Akteneinsicht Christa Wolf. Eine Dokumentation. Hamburg 1993.

Wellek, René: Grundbegriffe der Literaturkritik. Stuttgart u. a. 1965 (Sprache und Literatur 24).

Weller, Urs: Auch Kritiker-Epochen gehen zu Ende. Eine Plauderei über Marcel Reich-Ranicki. Brensbach 1992.

Wittmann, Reinhard: Geschichte des deutschen Buchhandels. 2., durchges. u. erw. Aufl. München 1999 (Beck'sche Reihe 1304).

Wittstock, Uwe: Leselust. Wie unterhaltsam ist die neue deutsche Literatur? Ein Essay. München 1995.

Worstbrock, Franz Josef u. Helmut Koopmann (Hg.): Formen und Formgeschichte des Streitens: Der Literaturstreit. Tübingen 1986 (Kontroversen, alte und neue. Akten des VII.Internat. Germanistenkongresses Göttingen 1985, 2).

Wulf, Joseph: Literatur und Dichtung im Dritten Reich. Eine Dokumentation. Frankfurt/Main 1989 (Kultur im Dritten Reich 2).

Zindel, Udo u. Wolfgang Rein (Hg.): Das Radio-Feature. Ein Werkstattbuch. Inklusive CD mit Hörbeispielen. Mit Beiträgen von Wolfgang Bauernfeind u. a. Konstanz 1997 (Reihe praktischer Journalismus 34).

11 Register

11.1 Personenregister

11.2 Sachregister

12 Abbildungen

Abb. 1: Gotthold Ephraim Lessing © ullstein bild

Abb. 2: Theodor Fontane. Foto aus dem Jahr 1863 von Lehmann und Co. © Fontane-Archiv Potsdam

Abb. 3: Alfred Kerr – Kritiker. © Deutsches Historisches Museum Berlin

Abb. 4: Sigrid Löffler © privat, Foto: gezett.de

Abb. 5: Illustration aus: Ende, Der Satanarchäolügenialkhöllische Wunschpunsch © 1989 Thienemann Verlag (Thienemann Verlag GmbH) Stuttgart – Zürich

Abb. 6: Der Buchkritiker, Karikatur Walter von Hanel, in: Börsenblatt für den deutschen Buchhandel 93/1975, S. 1594

Abb. 7: Titelbild Spiegel © Der Spiegel

Abb. 8: Poster von Klaus Staeck, © Staeck-Edition, Heidelberg